Emotionen in Politik und Gesellschaft

herausgegeben von
PD Dr. Simon Koschut
Prof. Dr. Christian von Scheve

Band 1

Simon Koschut [Hrsg.]

Emotionen in den Internationalen Beziehungen

 **Nomos**

© Titelbild: chris-slupski-LeHpD4Jq_cU-unsplash – unsplash.com

Die Deutsche Nationalbibliothek verzeichnet diese Publikation in
der Deutschen Nationalbibliografie; detaillierte bibliografische
Daten sind im Internet über http://dnb.d-nb.de abrufbar.

ISBN 978-3-8487-6650-5 (Print)
ISBN 978-3-7489-0729-9 (ePDF)

Onlineversion
Nomos eLibrary

1. Auflage 2020

Inhalt

Emotionen in den Internationalen Beziehungen

Simon Koschut

Emotionen sind in der internationalen Politik allgegenwärtig, wie etwa das Mitgefühl mit dem Leid Anderer oder auch die Furcht vor Krieg und Armut. Dennoch galt lange Zeit der Verstand als höchste Errungenschaft des Menschen. Doch die jüngsten, bahnbrechenden Erkenntnisse der Neurowissenschaften stellen dieses Diktum in Frage: Emotionen und Rationalität, Gefühl und Verstand, stellen keinen Widerspruch dar, sondern bedingen einander. Damit wird ein Credo der Aufklärung wie es etwa Descartes formuliert hat – nämlich, dass der Verstand über die Gefühle herrschen sollte und nicht umgekehrt – zumindest relativiert. Vielmehr zeigt die neuere Forschung, dass rationale Entscheidungen ohne Emotionen häufig gar nicht möglich sind (Damasio 1994; LeDoux 1996). Emotionen verleihen unseren Präferenzen Intensität und Relevanz, motivieren uns zum Handeln und lassen uns auch die Konsequenzen unseres Handelns spüren. In manchen Fällen bedingen Emotionen sogar Rationalität: wenn ich mich ungerecht behandelt fühle, dann kann das Ablehnen eines materiellen Vorteils durchaus rational sein (Mercer 2010). Emotionen sind auch ein moralischer Kompass, denn sie lassen uns spüren, welches Verhalten angemessen ist und welches nicht (Jeffery 2014). Wenn aber Emotionen rationale und moralische Entscheidungen ermöglichen, und wenn internationale Politik auf sozialer Interaktion rationaler und moralischer Akteure basiert, dann muss internationale Politik ebenso eine emotionale Dimension beinhalten. Emotionen können natürlich politisch gefährlich und unerwünscht sein. Hass ist schließlich auch eine Emotion. Aber so zu tun, als ob Gefühle nicht vorhanden seien, bedeutet eine grundlegende Dynamik der internationalen Politik zu übersehen.

Die Relevanz von Emotionen in der internationalen Politik lässt sich an einigen Beispielen illustrieren. Emotionen beeinflussen unsere Wahrnehmung, Informationsaufnahme und Risikobewertung. Negative Gefühle wie Furcht oder Angst vergrößern unseren Aufmerksamkeitsradius und führen zu einer erhöhten Bedrohungswahrnehmung. Wut und Ärger dagegen verringern unsere Risikoaversion und können dazu führen, dass wir uns neuen Informationen und Argumenten verschließen. Dieses Zusammenspiel zwischen affektiven Gefühlen und kognitiven Bewertungen hat konkrete Auswirkungen auf außenpolitisches Verhalten. So funktioniert militärische Abschreckungspolitik nur, solange ein potentieller Aggressor auch tatsächlich Furcht empfindet. Reagiert der vermeintliche Aggressor dagegen mit Wut, macht dies eine militärische Konfrontation sogar wahrscheinlicher (Crawford 2000). Das Prinzip der Abschreckung (*deterrence*) in der internationalen Politik verhindert also in manchen Fällen nicht den gewaltsamen Konflikt, sondern erreicht in manchen Fällen genau das Gegenteil – je nachdem, welche Emotionen im Spiel sind. Auch die Überzeugungskraft internationaler Normen beruht auf Emotionen. Damit Mechanismen zur Normendurchsetzung, wie etwa das Anprangern von Menschenrechtsverletzungen (*naming and shaming*), eine Verhaltensänderung hervorrufen können, müssen die betroffenen Akteure zunächst einmal so etwas wie Scham oder Reue empfinden. Täten sie dies nicht, wären diese Mechanismen zur Normendurchsetzung nutzlos.

Diese Beispiele legen nahe, dass Emotionen potentiell über kausale Erklärungskraft in der internationalen Politik verfügen. Dennoch hat die Politikwissenschaft, und insbesondere die Teildisziplin der Internationalen Beziehungen (IB), Emotionen lange Zeit vernachlässigt. Stattdessen wurden internationale Akteure (mit wenigen Ausnahmen) als primär rational handelnde Akteure gesehen, die zwar über Emotionen verfügen, aber deren Einfluss (wenn überhaupt) ein irrationales Nebenprodukt ansonsten kühl und überlegt agierender Akteure darstelle. Selbst Sozialkonstruktivisten wie Alexander Wendt ordnen Emotionen als präsoziale, materialistische Triebe ein (Ross 2006). Neben diesem rationalen und kognitiven *bias* ist ein weiterer Grund für die Vernachlässigung von Emotionen in den IB, dass Emotionen eine Art „taken-for-granted status" zu kommt, wie Neta Crawford es nennt. So berufen sich klassische Realisten wie Hans Morgenthau (1948, 125) ganz selbstverständlich auf Furcht als Triebfeder staatlichen Handelns („Personal fears are thus transformed into anxiety for the nation") ohne jedoch diese Variablen systematisch zu operationalisieren. Ähnlich agiert Kenneth Waltz (1979, 118), der in Emotionen eine Ursache für das Zustandekommen eines internationalen Machtgleichgewichts sieht: „Fear (...) stimulates states to behave in ways that tend toward the creation of balances of power". Im Gegensatz dazu sah der Friedensaktivist Norman Angell die Kanalisierung von Emotionen als Teil eines größeren Projekts des Weltfriedens: "(O)ur problem is not to eliminate emotion but to see that it is put to the right purpose. (...) You can have an emotion for reason" (zitiert in: Miller 1986, 23 und 125). Liberale und institutionalistische Theorien bestätigen zwar die Bedeutung von Empathie für kooperatives Verhalten in internationalen Regimen, schöpfen deren Erklärungspotential jedoch nicht weiter aus (Keohane 1990). Für manche konstruktivistische TheoretikerInnen sind gruppenbasierte Gefühle durchaus Teil kollektiver Identität. Ihnen kommt jedoch keine eigenständige Erklärungskraft zu: "'we-feeling' (...) did not mean a psychological, largely affective matter of feelings, emotions, and trust, but a socially constructed social-cognitive process" (Adler 2005, 215).

Emotionen sind also bereits impliziert und damit Bestandteil der IB-Theorie, bleiben jedoch implizit und untertheoretisiert. Eine emotionale Perspektive beinhaltet hier wichtige Implikationen für die Analyse internationaler Politik: sie zwingt uns, staatliche und nichtstaatliche Akteure nicht nur allein als rational handelnde Akteure sondern auch als emotional handelnde Akteure zu verstehen; sie verdeutlicht, dass Emotionen nicht allein individuelle Eigenschaften sind, sondern auch in internationale Strukturen eingebettet sind; und sie birgt konkrete und praktische Implikationen für politisches Handeln.

Gerade deshalb erfreut sich die Erforschung von Emotionen in den IB in jüngster Zeit großer Beliebtheit. Die Literatur zu diesem Thema ist mittlerweile so umfangreich, dass viele sogar von einem *emotional turn* sprechen (Bleiker/Hutchison 2014). Gleichzeitig steht dieser noch junge Forschungsstrang vor einem zentralen Problem. Einerseits bestätigen ForscherInnen aller theoretischen Couleur ausdrücklich die Existenz von Emotionen in der Weltpolitik. Andererseits bleiben viele theoretische Aussagen über deren Rolle und Wirkung in bestimmten sozialen Kontexten noch weitgehend unerforscht, was zum einen mit konzeptionellen und zum anderen mit methodischen Problemen zu tun hat. In der Emotionsforschung ist erstens hoch umstritten, was eine Emotion genau ausmacht und wie diese von verwandten Konzepten wie Gefühlen, Affekten oder Stimmungen abzugrenzen ist. Zweitens lassen sich Emotionen nur schwerlich mit herkömmlichen sozialwissenschaftlichen Methoden erfassen (Bleiker/Hutchison 2008). Für die IB ergibt sich noch ein drittes Problem: wie lassen sich individuelle Emotionen auf kollektive Akteure wie Staaten, internationale Organisationen und transnationale Gruppen übertragen (Mercer 2014)? Mit anderen Worten: Während wir zu wissen scheinen, dass Emotionen ‚da draußen' sind, haben wir bislang offensichtlich noch zu wenig Erkenntnis darüber, was Emotionen eigentlich ‚tun'. Dies führt zu grundsätzlichen Fragen, denen sich die Emotionsforschung in den IB stellen muss: Was können Emotionen zu zentralen Fragestellungen und Analysen internationaler Politik beitragen? Gibt es eine Theorie der Emotion und ist dies überhaupt wünschenswert? Wie lassen sich Emotionen methodisch-empirisch erfassen?

Hier knüpft der vorliegende Sammelband an. Es wird hier argumentiert, dass die Einbeziehung von Emotionen als zusätzliche Analysekategorie in den Internationalen Beziehungen weitergehende Fragen ermöglicht und dass die Tragweite der Bedeutungen, die sich aus der Auseinandersetzung mit Emotionen ergeben, insbesondere in der deutschen Forschungsdebatte, meist übersehen wird. Der vorliegende Beitrag stellt dazu Bausteine für die theoretische und empirische Analyse von Emotionen in den IB vor. Nach einem Kurzüberblick des aktuellen Forschungsstands wird das Konzept der Emotion vorgestellt. Mithilfe eines Analyserahmens wird anschließend gezeigt, wie Emotionen in die Analyse internationaler Politik sinnvoll integriert werden können.

Emotionen in den Internationalen Beziehungen: der Forschungsstand

Frühe realistische und liberale Theorien der Internationalen Beziehungen erkannten durchaus die Rolle von Emotionen an, wiesen ihnen jedoch – wie oben bereits ausgeführt – einen „taken-for granted-status" zu, der eine systematische Theoretisierung als wenig notwendig erscheinen ließ. In den 1960er Jahren wurden Emotionen schließlich beinahe völlig außer Acht gelassen, als das Paradigma des rationalen Akteurs die Internationalen Beziehungen dominierte. Es gab jedoch einige wichtige Ausnahmen. In den 1970er Jahren wurden in Studien zur Politischen Psychologie sowie in der Außenpolitikforschung Emotionen durchaus ernst genommen. Dabei wurde insbesondere das Zusammenspiel zwischen kognitiven und affektiven Faktoren auf außenpolitische Entscheidungsfindung untersucht (Jervis 1976; Janis 1972; Allison 1971; Jervis/Lebow/Stein 1985; Larson 1985). Während psychologische Erklärungen die Annahmen rationaler Entscheidungsfindung zwar problematisierten, wurden Emotionen jedoch immer noch als normative Abweichungen vom Ideal der Rationalität behandelt, wodurch der kartesische Dualismus zwischen Denken und Fühlen, rationaler Vernunft und irrationaler Emotion, bestehen blieb (Bleiker/Hutchison 2014).

Der jüngste *emotional turn* in den IB hat dagegen den Mythos entlarvt, dass sich Vernunft und Emotion gegenseitig ausschließen müssen. In den 2000er Jahren begannen Pioniere wie Jon Mercer und Neta Crawford die Bedeutung von Emotionen, Gefühlen und Affekten für die IB zu theoretisieren. Jon Mercer (2005, 2006) zeigte, dass Emotionen eine wesentliche Rolle im Prozess der rationalen Entscheidungsfindung sowie bei der Konstruktion von Gruppenidentitäten in Bezug auf Fragen von Krieg und Frieden spielen. Neta Crawford (2000, 2009) stellte viele traditionelle Annahmen der internationalen Politik in Frage, indem sie vorschlug, dass sich politische Akteure nur deshalb rational verhalten, weil sie auch emotionale

Akteure sind. Dieses neue Verständnis hat erhebliche Auswirkungen auf die Analyse und Vorhersagbarkeit internationaler Politik, da es, wie Barry Buzan und Lene Hansen (2009, 30) treffend bemerken, einen großen Unterschied macht, welche Eigenschaften internationale Akteure haben: Wenn Staaten allein rationale Akteure sind, ist es möglich Vorhersagen über ihr Verhalten zu treffen, aber dies wird erheblich verkompliziert, wenn dies eben nicht der Fall ist. Seit der Pionierarbeit von Jon Mercer und Neta Crawford sind viele WissenschaftlerInnen dem Aufruf gefolgt, Emotionen in die Analyse internationaler Politik einzubeziehen. Dabei gibt es nach wie vor erhebliche Debatten und Meinungsverschiedenheiten darüber, wie der Zusammenhang zwischen Emotionen und internationaler Politik am besten erforscht werden kann. Zwei grobe Trends lassen sich in der Literatur identifizieren.

Ein erster Trend untersucht Emotionen in der internationalen Diplomatie sowie in der Außen- und Sicherheitspolitik (Jervis 1976; Jervis/Lebow/Stein 1985; Hill 2003). Aufbauend auf einer langen Tradition der Politischen Psychologie sowie der Außen- und Sicherheitspolitikforschung versuchen diese WissenschaftlerInnen zu verstehen, welche Rolle die Psychologie bei der politischen Entscheidungsfindung spielt (McDermott 2014; Mercer 2013; Fettweis 2013; Schilling 2015; Alexieva 2016; Reinke de Buitrago 2016; Dean/McDermott 2017; Markwica 2018; Sasley 2010). Eine Forschungsrichtung befasst sich dabei spezifisch mit der Rolle von Emotionen in der Diplomatie (Hall 2011, 2015; Wong 2016; Holmes 2013, 2018; Keys/Yorke 2019; Jones/Clark 2019). Ein weiterer Teil der Literatur untersucht, wie politische Eliten und die breite Öffentlichkeit emotional auf politische Ereignisse reagieren (Small/Lerner 2008; Widmaier 2010; Clément/Lindemann/Sangar 2017; Hall/Ross 2019; Van Hoef/O'Connor 2019; Edney-Browne 2019).

Diese und andere Studien zur Politischen Psychologie und der Außenpolitikforschung haben wichtige Beiträge zum Verständnis der Rolle von Emotionen in der internationalen Politik geleistet. Die jeweiligen Ansätze arbeiten dabei überwiegend mit einer individuellen Ontologie auf der Mikroebene, die nur schwer erklären kann, wie die soziale Dynamik von Emotionen die Konstitution politischer Gemeinschaften auf der Makroebene beeinflusst (Crawford 2013, 122). Dies hängt eng mit der Frage zusammen, ob emotionale Interaktion eher individuell oder gruppenbasiert funktioniert. Hinter dieser Unterscheidung steht eine langjährige Debatte in der Emotionsforschung über die ontologische Verortung von Emotionen: Sind Emotionen individuelle Eigenschaften oder Teil sozialen Strukturen? Anders ausgedrückt: sind wir selbst Herr über unsere Gefühle oder bestimmt unsere Außenwelt, was und wie wir fühlen? Die psychologische

Position behandelt Emotionen dabei mehr oder weniger als die Summe individueller Gefühlszustände (Bruder/Fischer/Manstead 2014). Obwohl nur wenige WissenschaftlerInnen wirklich argumentieren würden, dass Gruppenverhalten und -dynamiken lediglich die Aggregation ihrer einzelnen Teile seien, laufen die meisten Studien zu Emotionen in der Politischen Psychologie und in der Außenpolitikforschung genau darauf hinaus. Rose McDermott (2004, 3) drückt es so aus: "What unifies political psychology and makes it distinct from other forms of political analysis is the search for explanation, description, and prediction at the individual level of analysis. (...) This attentional bias is not always limited to the individual, for sometimes it incorporates the individual acting in concert with other individuals in group settings, but nonetheless, it privileges the individual over (...) other levels of analysis that diminish the significance of the individual".

Ein zweiter Trend versucht, diese Perspektive zu erweitern, indem untersucht wird, wie Emotionen auf kollektiver Ebene entstehen. Emotionen unterfüttern nicht nur politische Identitäten und Gemeinschaften sondern auch kollektive Handlungen, Verhaltensweisen und Praktiken. Eine Reihe von WissenschaftlerInnen nehmen hier eine Brückenfunktion ein, indem sie psychologische Ansätze in konstruktivistische Theorien der IB integrieren (Hymans 2006; Kowert 2012; Löwenheim/Heimann 2008; Crawford 2014; Ilgit/Prakash 2019; Widmaier/Park 2012; Leep 2010; Zehfuss 2009; Koschut 2018). Einige haben vorgeschlagen, diesen Ansatz als „psychologischen Konstruktivismus" zu bezeichnen (Hymans 2010; Mercer 2014). Andere KonstruktivistInnen wie Jennifer Mitzen (2006) und Brent Steele (2008) verknüpfen Emotionen mit dem Konzept der ontologischen Sicherheit in den IB. Jennifer Mitzen betrachtet die emotionale Identifikation mit dem Staat als mit den gewohnten Praktiken und Bedürfnissen des Einzelnen verbunden. Brent Steele behandelt Emotionen wie Angst und Ehre als einen wesentlichen Bestandteil dessen, was die ontologischen Sicherheitsbedenken eines Staates stützt. Umgekehrt wird argumentiert, dass ontologische Unsicherheit zu Emotionen wie Schuld oder Scham führen kann (Subotic/Steele 2018; Subotic/Zarakol 2013; Lupovici 2016). Catarina Kinnvall (2016, 94) betrachtet ontologische Sicherheit daher als „eng verbunden mit Emotionen (...), durch die Individuen, Staaten und Gesellschaften sich selbst und die Welt um sie herum verstehen (Übersetzung des Autors)".

Ein weiterer Forschungsstrang befasst sich mit der Rolle von Emotionen in der kritischen Sicherheitsforschung (Åhall/Gregory 2015, 2013; Danchev 2006; Fattah/Fierke 2009; Schick 2011; Solomon 2015; Oren/Solomon 2015; Hutchison 2016; Van Rythoven 2015; Linklater 2011; Koschut 2015, 2017, 2020; Eroukhmanoff 2019). Hier interessieren sich WissenschaftlerInnen hauptsächlich dafür, wie Emotionen in strategischen Narrativen und Praktiken der Versicherheitlichung wirken, um eine bestimmte Politik zu (de-)legitimieren. Einige PoststrukturalistInnen theoretisieren wiederum die Verbindung zwischen Emotionen, Bildern und Diskursen in der internationalen Politik (Der Derian 2005; Hansen 2011; Hutchison 2018; Callahan 2020; Adler-Nissen/Andersen/Hansen 2020; Schlag/Heck 2020). Feministische WissenschaftlerInnen untersuchen „Affektökonomien", in denen Frauen ihre Emotionen den sozialen Vorgaben männlicher Strukturen unterordnen müssen. So zeigen Laura Sjoberg und Christine Sylvester, wie militärische Räume männlich dominierte Gefühlsregeln schaffen. Jessica Auchter und Lauren Wilcox verdeutlichen, wie affektive Kriegstraumata Burnout und posttraumatische Belastungsstörung (PTBS) verursachen können. Schließlich beleuchten PraxistheoretikerInnen wie internationale Praktiken durch emotionale Faktoren untermauert werden (Bially Mattern 2011; Adler 2019).

Was ist eine Emotion? Eine konzeptionell-theoretische Annäherung

Obwohl das Forschungsfeld der IB mittlerweile eine Fülle von Beiträgen zur Erforschung von Emotionen in der internationalen Politik geleistet hat, bestehen nach wie vor große Herausforderungen und Debatten.

Erstens gibt es Unterschiede zwischen denjenigen, die Emotionen als primär individuelle und körperlich-biologische Phänomene betrachten, und denen, die dazu neigen, Emotionen eher in soziokulturellen Strukturen zu verorten. Biologisch-evolutionäre Perspektiven auf Emotionen haben eine Reihe von analytischen Modellen und Theorien im Bereich der IB geprägt, die sich häufig auf die dyadische Interaktion zwischen Einzelpersonen konzentrieren. In diesen Konzepten stellen zwischenmenschliche Emotionen eine Aggregation sozial geteilter individueller Emotionen dar, was bedeutet, dass Emotionen dem Individuum und nicht einer Gruppe zuzuordnen sind. Diese evolutionären Emotionstheorien betrachten Emotionen als universelle, genetisch verankerte biologische Prozesse, die in erster Linie dazu dienen, sich an Überlebensbedrohungen anzupassen oder utilitaristische Ziele zu verfolgen, die im strategischen Interesse einzelner Akteure liegen. Derartige Emotionstheorien behandeln Emotionen also als präsoziale Phänomene, die auf das Individuum beschränkt bleiben (Darwin 1872; Spencer 1852; Tomkins 1981; Ekman 1993; Izard 1971). Während die meisten dieser WissenschafterInnen zwar anerkennen, dass soziale, historische und kulturelle Faktoren nicht gänzlich irrelevant sind, sprechen sie sich dennoch für „das Primat des physischen Körpers beim Erleben und Vermitteln von Emotionen aus. Alle anderen Aspekte, einschließlich historischer und kultureller Einflüsse, sind zweitrangig" (Übersetzung des Autors, McDermott 2014, 558).

Eine soziokulturelle Perspektive vertritt den entgegengesetzten Standpunkt. Emotionen werden hier nicht primär durch Individuen, sondern im Namen und als Teil einer Gruppe empfunden. Dieser emergente oder gruppenbasierte Ansatz argumentiert, dass bestimmte Emotionen einer Gruppe oder anderen Mitgliedern dieser Gruppe zuzuordnen sind und in deren Namen gefühlt und ausgedrückt werden. KulturtheoretikerInnen und AnthropologInnen betrachten Emotionen sogar als soziale Konstruktionen, die vorwiegend durch Sprache, Moral und Identität erfahren werden. Hier werden Emotionen in soziale Institutionen und soziale Identitäten eingebettet und bleiben nicht auf biologische Prozesse beschränkt (Averill 1980; Harré 1986; Hochschild 1979; Stearns/Stearns 1985; Gordon 1990; Lutz 1988). Wie Jon Mercer (2014, 522) betont: „Emotion goes with identity, not the body". Soziokulturelle Ansätze kehren somit die Annahme biologisch-evolutionärer Emotionstheorien um, indem sie argumentieren, dass Emotionen in erster Linie durch soziale Faktoren und nicht durch die biologische Evolution geprägt sind.

Die meisten EmotionswissenschaftlerInnen würden jedoch ein derartig dualistisches Verständnis von Emotionen eher ablehnen. Obwohl es stimmt, dass soziokulturelle Strukturen emotionale Muster zwischen Individuen und Gruppen kanalisieren und regulieren, ist es ebenso offensichtlich, dass die Biologie und Evolution des Menschen die Erregung und den Ausdruck von Emotionen in sozialen Umgebungen beeinflussen: von dyadischen Interaktionen zwischen politischen EntscheidungsträgerInnen bei internationalen Gipfeltreffen bis hin zu ritualisierten Massenereignissen wie politischen Protesten und virtueller Kommunikation in digitalen Räumen. Besonders in sozialen Situationen, in denen Emotionen als sehr intensiv empfunden werden, aktivieren diese Empfindungen in unserem Gehirn subkortikale Bereiche und drücken unsere emotionalen „Knöpfe", bevor wir sie bewusst mit einem kulturellen „Etikett" versehen können. In diesem Sinne sind Emotionen weder auf biologische noch auf soziokulturelle Prozesse reduzierbar, sondern hängen vielmehr voneinander ab. Die folgende Analogie kann dies veranschaulichen: Das Beherrschen einer Sprache beinhaltet sowohl die biologische Fähigkeit, Silben und Worte physisch zu artikulieren, als auch die soziokulturelle Fähigkeit, die Bedeutung von Wörtern und Phrasen zu verstehen. In ähnlicher Weise beinhaltet das Ausdrücken und Teilen bestimmter Emotionen mit anderen sowohl die biologische Fähigkeit, ein emotionales Gefühl körperlich zu empfinden, als auch die sozial erworbene Fähigkeit, Emotionen nach erlernten sozialen Normen und Konventionen situativ zu reflektieren. Aus theoretisch-konzeptioneller Sicht wäre es daher unklug, die neurologische Verankerung zur Erzeugung von Emotionen gänzlich über Bord zu werfen. Genauso unklug wäre es jedoch, die soziale Konstruktion von Emotionen zu vernachlässigen. Die moderne Emotionsforschung geht daher meist einen Mittelweg: Während in vielen Situationen die kulturelle und soziale Struktur Emotionen reguliert und steuert, werden biologische und evolutionäre Prozesse nie vollständig außer Kraft gesetzt.

Eine zweite Debatte dreht sich um die Frage, ob Emotionen eher spontan oder strategisch ausgedrückt werden. Auf der einen Seite geht der Voluntarismus davon aus, dass die Einzelne ein beträchtliches Maß an Kontrolle über ihre Gefühle behält (Wundt 1874; Flam 1990; Slaby/Wüschner 2014). Nach diesem Standpunkt sind Emotionen intendierte Handlungen, für die die Einzelne zumindest eine gewisse Eigenständigkeit und Verantwortung trägt (Solomon 2003, 4). Auf der anderen Seite behauptet der Experientialismus, dass die individuelle emotionale Erfahrung weitgehend unfreiwillig ist und nur selten der menschlichen Kontrolle unterliegt (Elster 1996, 1999; Prinz 2004). Wie es der schottische Moralphilosoph David Hume (2011, 266) ausdrückt: "Reason is, and ought only to be the slave of the passions". Aus dieser Perspektive unterliegen individuelle Gefühle einem moralischen Standard, der es uns ermöglicht, unsere Emotionen so zu formen, zu kultivieren und einzuschränken, dass sie die Art von Stabilität und Zuverlässigkeit bieten, welche die Grundlage für ein moralisches Urteil bilden.

Es gibt durchaus Belege für die Annahme, dass Emotionen spontan ausgedrückt werden. Einige körperliche Reaktionen wie Schwitzen, Pupillenerweiterung oder Erröten sind sehr schwer, wenn nicht unmöglich, zu kontrollieren (wobei einige WissenschaftlerInnen die Annahme bestreiten, dass es sich hier überhaupt um Emotionen handelt). Andererseits werden Emotionen auch bewusst politisch inszeniert und manipuliert. Emotionalisierte Auftritte in der internationalen Politik stellen häufig dramaturgische und institutionalisierte Performances dar, die auf ein bestimmtes politisches Ziel oder einen Zweck ausgerichtet sind. Neta Crawford (2014, 547) schreibt dazu: "To the extent that individuals are organized into and act through more or less institutionalized groups, the dominant beliefs and feelings of the group are institutionalized – translated and embodied into practices and procedures designed to meet emotional needs and organizational goals".

Eine letzte Debatte betrifft die Frage nach den kognitiven Grundlagen von Emotionen, die in der berühmten Lazarus-Zajonc-Debatte Anfang der 1980er Jahre eine herausragende Rolle spielte. Letztere Debatte drehte sich um die Frage, ob Emotionen in erster Linie kognitiv oder körperlich entstehen. Während Robert Zajonc (1980) argumentierte, dass Emotion und Kognition unabhängig voneinander existieren können, vertrat Richard Lazarus (1982) die gegenteilige Ansicht, dass kognitive Wahrnehmungen und Beurteilungen immer Vorrang vor Emotionen haben. Ob und welche Emotion entsteht, hängt demnach davon ab, wie ein Ereignis kognitiv interpretiert oder bewertet wird. Zajonc bestritt keineswegs, dass kognitive Prozesse Emotionen vorausgehen können. Er lehnte es jedoch als notwendige Bedingung ab. Stattdessen behauptete er, dass Emotionen auch ohne jegliche kognitive Verarbeitungsprozesse auftreten könnten. Die Lazarus-Zajonc-Debatte ist Teil der theoretischen Kluft zwischen kognitiven und somatischen Emotionstheorien. Der kognitive Ansatz betrachtet Emotionen im Grunde als moralische Werteurteile. Um eine Emotion zu erfahren, muss man zunächst kognitiv verstehen und interpretieren was man situativ gerade körperlich fühlt: moralische Überzeugungen gehen Emotionen voraus (Arnold 1960; Lazarus 1991; Nussbaum 2001; Solomon 1976). Somatische Ansätze, die auf William James und Carl Georg Lange zurückgehen, neigen dagegen eher dazu, Emotionen als primär unreflektierte, körperliche Veränderungen zu betrachten, die nicht unbedingt kognitive Prozesse erfordern: Emotionen gehen hier kognitiven Überzeugungen voraus (James 1884; Lange 1885; Dewey 1896; Cannon 1927; Watson 1928; Massumi 2002).

Aus heutiger Sicht erscheint die Lazarus-Zajonc-Debatte allerdings eher als eine definitorische Debatte (Leventhal/Scherer 1987). Aus neurologischen Untersuchungen geht hervor, dass eine bewusste Beurteilung, an der das Großhirn beteiligt ist, von solchen unterschieden werden muss, an denen das Großhirn nicht beteiligt ist und die unfreiwillig erfolgen (LeDoux 1996). Die präkognitive Bewertung des Gehirns besteht darin, Reize als neu oder bekannt und als bedrohlich oder harmlos einzustufen. Diese nicht-reflektierende Beurteilung kann das hormonelle und vegetative System bereits beeinflussen, bevor die Informationen überhaupt das Großhirn erreicht (Damasio 1994). Wie Janice Gross Stein (2013, 88) betont: „Wir fühlen im Allgemeinen, *bevor* wir denken, und was noch überraschender ist, wir handeln oft, *bevor* wir denken" (Übersetzung des Autors, Betonung im Original). Die meisten EmotionstheoretikerInnen sind sich daher einig, dass Emotionalität Denken *und* Fühlen beinhalten kann und Raum für nicht-reflektierende und unbewusste Formen der kognitiven Bewertung lässt. Zur Verdeutlichung dieser Differenzierung wird häufig zwischen Emotionen (im Sinne repräsentativer moralischer Werturteile) und Gefühlen (im Sinne eines phänomenologischen Erregungszustands) unterschieden. Emotionen wie Furcht unterscheiden sich von Gefühlen wie Angst also dadurch, dass erstere nicht nur unbestimmte körperliche Empfindungen hervorrufen, sondern ein konkretes Objekt kognitiv repräsentieren (zum Beispiel die Atombombe als bedrohlich) (Döring 2009: 9).

Methodische Herausforderungen

Aufbauend auf diesen theoretisch-konzeptionellen Grundlagen lässt sich nun ein Analyserahmen erstellen, der neben den Möglichkeiten der Einbeziehung von Emotionen als Analysekategorie auch die damit verbundenen methodischen Herausforderungen benennt.

Zunächst einmal lassen sich grundsätzlich drei analytische Funktionen von Emotionen unterscheiden. Erstens können Emotionen als unabhängige Variable in Analysemodelle integriert werden. In diesem Fall kann die An- bzw. Abwesenheit spezifischer Emotionen bestimmte politische Phänomene auf internationaler Ebene erklären (zum Beispiel wie kollektiver Hass zu Genoziden führen kann). Zweitens können Emotionen auch als abhängige Variable fungieren. Hier wird dann untersucht, wie sich außenpolitisches Handeln und internationale Strukturen auf die spezifischen Emotionen individueller und kollektiver Akteure auswirken (zum Beispiel kann ein Terroranschlag Furcht und Trauer aber auch Wut auslösen). Schließlich kann drittens ein hermeneutischer Ansatz gewählt werden, der Emotionen als eingebunden in soziale Diskurse und Praktiken versteht (zum Beispiel wer genau was in welcher Situation fühlen darf). Entscheidend ist bei jedem dieser Ansätze die theoretische Reichweite der getroffenen Aussagen.

Damit sind jedoch nicht unerhebliche methodologische Herausforderungen verbunden, die Clément und Sangar (2018) in sechs Bereiche gliedern. Erstens stellt sich die Frage, ob Emotionen als universelle, einheitliche Kategorie oder als Partikularphänomen mit kultureller Variabilität untersucht werden sollen. Anders ausgedrückt: fühlen alle Menschen zu jedem Zeitpunkt gleich oder gibt es historisch-kulturelle Unterschiede? Bleiker und Hutchison (2014) unterscheiden hier in den IB zwischen sogenannten Mikro- und Makroansätzen. Während makropolitische Ansätze generalisierende Aussagen über Emotionen über längere Zeiträume und Regionen hinweg untersuchen, zielen mikropolitische Ansätze eher auf spezifische Emotionen in bestimmten zeitlichen und räumlichen Kontexten ab.

Zweitens stellt sich die Frage, ob auf traditionelle Methoden der IB zurückgegriffen werden kann oder es der Entwicklung neuer methodischer Werkzeuge bedarf. So sind einige AutorInnen der Meinung, dass bereits etablierte Methodenansätze wie die Diskursananalyse oder *process tracing* durchaus für die Untersuchung von Emotionen adaptiert werden können (Koschut 2020). Andere wiederum sind der Meinung, dass sozialwissenschaftliche Methoden eher ungeeignet für die Erforschung von Emotionen sind und greifen daher auf Methoden aus den Humanwissenschaften zurück (Bleiker/Hutchison 2008). Die bisherige wissenschaftliche Erfahrung zeigt, dass beides möglich und vielsprechend sein kann.

Drittens steht die Frage im Raum, ob Emotionen eher konkrete oder diffuse Phänomene darstellen. Während die Abstrahierung und Disziplinierung von Emotionen anhand universeller Analysekategorien wie ‚Hass‘ oder ‚Wut‘ generalisierende Kausalaussagen zulässt, vereinfacht diese Perspektive gleichzeitig die tatsächliche Komplexität und Undisziplinierbarkeit („messiness") emotionaler Erfahrung. Tatsächlich liegen häufig „gemischte" Gefühlsempfindungen vor, deren authentische Reproduktion mithilfe kontainerartiger Analysekategorien schwerfällt oder gar unmöglich erscheint (Ross 2014).

Viertens stellt sich die grundsätzliche Frage, inwieweit WissenschaftlerInnen überhaupt methodischen Zugriff auf Emotionen haben. Rom Harré bezeichnet Emotionen sogar als ontologische Illusion: „Emotions constitute an ontological illusion, in the sense that there is an abstract and detachable 'it' upon which research can be directed". Es ist in der Tat schlichtweg unmöglich, das Innere politischer Akteure komplett nach außen zu kehren – seien dies Interessen, Ideen oder eben Emotionen (Bially Mattern 2014, Fierke 2013). Eine der spezifischen Herausforderungen der Emotionsforschung besteht gerade darin, dass aufgrund ihrer subjektiven Natur weder der direkte Zugang zu emotionalen Zuständen und Absichten möglich erscheint noch die „gefühlte" emotionale Rezeption und Erfahrung von Akteuren reproduzierbar ist. Das Problem der subjektiven Ontologie von Emotionen kann jedoch methodisch gelöst werden, indem der analytische Fokus von der internen phänomenologischen Erfahrung durch Individuen auf die repräsentative und intersubjektive Artikulation und Kommunikation innerhalb sozialer Sphären verlagert wird.

Damit stellt sich jedoch fünftens die Frage nach der Analyseebene. Während einige ForscherInnen einen *top-down*-Ansatz verwenden, der Emotionen als Produkte internationaler Strukturen versteht, benutzen andere einen *bottom-up*-Ansatz, der davon ausgeht, dass Emotionen internationale Strukturen konstituieren. Einige ForscherInnen verwenden hingegen einen horizontalen Ansatz, der *top-down*-Ansätze und *bottom-up*-Ansätze miteinander verbindet und die affektive Zirkulation von Emotionen in politischen Räumen – zum Beispiel bei Protestbewegungen oder nach Terroranschlägen – untersucht (Ross 2014)

Schließlich spielt sechstens die Temporalität von Emotionen eine wichtige Rolle. Dabei geht um die Frage, ob es sich bei Emotionen eher um kurzfristige oder langfristige Phänomene handelt: Sind Emotionen nur auf den Moment bezogen, also unmittelbare Reaktionen auf bestimmte Ereignisse, oder stellen Emotionen längerfristige Dispositionen dar, die unterschwellig in uns schlummern und in bestimmten Situation aktiviert werden können? Tatsächlich ist beides möglich: eine Emotion wird immer nur vorübergehend gefühlt, während hingegen manche Gefühle als emotionale Disposition unterhalb der Bewusstseinsebene fortbestehen und nur in bestimmten Situationen bewusst empfunden werden. Das angespannte Verhältnis zwischen dem Iran und den USA kann hier als Beispiel herangezogen werden. Viele Kongressabgeordnete in den USA sind dem Iran gegenüber eher feindselig eingestellt. Sie spüren jedoch nicht immer das Gefühl der Feindseligkeit. Als ein Erdbeben nahe der iranischen Stadt Bam humanitäre Hilfe erforderte, bot der US-amerikanische Kongress sogar humanitäre Unterstützung an. Hier überwog offensichtlich das Mitgefühl mit den Opfern. Die negative emotionale Disposition gegenüber dem Iran existiert bei vielen Kongressabgeordneten unterschwellig jedoch fort. Der Anblick der ritualisierten Verbrennung US-amerikanischer Flaggen auf den Straßen Teherans, flankiert von rhythmisch skalierten „Death to USA"-Rufen, lässt diese unterschwellige emotionale Disposition dann wieder in Form eines bewusst erlebten Gefühls der Abneigung aufflammen.

Ein Analyserahmen für die Erforschung von Emotionen in den IB

Wie aber lassen sich Emotionen in die Analyse internationaler Politik sinnvoll integrieren? In den meisten Fällen werden Emotionen in den IB als Phänomen untersucht, das soziale Interaktion zwischen bestimmten Akteuren in irgendeiner Form voraussetzt. Diese Ansicht führt zu dem hier vorgebrachten Argument, dass ein Analyserahmen entlang zweier analytischer Hauptdimensionen strukturiert werden kann: (1) die Ebene der Interaktion, über die Emotionen geteilt werden; und (2) die Art und Weise, wie Emotionen ausgedrückt werden.

Die erste Dimension – ich nenne sie emotionale Interaktionsebene – bezieht sich auf die Frage, ob Emotionen in erster Linie individuell oder überwiegend gruppenbasiert auftreten. Dementsprechend können kollektive Emotionen entweder eine Ansammlung sozial geteilter individueller Emotionen sein und somit den einzelnen Akteuren „gehören" oder im Namen einer Gruppe empfunden und somit an ein Kollektiv gebunden sein (Mesquita 2001). Diese erste Dimension kann sich auf zwei Arten manifes-

tieren: einerseits, wenn in einer Gruppe zeitgleich eine individuell empfundene Emotion auftritt (zum Beispiel zwei Staatsoberhäupter, die über
denselben Witz bei einem Gipfeltreffen lachen). Andererseits kann die
emotionale Interaktion durch synchronisierten Ausdruck kollektiver emotionaler Orientierungen auf der Grundlage einer Gruppenzugehörigkeit
erfolgen (zum Beispiel Hass oder Stolz als Folge von Nationalismus).

Die zweite Dimension – ich nenne sie emotionale Ausdrucksform – betrifft die Frage, wie Emotionen kommuniziert und geteilt werden. Emotionen können entweder spontan ausgedrückt (zum Beispiel bei spontan organisierten politischen Protesten) oder strategisch kommuniziert werden
(zum Beispiel bei einer politischen Rede). In den folgenden beiden Abschnitten werde ich die beiden Dimensionen kurz näher erläutern und
dann die polaren Gegensätze zusammenführen, um einen Rahmen für die
Analyse von Emotionen in den internationalen Beziehungen zu erstellen.

Emotionale Interaktionsebene: individuell versus gruppenbasiert

Die erste Dimension bezieht sich darauf, ob emotionale Interaktion eher
individuell oder gruppenbasiert erfolgt. Die individuelle Ebene behandelt
kollektive Emotionen mehr oder weniger als die Summe einzelner Gefühlszustände. In diesen Konzepten bilden kollektive Emotionen eine Ansammlung sozial geteilter individueller Emotionen, was bedeutet, dass sich
Emotionen primär auf das Individuum beziehen und nicht auf eine Gruppe. Jede Einzelne fühlt in bestimmten sozialen Situationen individuell – also relativ unabhängig von Gruppenzugehörigkeit. Die Ebene gruppenbasierter Emotionen umfasst hingegen nicht nur individuelle Emotionen, die
gegenüber anderen ausgedrückt werden, sondern bezieht sich auch auf solche Emotionen, die Einzelpersonen gegenüber sozialen Gruppen empfinden. Dabei spielt die soziale Identität eine wichtige Rolle. Durch die Identifikation mit einer bestimmten Gruppe erhält die Mitgliedschaft in dieser
Gruppe eine emotionale Bedeutung, da soziale Objekte oder Ereignisse
hinsichtlich ihrer Auswirkungen auf die Gruppe und nicht auf den Einzelnen bewertet werden. (Mackie/Maitner/Smith 2016; Sasley 2011). Wenn
eine bestimmte soziale Identität aktiviert wird, fühlen die Mitglieder im
Namen dieser Gruppe – auch, wenn sie selbst als Person gar nicht betroffen sind. Ein gruppenbasierter Ansatz privilegiert somit die emotionale Beschaffenheit von Gruppen gegenüber der individuellen Analyseebene.
Gruppenbasierte Emotionen spielen eine Schlüsselrolle etwa bei ethnischen Konflikten (Halperin 2015). Dabei muss jedoch auf die Gefahr der
Homogenisierung hingewiesen werden: obwohl gruppenbasierte Emotio-

nen im Namen einer Gruppe auftreten, werden sie letztlich immer noch von Einzelpersonen empfunden und können demnach auch von den emotionalen Vorgaben der Gruppe abweichen.

Zusammenfassend lässt sich sagen, dass eine Besonderheit zwischen individuell geteilten und gruppenbasierten Emotionen darin besteht, dass sich die ersteren an internationalen Situationen und Ereignissen orientieren, die die persönliche Identität eines Individuums betreffen, während die letzteren Emotionen betreffen, die durch Ereignisse und Situationen hervorgerufen werden, die sich an der sozialen Identität mit einer Gruppe orientieren. Dies bedeutet auch, dass das Teilen von Emotionen auf internationaler Ebene nicht zwingend kollektive Identifikation erfordert und durchaus unabhängig von Gruppenzugehörigkeit erfolgen kann. Eine weitere Besonderheit betrifft die Tatsache, dass emotionale Interaktion nicht auf Aspekte der Emotion beschränkt ist, die sich hauptsächlich innerhalb eines Individuums abspielen. Die analytische Untersuchung konzentriert sich vielmehr auf die unmittelbare soziale Interaktion der Akteure. Gruppenbasierte Emotionen hingegen befinden sich auf einer Ebene, die sich mit den sozialen Konsequenzen und strukturellen Auswirkungen von Emotionen befasst. Mit anderen Worten, Emotionen, die auf individueller Ebene geteilt werden, sind in erster Linie Teil der Interaktion zwischen internationalen Akteuren und formen diese, während gruppenbasierte Emotionen in erster Linie Teil der internationalen sozialen Struktur sind und diese reflektieren.

Emotionale Ausdrucksform: spontan versus strategisch

Die zweite Dimension betrifft die Frage, ob kollektive Emotionen eher spontan oder strategisch ausgedrückt werden. In manchen Fällen werden Emotionen spontan geteilt. Aus dieser Perspektive stellen kollektive Emotionen einen unbewussten Akt dar, bei dem einzelne Gefühlszustände unbewusst imitiert und synchronisiert werden. Wenn Einzelpersonen den Emotionen anderer Menschen ausgesetzt sind, ahmen sie diese häufig nach, was emotionales Feedback erzeugt und zu emotionaler „Ansteckung" (*emotional contagion*) führen kann. Dies kann das Vertrauen und die Solidarität zwischen Mitgliedern einer Gruppe fördern (zum Beispiel unter SoldatInnen im Krieg). Es kann aber auch internationale Konflikte hervorrufen: „When people spend their days with others who share their resentments and fury, feelings are sometimes like cancer cells – duplicating and dividing and dividing yet again, as time and hostilities go on" (Hatfield/Rapson 2004, 130). Physische Nähe ist dabei ein wichtiger Faktor, der die emotionale „Ansteckung" begünstigt. Die physische Nähe erhöht die Wahrscheinlichkeit, dass die emotionalen Ausdrücke Anderer unfreiwillig synchronisiert werden, beispielsweise bei persönlichen Begegnungen oder wenn Menschen bei politischen Protestmärschen oder Veranstaltungen sehr dicht beieinanderstehen und rhythmische Slogans singen, jubeln oder buhen. Dessen ungeachtet können moderne Massenkommunikation und soziale Medien emotionale Viralität auch ohne direkten physischen Kontakt erzeugen.

Am anderen Ende des Spektrums postuliert eine andere Position, dass Menschen ihre emotionalen Ausdrücke fast ständig kontrollieren oder regulieren, um sich in bestimmte Gruppen und Situationen einzufügen. Hier werden Emotionen als bewusst inszenierte, dramaturgische und institutionalisierte Performances synchronisierter Emotionen angesehen, die auf ein Ziel oder einen Zweck ausgerichtet sind (Goffman 1959). Internationale Organisationen müssen etwa häufig mit Spannungen zwischen den Gefühlszuständen einzelner DiplomatInnen fertig werden. Ein Weg, um diese Spannungen zu umgehen, ist die Festlegung kollektiv geteilter Regeln und Normen emotionaler Ausdrucksformen (Koschut 2014; Hall 2015). Arlie Hochschild (1979) entwickelt hier das Konzept der „Gefühlsregeln", die bestimmen, welche Emotionen innerhalb einer bestimmten sozialen Gruppe als angemessen oder unangemessen angesehen werden. So sind Wutausbrüche in der Generalversammlung der Vereinten Nationen eher unerwünscht, da sie aggressives Verhalten und kriegerischen Konflikte begünstigen können. Diesen Ansätzen ist gemeinsam, dass sie kollektive Emotionen als strategisch behandeln. Es wird dabei argumentiert, dass Emotionen durch institutionalisierte und intersubjektiv geteilte emotionale Richtlinien und Konventionen reguliert und kontrolliert werden und je nach sozialer Situation oder Kontext erlernt und angewandt werden können. Manchmal geht es bei emotionalen Konventionen auch um den Ausdruck von Emotionen im Allgemeinen. Zum Beispiel wird jungen DiplomatInnen während ihrer Ausbildung beigebracht, ihre inneren Gefühle während internationaler Verhandlungen nicht zu offenbaren (was lediglich bedeutet, dass Emotionen latent und sozial reguliert sind, und nicht dass Emotionen abwesend sind). In anderen Fällen geben emotionale Konventionen den Ausdruck ganz bestimmter Emotionen vor, etwa in ritualisierten oder symbolischen Begegnungen wie Staatsbesuchen, Gedenkveranstaltungen oder internationalen Gipfeltreffen.

Zusammenfassend lässt sich sagen, dass die konzeptionelle Unterscheidung zwischen spontanen und strategischen Formen des emotionalen Ausdrucks auf unterschiedlichen Bedeutungen beruht, die mit sozial geteilten Emotionen verbunden werden. Spontane Emotionen setzen das Individuum Gefühlszuständen aus, die in diesem bestimmten Moment von vielen geteilt werden. Dies verleiht spontan zum Ausdruck gebrachten Emotionen eine ad-hoc-Qualität, die kurzlebiger und flüchtiger ist als das strategische Gegenstück. In der strategischen, Ausdrucksform besitzen Emotionen hingegen eine institutionalisierte und regulierte Qualität, die ein relativ stabiles und festes emotionales Muster erzeugt. Zusammenfassend generieren die beiden Hauptdimensionen – die emotionale Interaktionsebene und die emotionale Ausdrucksform – einen Analyserahmen zur Untersuchung von Emotionen in der internationalen Politik, der in Tabelle 1 dargestellt ist. Jede der vier Zellen repräsentiert eine spezifische Art der Untersuchung von Emotionen, die sich in den einzelnen Beiträgen des vorliegenden Sammelbands widerspiegeln.

Tabelle 1: Emotionen in der internationalen Politik

		Emotionale Ausdrucksform	
		spontan	*strategisch*
Emotionale Interaktions- ebene	*individuell*	Markwica, Schlag	Cupac, Loges
	gruppenbasiert	Ayata/Harders, Heller	Müller, Clément, Reinke de Buitrago

Aufbau und Inhalt des Bands

Die Emotionsforschung in den IB ist durch große Dynamik und Vielfalt gekennzeichnet. Diese Diversität spiegelt sich auch in dem vorliegenden Band wider. Die einzelnen Beiträge beschäftigen sich mit unterschiedlichen Facetten der Rolle und Funktion von Emotionen in der internationalen Politik und decken so ein großes Spektrum möglicher Interaktionen und Ausdrucksformen ab (vgl. Tabelle 1). Und doch zeichnen sie letztlich nur einen kleinen Ausschnitt der Fülle an wissenschaftlichen Arbeiten, die in den vergangenen 20 Jahren Emotionen als Forschungsprogramm in den IB etabliert haben.

Robin Markwica zeigt in seinem Beitrag, warum und unter welchen Bedingungen außenpolitische EntscheidungsträgerInnen Kriege initiieren. Er argumentiert, dass dabei deren emotionale Erfahrungen berücksichtigt werden müssen und nimmt Rückgriff auf sozialpsychologische Theorien. Sein Beitrag veranschaulicht den Einfluss individueller Emotionen auf außenpolitische Entscheidungsprozesse anhand eines historischen Beispiels: der Angriff des irakischen Machthabers Saddam Hussein auf Kuwait am 2. August 1990. Angesichts der Schlüsselrolle, die Emotionen in der zwischenmenschlichen Interaktion und individuellen Entscheidungsfindung spielen können, plädiert Markwica für eine stärkere Einbeziehung von Emotionen in die Theorien der Internationalen Beziehungen im Allgemeinen und der Außenpolitikforschung im Besonderen.

Gabi Schlag zeigt eine vollkommen andere Perspektive auf. In ihrem Beitrag analysiert sie, wie das Zusammenspiel von Bildern und Emotionen Diskurse in der internationalen Politik prägt. Sie argumentiert, dass emotional aufgeladene Bilder durch ein hohes Maß an Ambiguität geprägt sind und daher einer Methodologie bedürfen, die deren zwischenmenschliche emotionale Zirkulation und Interpretation erfassen kann. Aufbauend auf den wissenschaftlichen Erkenntnissen des *visual turn* in den IB untersucht Schlag wie Bilder spontane emotionale Reaktionen wie Leid oder Mitgefühl erzeugen können. Sie veranschaulicht dies anhand eines Bildes, das unter dem *hashtag* #humanitywashedashore um die Welt ging und zur globalen Ikone wurde: der tote Körper von Alan Kurdi.

Jelena Cupac lenkt den Blick auf die gegenwärtige Krise der liberalen Weltordnung. Sie argumentiert in ihrem Beitrag, dass die gegenwärtigen HerausforderInnen der liberalen Ordnung auf dem Vormarsch sind, weil sie einen Weg gefunden haben ein emotionales Narrativ voranzutreiben, welches diese Ordnung als Hauptursache für die Sorgen und Probleme vieler Menschen darstellt. Cupac zeigt dabei, dass Emotionen die Wirkung von strategischen Narrativen in der internationalen Politik entscheidend beeinflussen können. Ein strategisches Narrativ muss nicht nur kognitiv verstanden werden, sondern es muss erst als emotional „wahr" und „richtig" empfunden werden, um gesellschaftliche Resonanz zu erzeugen. Nach Ansicht von Cupac hängt der Erfolg strategischer Narrative in den IB demnach vom Zusammenspiel kognitiver und affektiver Faktoren ab.

Bastian Loges widmet sich in seinem Beitrag einer häufig gestellten moralisch-ethischen Frage der internationalen Politik: Warum schaut die internationale Staatengemeinschaft bei systematischen Massengräueltaten meist nur tatenlos zu? Aufbauend auf dem Konzept der *Responsibility To Protect* (R2P) zeigt Loges eine emotionstheoretische Perspektive der Übernahme internationaler Schutzverantwortung auf, die bestehende normbasierte Ansätze konzeptionell und empirisch ergänzt. Der Beitrag illustriert dies anhand eines Mehrebenenmodells von Verantwortungsübernahme im

Sicherheitsrat der Vereinten Nationen. Er argumentiert dabei, dass die internationale Schutzverantwortung (R2P) eine emotionale Überzeugung darstellt, deren Wertigkeit aus individuellen Emotionen, im konkreten Fall Empathie und Mitgefühl, erwächst.

Bilgin Ayata und Cilja Harders zeigen dagegen eine gruppenbasierte Perspektive auf. Mit dem analytischen Konzept des „Midan Moments" untersuchen sie am Beispiel der Besetzung des Tahrir-Platzes während des Arabischen Frühlings 2011 die Bedeutung affektiver Räume und affektiver Arrangements für politischen Protest. Aufbauend auf Affekttheorien argumentieren Ayata und Harders, dass die Materialität des Platzes und die affektive Zirkulation kollektiver Gefühle von Freude, Angst und Befreiung in ein einheitliches, affektives Arrangement mündeten, die es den Akteuren trotz unterschiedlicher Interessen, Gruppenzugehörigkeit und Status ermöglichte, gemeinsam zu protestieren und politische Veränderung zu bewirken.

Regina Heller untersucht die russische Außenpolitik und deren zunehmend antagonistische Haltung gegenüber dem Westen. Der Beitrag argumentiert aus einer sozialpsychologischen Perspektive, dass gruppenbasierte Emotionen – insbesondere kollektiv geteilte Gefühle der Wut, Enttäuschung und Unzufriedenheit über die vermeintliche Statusmissachtung russischer Großmachtidentität durch westliche Akteure – diese negative Dynamik wesentlich mit beeinflusst haben. Sozial konstruierte Macht- und Statusdifferenzierungen hängen laut Heller eng mit gruppenbasierten Emotionen zusammen und können Intergruppenkonflikte verstetigen. Der Beitrag zeigt dabei auch neue methodische Wege auf, den Einfluss kollektiver, emotionaler Dispositionen in der internationalen Politik über einen längeren Zeitraum empirisch zu untersuchen.

Harald Müller widmet sich in seinem Beitrag der Frage nach Gerechtigkeit in der internationalen Politik. Dabei argumentiert er, dass Gerechtigkeit im internationalen Geschehen eine erhebliche Rolle bei der Strukturierung von Konfliktkonstellationen sowie in ihnen stattfindenden (mitunter auch gewaltsamen) Interaktionen spielt. Müller versteht Emotionen dabei nicht als ein strikt individuelles sondern als ein kollektives Phänomen, das bestimmte Gruppenidentitäten und Gerechtigkeitsempfinden gegenüber anderen konkurrierenden und kooperierenden Gruppen unterfüttert, welche wiederum die Grundlage für internationale Herrschafts- und Statusansprüche bilden. Mit seiner These, dass Gerechtigkeitsansprüche emotional besetzt sind, hinterfragt Müller die Abgrenzung von Interesse und Moral durch rationalistische Analysen internationaler Politik.

Der Beitrag von Maéva Clément erläutert am Beispiel der Terrorismusforschung, warum die Auseinandersetzung mit Emotionen in der internationalen Politik relevant und vielversprechend sein kann. Anhand von Radikalisierungsprozessen, Interaktionen in und zwischen terroristischen Gruppen sowie politischen Gewaltnarrativen veranschaulicht Clément, wie das Phänomen Terrorismus als von Emotionsdynamiken angetrieben betrachtet werden kann. Dabei fokussiert sich der Beitrag auf rechtsradikale und islamistische Akteure sowie Praktiken der internationalen Terrorismusbekämpfung. Der Beitrag skizziert damit neue Wege, wie ein Forschungsprogramm an der Schnittstelle von Terrorismus- und Emotionsforschung in den IB aussehen könnte.

Der abschließende Beitrag von Sybille Reinke de Buitrago greift diese Thematik noch einmal auf und untersucht Radikalisierungsprozesse im Online-Raum. Sie zeigt, wie die sozialen Medien aktiv und gezielt von extremistischen Akteuren genutzt werden, um ihre Sichtweisen, Botschaften und Forderungen zu verbreiten mit dem Ziel, andere zu überzeugen und Unterstützung und Gefolgschaft zu mobilisieren. Dabei spielen nach ihrer Meinung emotionale Frames eine große Rolle. Diese geben Themen vor, emotionalisieren bestimmte Aussagen und provozieren eine emotionale Reaktion. Reinke de Buitrago zeigt damit die Relevanz virtuell zirkulierender Gruppenemotionen für die Untersuchung digitaler Räume in der internationalen Politik auf.

Zu guter Letzt sei noch erwähnt, dass der vorliegende Band den Auftakt zu einer neuen Reihe des Nomos-Verlags bildet. Unter dem Titel *Emotionen in Politik und Gesellschaft* richtet sich diese Schriftenreihe an Beiträge, die sich mit der Bedeutung von Emotionen in politischen und gesellschaftlichen Kontexten auseinandersetzen. Die Emotionsforschung wird in den letzten Jahren verstärkt wahrgenommen und hat sich, ursprünglich in psychologischen Disziplinen angesiedelt, auf sozialwissenschaftliche Gegenstände und Fragestellungen ausgeweitet. Die interdisziplinäre Schriftenreihe *Emotionen in Politik und Gesellschaft* bietet dieser Forschung ein Forum. Sie veröffentlicht politikwissenschaftliche, soziologische und kulturwissenschaftliche Monografien und Sammelbände und erscheint in deutscher und englischer Sprache.

Literatur

Adler, Emanuel 2005: Communitarian International Relations. The Epistemic Foundations of International Relations. New York: Routledge.

Averill, James R. 1980: A Constructivist View of Emotion. In Plutchik, Robert/ Kellerman, Henry (Hrsg.). Theories of Emotion. New York: Academic.

Bially Mattern, Janice 2011: A Practice Theory of Emotion for International Relations. In: Adler, Emanuel/Pouliot, Vincent (Hrsg.) International Practices. Cambridge: Cambridge University Press, 63-86.

Bleiker, Roland/Hutchison, Emma 2008: Fear No More: Emotions in World Politics, in: Review of International Studies, 34:1, 115-35.

Bleiker, Roland/Hutchison, Emma 2014: Theorizing Emotions in World Politics, in: International Theory, 6:3, 491-514.

Bruder, Martin/Fischer, Agneta/Manstead, Antony S. R. 2014: Social Appraisal as Cause of Collective Emotions. In: Von Scheve, Christian/Salmela, Mikko (Hrsg.) Collective Emotions: Perspectives from Psychology, Philosophy, and Sociology. Oxford: Oxford University Press, 141-155.

Buzan, Barry/Hansen, Lene 2009: The Evolution of International Security Studies. Cambridge: Cambridge University Press.

Callahan, William A. 2020: Sensible Politics: Visualizing International Relations. Oxford: Oxford University Press.

Cannon, Walter 1927: The James-Lange Theory of Emotions: A Critical Examination and an Alternative Theory, in: American Journal of Psychology, 39, 106-124.

Clément, Maéva/Lindemann, Thomas/Sangar, Eric 2017: The „Hero-Protector Narrative": Manufacturing Emotional Consent for the Use of Force, in: Political Psychology, 38:6, 991-1008.

Clément, Maéva/Sangar, Eric 2018: Introduction: Methodological Challenges and Opportunities for the Study of Emotions. In: Clément, Maéva/Sangar, Eric (Hrsg.). Researching Emotions in International Relations. London/New York: Palgrave Macmillan, 1-29.

Crawford, Neta C. 2000: The Passion of World Politics: Propositions on Emotion and Emotional Relationships, in: International Security, 24:4, 116-156.

Crawford, Neta C. 2009: Human Nature and World Politics: Rethinking "Man", in: International Relations, 23:2, 271-88.

Crawford, Neta C. 2013: Emotions and International Security: Cave! Hic Libido, in: Critical Studies on Security, 1:1, 121-123.

Crawford, Neta C. 2014: Institutionalizing Passion in World Politics: Fear and Empathy, in: International Theory, 6:3, 535-557.

Damasio, Antonio 1994: Descartes' Error. New York: Vintage.

Danchev, Alex 2006: "Like a Dog!": Humiliation and Shame in the War on Terror, in: Alternatives: Global, Local and Political, 31:3, 259-283.

Darwin, Charles 1872: The Expression of the Emotions in Man and Animals. London: John Murray.

Dean, Benjamin/McDermott, Rose 2017: A Research Agenda to Improve Decision Making In Cyber Security Policy, in: Penn State Journal of Law and International Affairs, 5:1, 30-71.

Der Derian, James 2005: Imaging Terror: Logos, Pathos, and Ethos, in: Third World Quarterly, 26:1, 23-37.

Dewey, John 1896: The Reflex Arc Concept in Psychology, in: Psychological Review, 3, 357-370.

Döring, Sabine A. 2009: Philosophie der Gefühle. Frankfurt/Main: Suhrkamp Verlag.

Edney-Browne, Alex (2019). The Psycho-Social Effects of Drone Violence: Social Isolation, Self-objectification and De-Politicisation, in: Political Psychology, 40:6, 1341-1356.

Ekman, Paul 1993: Facial Expression and Emotion, in: American Psychologist, 48:4, 384-392.

Elster, Jon 1996: Rationality and the Emotions, in: The Economic Journal, 106, 1386-1397.

Elster, Jon 1999: Feelings. Emotion, Addiction, and Human Behavior. Cambridge: MIT Press.

Eroukhmanoff, Clara 2019: The Securitization of Islam: Covert Racism and Affect in the United States Post 9/11. Manchester: Manchester University Press.

Fattah, Khaled/Fierke Karin M. 2009: A Clash of Emotions: The Politics of Humiliation and Political Violence in the Middle East, in: European Journal of International Relations, 15:1, 67-93.

Fettweis, Christopher J. 2013: The Pathologies of Power: Fear, Honor, Glory, and Hubris in US Foreign Policy. Cambridge: Cambridge University Press.

Flam, Helena 1990: Emotional "Man": I. The Emotional "Man" and the Problem of Collective Action, in: International Sociology, 5:1, 39-56.

Goffman, Erving 1959: The Presentation of Self in Everyday Life. New York: Doubleday.

Gordon, Steven L. 1990: Social Structural Effects on Emotions. In: Kemper, Theodore D. (Hrsg.). Research Agendas in the Sociology of Emotions. Albany: State University of New York, 145-79.

Gross Stein, Janice 2013: Fear, Greed, and Financial Decision-Making. In: Davis, James W. (Hrsg.). Psychology, Strategy and Conflict: Perceptions of Insecurity in International Relations. New York: Routledge, 82-101.

Hall, Todd H. 2011: "We Will Not Swallow This Bitter Fruit": Theorizing the Diplomacy of Anger, in: Security Studies, 20:4, 521-55.

Hall, Todd H. 2015: Emotional Diplomacy: Official Emotion on the International Stage. Ithaca: Cornell University Press.

Hall, Todd H./Ross, Andrew A.G. 2019: Re-Thinking Affective Experience and Popular Emotion: World War I and the Construction of Group Emotion in International Relations, in: Political Psychology, 40:6, 1357-1372.

Halperin, Eran 2015: Emotions in Conflict. Inhibitors and Facilitators of Peace Making. New York: Routledge.

Hansen, Lene 2011: Theorizing the Image for Security Studies: Visual Securitisation and the Muhammad Cartoon Crisis, in: European Journal of International Relations, 17:1, 51-74.

Harré, Rom 1986: An Outline of the Social Constructionist Viewpoint. In: Harré, Rom (Hrsg.) The Social Construction of Emotions. Oxford: Blackwell, 2-14.

Hatfield, Elaine/Rapson, Richard L. 2004: Emotional Contagion. Religious and Ethnic Hatreds and Global Terrorism. In Tiedens, Larissa Z./Leach Colin W. (Hrsg.). The Social Life of Emotions. Cambridge: Cambridge University Press, 129-143.

Hill, Christopher 2003: The Changing Politics of Foreign Policy. Houndmills: Palgrave.

Hochschild, Arlie R. 1979: Emotion Work, Feeling Rules and Social Structure, in: American Journal of Sociology, 85:3, 551-75.

Holmes, Marcus 2013: The Force of Face-to-Face Diplomacy: Mirror Neurons and the Problem of Intentions, in: International Organization, 67:4, 829-861.

Holmes, Marcus 2018: Face-to-Face Diplomacy. Social Neuroscience and International Relations. Cambridge: Cambridge University Press.

Hume, David 2011: A Treatise of Human Nature. A Critical Edition. In: Norton, David F./Norton, Mary J. (Hrsg.). Vol. I. Oxford: Oxford University Press.

Hutchison, Emma 2016: Affective Communities in World Politics. Cambridge: Cambridge University Press.

Hutchison, Emma 2018: Trauma. In: Bleiker, Roland (Hrsg.). Visual Global Politics. New York: Routledge.

Hymans, Jacques E.C. 2006: The Psychology of Nuclear Proliferation. Identity, Emotions and Foreign Policy. Cambridge: Cambridge University Press.

Hymans, Jacques E.C. 2010: The Arrival of Psychological Constructivism, in: International Theory, 2:3, 461-467.

Ilgit, Asli/Prakash, Deepa 2019: Making Human Rights Emotional: A Research Agenda to Recover Shame in "Naming and Shaming", in: Political Psychology, 40:6, 1297-1313.

Izard, Carrol 1971: The Face of Emotion. New York: Appleton-Century-Crofts.

James, William 1884: What Is an Emotion?, in: Mind, 9, 188-205.Janis, Irving 1972: Groupthink: Psychological Studies of Foreign Policy Decisions and Fiascoes. Boston: Houghton Mifflin.

Jeffery, Renée 2014: Reason and Emotion in International Ethics. Cambridge: Cambridge University Press.

Jervis, Robert 1976: Perception and Misperception in International Politics. Princeton: Princeton University Press.

Jervis, Robert/Lebow, Richard N./Gross Stein, Janice 1985: Psychology and Deterrence. Baltimore: John Hopkins University Press.

Jones, Alun/Clark, Julian 2019: Performance, Emotions, and Diplomacy in the United Nations Assemblage in New York, in: Annals of the American Association of Geographers, 109:4, 1262-1278.

Keohane, Robert O. 1990: Empathy and International Regimes. In: Mansbridge, Jane J. (Hrsg.). Beyond Self-interest. Chicago: University of Chicago Press, 227-236.

Keys, Barbara/Yorke, Claire 2019: Personal and Political Emotions in the Mind of the Diplomat, in: Political Psychology, 40:6, 1235-1249.

Kinnvall, Catarina 2016: Feeling Ontologically (In)Secure: States, Traumas and the Governing of Gendered Space, in: Cooperation and Conflict, 52:1, 90-108.

Koschut, Simon 2014: Emotional (Security) Communities: The Significance of Emotion Norms in Inter-Allied Conflict Management, in: Review of International Studies, 40:3, 533-558.

Koschut, Simon 2015: Macht der Gefühle: Zur Bedeutung von Emotionen für die sozialkonstruktivistische Diskursforschung, in: Zeitschrift für Internationale Beziehungen, 22: 2, 7-33.

Koschut, Simon 2017: Introduction to Forum: Discourse and Emotions in International Relations, in: International Studies Review, 19:3, 481-508.

Koschut, Simon 2018: No Sympathy for the Devil: Emotions and the Social Construction of the Democratic Peace, in: Cooperation and Conflict, 53:3, 320-338.

Koschut, Simon (Hrsg.) 2020: The Power of Emotions in World Politics. New York: Routledge.

Kowert, Paul A. 2012: Completing the Ideational Triangle: Identity, Choice and Obligation in International Relations. In: Vaughn P. Shannon/Kowert, Paul A. (Hrsg.). Psychology and Constructivism in International Relations: An Ideational Alliance. Ann Arbor: University of Michigan Press, 30-53.

Lange, Carl Georg 1885: Om Sindsbevaegelser. En psyko-fysiologisk Studie. Kopenhagen: Jacob Lunds.

Larson, Deborah Welch 1985: Origins of Containment: A Psychological Explanation. Princeton: Princeton University Press.

Lazarus, Richard S. 1982: Thoughts on the Relations Between Emotion and Cognition, in: American Psychologist, 37, 1019-1024.

Lazarus, Richard S. 1991: Emotion and Adaptation. Oxford: Oxford University Press.

LeDoux, Joseph E. 1996: The Emotional Brain. New York: Simon & Schuster.

Leep, Matthew C. 2010: The Affective Production of Others: United States Policy Towards the Israeli-Palestinian Conflict, in: Cooperation and Conflict, 45:3, 331-352.

Leventhal, Howard/Scherer, Klaus R. 1987: The Relationship of Emotion to Cognition. A Functional Approach to a Semantic Controversy, in: Cognition & Emotion, 1:1, 3-28.

Linklater, Andrew 2011: The Problem of Harm in World Politics. Theoretical Investigations. Cambridge: Cambridge University Press.

Löwenheim, Oded/Heimann, Gadi 2008: Revenge in International Politics, in: Security Studies, 17:4, 685-724.

Lupovici, Amir 2016: The Power of Deterrence. Emotions, Identity, and American and Israeli Wars of Resolve. Cambridge: Cambridge University Press.

Lutz, Catherine 1988: Unnatural Emotions: Everyday Sentiments on a Micronesian Atoll and Their Challenge to Western Theory. Chicago: University of Chicago Press.

Mackie, Diane M./Maitner, Angela T./Smith, Eliot R. 2016: Intergroup Emotions Theory. In: Nelson, Todd D. (Hrsg.). Handbook of Prejudice, Stereotyping, and Discrimination, New York: Psychology Press 149-174.

Markwica, Robin 2018: Emotional Choices. How the Logic of Affect Shapes Coercive Diplomacy. Oxford: Oxford University Press.

Massumi, Brian 2002: Parables for the Virtual. Moment, Affect, Sensation. Durham: Duke University Press.

McDermott, Rose 2004: Political Psychology in International Relations. Ann Arbor: University of Michigan Press.

McDermott, Rose 2014: The Biological Bases for Aggressiveness and Nonaggressiveness in Presidents, in: Foreign Policy Analysis, 10:4, 313-327.

McDermott, Rose 2014: The Body Doesn't Lie: A Somatic Approach to the Study of Emotions in World Politics, in: International Theory, 6:3, 557-562.

Mercer, Jonathan 2005: Rationality and Psychology in International Politics, in: International Organization, 59:1, 77-106.

Mercer, Jonathan 2006: Human Nature and the First Image: Emotion in International Politics, in: Journal of International Relations and Development, 9, 288-303.

Mercer, Jonathan 2013: Emotion and Strategy in the Korean War, in: International Organization, 67:2, 221-252.

Mercer, Jonathan 2014: "Psychological Constructivism": Comment on Iver Neumann's "International Relations as a Social Science", in: Millennium, 43:1, 355-358.

Mercer, Jonathan 2014: Feeling Like a State: Social Emotion and Identity, in: International Theory, 6:3, 515-535.

Mesquita, Batja 2001: Emotions in Collectivist and Individualist Contexts, in: Journal of Personality and Social Psychology, 80:1, 68-74.

Miller, John D.B. 1986: Norman Angell and the Futility of War: Peace and the Public Mind. New York: Palgrave Macmillan.

Mitzen, Jennifer 2006: Ontological Security in World Politics: State Identity and the Security Dilemma, in: European Journal of International Relations, 12:3, 341-370.

Morgenthau, Hans J. 1948: Politics Among Nations. The Struggle for Power and Peace. New York: McGraw-Hill.

Nussbaum, Martha C. 2001: Upheavals of Thought: The Intelligence of Emotions. Cambridge: Cambridge University Press;

Oren, Ido/Solomon, Ty 2015: WMD, WMD, WMD: Securitisation Through Ritualized Incantation of Ambiguous Phrases, in: Review of International Studies, 41:2, 313-336.

Prinz, Jesse 2004: Which Emotions Are Basic? In: Evans, Dylan/Cruse, Pierre (Hrsg.). Emotion, Evolution, and Rationality. Oxford: Oxford University Press, 69-87.

Reinke de Buitrago, Sybille 2016: The Role of Emotions in US Security Policy Towards Iran, in: Global Affairs, 2:2, 155-164.

Ross, Andrew A.G. 2014: Mixed Emotions, Beyond Fear and Hatred in International Conflict. Chicago: Chicago University Press.

Sasley, Brent E. 2010: Affective Attachments and Foreign Policy: Israel and the 1993 Oslo Accords, in: European Journal of International Relations, 16:4, 687-709.

Sasley, Brent E. 2011: Theorizing States' Emotions, in: International Studies Review, 13:3, 452-476.

Schick, Kate 2011: Acting Out and Working Through: Trauma and (In)security, in: Review of International Studies, 37:4, 1837-1855.

Schilling, Christopher L. 2015: Emotional State Theory: Friendship and Fear in Israeli Foreign Policy. Lanham, Lexington Books.

Schlag, Gabi/Heck, Axel 2020: Visualität und Weltpolitik: Praktiken des Zeigens und Sehens in den Internationalen Beziehungen. Wiesbaden: Springer VS.

Slaby, Jan/Wüschner, Philipp 2014: Emotion and Agency. In: Roeser, Sabine/Todd, Cain (Hrsg.). Emotion and Value. Oxford: Oxford University Press, 212-228.

Small, Deborah A./Lerner, Jennifer S. 2008: Emotional Policy. Personal Sadness and Anger Shape Judgments About a Welfare Case, in: Political Psychology, 29:2, 149-168.

Solomon, Robert C. 1976: The Passions: Emotions and the Meaning of Life. New York: Anchor Press.

Solomon, Robert C. 2003: Not Passion's Slave: Emotions and Choice. Oxford: Oxford University Press.

Solomon, Ty 2015: The Politics of Subjectivity in American Foreign Policy Discourses. Ann Arbor: University of Michigan Press.

Spencer, Herbert 1852: Morals and Moral Sentiments. In: Spencer, Herbert (Hrsg.) Essays: Scientific, Political, and Speculative. Library Edition, Containing Seven Essays Not Before Republished, and Various Other Additions. London: Williams and Norgate, https://oll.libertyfund.org/titles/335.

Stearns, Peter N./Stearns, Carol Z. 1985: Emotionology: Clarifying the History of Emotions and Emotional Standards, in: American Historical Review, 90:4, 813-36.

Steele, Brent J. 2008: Ontological Security in International Relations. New York: Routledge.

Subotic, Jelena/Zarakol, Ayse 2013: Cultural Intimacy in International Relations, in: European Journal of International Relations, 19:4, 915-938.

Subotic, Jelena/Steele, Brent J. 2018: Moral Injury in International Relations, in: Journal of Global Security Studies, 3:4, 387-401.

Tomkins, Silvan S. 1981: The Quest for Primary Motives: Biography and Autobiography of an Idea, in: Journal of Personality and Social Psychology, 41:2, 306-329.

Van Hoef, Yuri/O'Connor, Ryan 2019: Sentimental Utility Theory: Interpreting the Utilization of Collective Emotions by the Political Elite Through the Erdoğan-Obama Friendship, in: Political Psychology, 40:6, 1217-1233.

Van Rythoven, Eric 2015: Learning to Feel, Learning to Fear? Emotions, Imaginaries, and Limits in the Politics of Securitization, in: Security Dialogue, 46:5, 458-475.

Waltz, Kenneth N. 1979: Theory of International Politics. New York: McGraw-Hill.

Watson, John B. 1928: Psychological Care of Infant and Child. New York: W. W. Norton.

Wendt, Alexander 1999: Social Theory of International Politics. Cambridge: Cambridge University Press.

Widmaier, Wesley W. 2010: Emotions Before Paradigms: Elite Anxiety and Populist Resentment from the Asian to Subprime Crises, in: Millennium, 39:1, 127-44.

Widmaier, Wesley W./Park, Susan 2012: Differences Beyond Theory: Structural, Strategic, and Sentimental Approaches to Normative Change, in: International Studies Perspective, 13:2, 123-134.

Wong, Seanon S. 2016: Emotions and the Communication of Intentions in Face-to-Face Diplomacy, in: European Journal of International Relations, 22:1, 144-167.

Wundt, Wilhelm 1874: Grundzüge der physiologischen Psychologie. Leipzig: Engelmann.

Zajonc, Robert B. 1980: Feeling and Thinking: Preferences Need No Inferences, in: American Psychologist, 35, 151-175.

Zehfuss, Maja 2009: Hierarchies of Grief and the Possibility of War: Remembering UK Fatalities in Iraq, in: Millennium, 38:2, 419-440.

Emotionstheorien

	Evolutionäre Theorien	Somatische Theorien	Affekttheorien	Kognitive Theorien	Sozialkonstruktivistische Theorien
Grundannahmen	Emotionen sind evolutionär entwickelte biologische Anpassungen (spontan, vererbt/universell)	Emotionen sind spezifizierbare, physiologische Veränderungen (zielgerichtet, nicht kognitiv-reflexiv)	Affekte sind biologisch-autonome und präsubjektive Anteile von Emotionen (nicht unter bewusster Kontrolle)	Emotionen setzen moralisches Urteilsvermögen voraus und sind Folge moralischer Bewertung (evaluativ, reflexiv)	Emotionen sind soziokulturell erlernte Gefühlszustände (nicht universell, zielgerichtet)
SchlüsseltheoretikerInnen	*Charles Darwin* ("our expressions of emotions are universal … and the product of our evolution", basic emotions-theory) *Herbert Spencer* (emotion as formed from the collective evolutionary past); *Alexander Bain* (emotion as observable objective bodily activity) *Silvan Tomkins* (nine primary affects in facial expressions) *Carroll Izard, Paul Ekman, Wallace V. Friesen* ("display rules – culture-specific prescriptions about who can show	*William James, Carl Georg Lange* (James-Lange theory: the bodily reaction is "a necessary condition of emotions"; Emotions are perceptions of and result from physiological changes) *Walter Bradford Cannon, Philip Bard* (Cannon-Bard theory: Emotions and physiological changes occur simultaneously, "fight or flight-response") *William McDougall, John Dewey* ("emotion in its entirety is a mode of behaviour which is purposive, or has an intellectual content" *John Watson* (behavioural conditioning and the 'Little Albert experiment': Emotions are behavioural	*Baruch Spinoza* ("affections of the body by which the body's power of acting is increased or diminished, aided or restrained") *Henri Bergson* (the body is known "from within" by affections) *Gilles Deleuze* (Affect "is a prepersonal intensity corresponding to the passage from one experiential state of the body to another and implying an augmentation or diminution in that body's capacity to act") *Brian Massumi* ("a non-coscious experience of intensity" that is "prior to emotion and through bodily movement, affect circulates in the social sphere") *Sara Ahmed* (shared affects creates opportunities and limita-	*David Hume* ("Reason is, and ought only to be the slave of the passions") *Errol Bedford, George Pitcher* ("Emotions cannot be equated with feeling but are instruments of evaluation") *Stanley Schachter, Jerome Singer* (by drawing on past experience, cognition provides "the framework within which one understands and labels his feelings"; "cognitive factors appear to be indispensable elements in any formulation of emotion") (two-factor theory) *Magda Arnold* ("Emotion is not something that happens to us but something we do", emotions are "reactions to objects or situations" vs. feelings as "reactions to a subjective experience");	*Emile Durkheim* ("the great waves of enthusiasm, indignation, and pity that are produced have their seat in no one individual consciousness. They come to each one of us from outside and can sweep us along in spite of ourselves") *James R. Averill* (emotions are "representations of social norms or rules … institutionalized ways of interpreting and responding to particular … situations", emotions are "determined primarily by social and not biological evolution") *Rom Harré* ("the overlay of cultural and linguistic factors on biology is so great that the physiologi-

Evolutionäre Theorien	Somatische Theorien	Affekttheorien	Kognitive Theorien	Sozialkonstruktivistische Theorien
which emotions, to whom and when")	responses to rewards and punishments") (behavioural theories) *Gilbert Ryle* (emotion is "a disposition to behave in certain characteristic ways") *Antonio Damasio* ('somatic-marker thesis')	tions for our actions through "affective economies")	*Richard S. Lazarus* ("cognitive activity is a necessary as well as sufficient condition of emotion: thoughts can produce emotions") (appraisal theory) *Robert C. Solomon, Martha Nussbaum* ("Emotions are moral judgments based on beliefs")	cal aspect of some emotional states has had to be relegated to a secondary status"), *Catherine Lutz* ("emotional experience is not precultural but preeminantly cultural") *Arlie Hochschild* (feeling rules), *Peter Stearns/Carol Stearns* (emotionology), *Steven Gordon* (emotion cultures), *Thomas Scheff* (emotional socialization)

Eine emotionale Entscheidung:
Iraks Angriff auf Kuwait im Jahr 1990

Robin Markwica

Die Forschung über Emotionen in den internationalen Beziehungen hat in den letzten zehn Jahren rasant zugenommen. Es besteht jedoch noch kein Konsens darüber, wie ihre Rolle in der politischen Entscheidungsfindung theoretisiert werden soll. Einige Politikwissenschaftler*innen (zum Beispiel: Becker 1996, 231-237; Hirshleifer 1993, 185ff.) haben versucht, Emotionen in die *Rational Choice Theory* zu integrieren. Sie schlagen vor, dass sie als unabhängige Variablen in rationalistische Kosten-Nutzenberechnungen eingehen. Andere haben entgegnet, ein solcher Ansatz werde der sozialen Natur von Emotionen nicht gerecht. Obwohl Emotionen von Individuen gefühlt werden, hat anthropologische und soziologische Forschung gezeigt, dass sie nicht von dem sozialen Umfeld, in dem sie entstehen, isoliert werden können. Konstruktivist*innen haben daher angefangen, Emotionen in die Logik der Angemessenheit einzubeziehen. Sie haben wertvolle Studien darüber vorgelegt, wie Emotionen dazu beitragen, Normen, Identitäten und Gemeinschaften zu konstituieren, und wie diese kulturellen Konstrukte im Gegenzug affektive Erfahrung prägen (zum Beispiel: Hutchison 2016; Fierke 2013; Koschut 2015, 7-33).

Klassischen kontruktivistischen Perspektiven fällt es aber schwer, den körperlichen, dynamischen und zu einem gewissen Grad unfreiwilligen Charakter von Emotionen zu erfassen. Denn ihre Logik der Angemessenheit ist in erster Linie darauf ausgerichtet, reflektives Verhalten und ideelle Kräfte zu theoretisieren (vgl. Ross 2006, 200 und 209). Emotionen sind jedoch nicht nur soziale, sondern auch körperliche Erfahrungen, die an das autonome Nervensystem eines Organismus gebunden sind. Menschen empfinden Emotionen körperlich, oftmals bevor sie sich ihrer bewusst werden. Diese physiologischen Prozesse üben tiefgreifende Einflüsse auf Kognition und Verhalten aus. Sie erzeugen oder hemmen Energie, was die Entscheidungsfindung zu einem kontinuierlich dynamischen Phänomen macht (vgl. Evans/Cruse 2004, xiv; Prinz 2004, 74). Nur wenn wir diese physiologische Dimension erfassen, können wir verstehen und erklären, wie Emotionen menschliches Entscheidungsverhalten prägen.

Um den körperlichen und dynamischen Charakter von Emotionen bei der Entscheidungsfindung zu erfassen, greife ich in diesem Beitrag Erkenntnisse der Appraisal-Theorie aus der Psychologie auf. Meine Grundannahme lautet, dass Emotionen eine bedeutende Rolle in der Außenpolitik im Allgemeinen und bei Entscheidungen über Krieg und Frieden im Besonderen spielen können. Ich definiere Emotionen als teils biologisch begründete, teils kulturell bedingte Reaktionen auf einen Reiz, die zu einem koordinierten Prozess mit Einschätzungen, Gefühlen, körperlichen Reaktionen und Ausdrucksverhalten führen, die den Einzelnen darauf vorbereiten, mit dem Reiz umzugehen.[1] Menschen können Emotionen auf verschiedenen Intensitätsstufen erleben, die von Empfindungen unterhalb der Schwelle des Bewusstseins bis zu extremer Erregung reichen (vgl. Izard 2010, 367; Lazarus 1993, 16). Um besser zu verstehen, warum und unter welchen Bedingungen Akteur*innen Kriege initiieren, müssen wir ihre emotionale Erfahrung berücksichtigen. Um den analytischen Wert einer an Emotionen orientierten Erklärungsperspektive zu veranschaulichen, untersucht dieser Beitrag ein historisches Beispiel für einen Kriegsausbruch: der Angriff des irakischen Machthabers Saddam Hussein auf Kuwait am 2. August 1990.

Erkenntnisse aus der Appraisal-Theorie der Psychologie

Nach zwei Jahrzehnten Forschung haben die Neurowissenschaft und die Psychologie die traditionelle Sichtweise, dass Emotionen stets im Gegensatz zu Rationalität stünden, widerlegt. Mittlerweile besteht ein Konsens darüber, dass die Fähigkeit zu fühlen eine Voraussetzung für vernünftiges Urteilsvermögen ist. Emotionen können rationales Verhalten sowohl fördern als auch behindern (zum Beispiel: Damasio 1994). Darüber hinaus gehen Anhänger*innen der psychologischen Appraisal-Theorie davon aus, dass jede der sechs „Grundemotionen" – Freude, Furcht, Wut, Abscheu, Traurigkeit und Überraschung – eine eigene Logik in sich trägt. Jede von ihnen ist mit sogenannten „Appraisal-Tendenzen" und „Handlungstendenzen" verbunden.

---

1 Dieser Beitrag basiert auf Markwica 2018.

Appraisal-Tendenzen

Appraisal-Tendenzen sind weit verbreitete Veranlagungen von Emotionen, die Kognition so zu organisieren, dass Menschen in der Lage sind, mit dem Ereignis umzugehen, das die Emotion hervorgerufen hat (vgl. Lerner/ Keltner 2000, 477). Eine Appraisal-Tendenz kann sich auf mindestens drei Arten auf das Denken auswirken: Erstens kann sie beeinflussen, auf welche Informationen Personen achten. Experimente deuten darauf hin, dass Menschen, die zum Beispiel dazu veranlasst werden, wütend zu sein, besonders empfänglich für Hinweise sind, die darauf hindeuten, dass eine andere Person für ein Problem verantwortlich ist. Personen, die Traurigkeit empfinden, sind hingegen offener für Informationen, die darauf hinweisen, dass nicht-menschliche Kräfte verantwortlich sind (vgl. Han/Lerner/ Keltner 2007, 160). Zweitens können Appraisal-Tendenzen die Qualität und Quantität der Informationsverarbeitung verändern. Eine Reihe von Studien hat gezeigt, dass zum Beispiel das Empfinden von Freude dazu neigt, oberflächliche Verarbeitung zu fördern, während Gefühle der Hoffnung mit einem systematischeren und komplexeren Denken verbunden sind (vgl. Tiedens/Linton 2001, 973ff.). Schließlich können Appraisal-Tendenzen die Risikowahrnehmung von Entscheidungsträger*innen beeinflussen. Es hat sich herausgestellt, dass traurige Personen zum Beispiel eher dazu neigen, ein hohes Risiko einzugehen, während Menschen, die Furcht empfinden, eher Optionen mit niedrigem Risiko und niedriger Belohnung wählen (vgl. Raghunathan/Pham 1999, 56).

Handlungstendenzen

Während die Appraisal-Tendenzen von Emotionen unser Denken prägen, beeinflussen ihre Handlungstendenzen das, was wir wollen und tun. Handlungstendenzen sind Impulse, auf eine Weise zu handeln, die sich als evolutionär anpassungsfähige Reaktion auf immer wiederkehrende Erfahrungen und Herausforderungen erwiesen hat. Sie werden oft durch physiologische Veränderungen unterstützt, die Energie mobilisieren und der Entscheidungsfindung eine Richtung geben können. Eine erhöhte Herzfrequenz oder die Freisetzung von Hormonen bereiten zum Beispiel den Körper auf bestimmte Reaktionen vor, wie etwa die Flucht vor einer drohenden Gefahr oder den Kampf gegen eine unvermeidliche Bedrohung (vgl. Frijda 1986, 6 und 70; Loewenstein/Lerner 2009, 628; Zeelenberg et al. 2008, 18 und 20). Tabelle 1 bietet eine knappe Zusammenfassung der

Appraisal-Tendenzen und Handlungstendenzen von sechs Grundemotionen.

Tabelle 1   Sechs „Grundemotionen"[2]

	Appraisal-Tendenzen	Handlungstendenzen
Freude	fördert die oberflächliche Verarbeitung von Informationen; erhöhtes Gefühl von Sicherheit und Kontrolle	auf andere zugehen, um die positiven Gefühle zu teilen
Furcht	Aufmerksamkeit gegenüber Gefahrenhinweisen; Verfolgung bekannter Verfahren; weniger offen für neue Ideen; niedrige Risikobereitschaft; Gefühl der Unsicherheit und mangelnden Kontrolle	Flucht, Kampf oder Paralyse
Wut	Gefühl von Macht und Unverwundbarkeit; Vertrauen, Gegner zu besiegen; oberflächliche Argumentation; hohe Risikobereitschaft; empfänglich für Hinweise, die implizieren, dass eine andere Person an einem Problem schuld ist; Gefühl der Gewissheit	den Auslöser beseitigen oder bestrafen
Abscheu	Keine Forschung	unverdauliche Gegenstände oder Ideen verwerfen und vermeiden
Traurigkeit	Tendenz situative Faktoren (wie Schicksal und Umstände) für Ereignisse verantwortlich zu machen; hohe Risikobereitschaft	seine Umstände ändern
Überraschung	Wahrnehmung anderer als verantwortlich	Keine Forschung

Kulturelle Variation

Die psychologische Forschung legt nahe, dass die allgemeinen Umrisse der Appraisal- und Handlungstendenzen der sechs in Tabelle 1 dargestellten Grundemotionen weltweit ähnlich sind. Die Einflüsse dieser Emotionen auf die Entscheidungsfindung können somit systematisch erfasst werden. Gleichzeitig wird es jedoch zwangsläufig eine gewisse Variation in der Art und Weise geben, wie Menschen in verschiedenen Kulturen diese Emotionen erleben und ausdrücken. Verschiedene soziale Gruppen kultivieren unterschiedliche Regeln für das Empfinden und Ausdrücken von Emotionen (vgl. Hochschild 1979, 563-564 und 566). Eine Analyse der Rolle von

---

2   S. Frijda 1986, 6, 70-75; Han/Lerner/Keltner 2007, 158-68; Knobloch 2013, 522; Lazarus 1991, 39, 121; Lerner/Keltner 2000, 473 ff.; Raghunathan/Pham 1999, 56-77; Tiedens/Linton 2001, 973 ff.

Emotionen bei Entscheidungsfindungsprozessen sollte daher den historischen und kulturellen Kontext der beteiligten Akteur*innen in Betracht
ziehen. Dies bedeutet jedoch nicht, dass die affektive Erfahrung der Akteur*innen durch Normen vorbestimmt wird. Denn Menschen haben
einen gewissen Spielraum bei der Interpretation und Einhaltung sozialer
Regeln.

Der Wert einer Emotionen-orientierten Perspektive hängt letztlich davon ab, ob sie unser Verständnis von empirischen Fällen von Entscheidungsfindung verbessert. Um dies zu prüfen, wende ich sie auf Saddam
Husseins Entscheidung, am 2. August 1990 Kuwait anzugreifen, an.

Saddam Husseins Entscheidung Kuwait anzugreifen

Am 2. August 1990 schockierte Präsident Saddam Hussein die Welt, als er
mit seinen Truppen das benachbarte Emirat Kuwait angriff. Im anschlie-
ßenden Golfkrieg zwischen Bagdad und einer internationalen Koalition
von 28 Staaten unter Führung der USA kamen zwischen 25.000
und 100.000 irakische Soldat*innen und etwa 15.000 bis 35.000 irakische
Zivilist*innen ums Leben (vgl. Allison 2012, 111 und 144).

Was veranlasste Saddam Hussein dazu, in Kuwait einzumarschieren?
Dieser Beitrag argumentiert, dass eine Emotionen-orientierte Perspektive
hilft, den Grund und Zeitpunkt seiner verhängnisvollen Entscheidung zu
erhellen. Seine Emotionen fungierten als essenzielle, kurzfristige Katalysatoren. Sein Gefühl der Wut auf die kuwaitische Herrscherfamilie al-Sabah
staute sich in den zwei Wochen vor der Invasion auf und wurde durch die
aus seiner Sicht ablehnende Haltung des Emirats gegenüber seinen Forderungen nach finanzieller Unterstützung noch verstärkt. Als die Vertreter
Kuwaits sich am 31. Juli weigerten, seinen Appellen nachzukommen, erreichte die Intensität seiner Emotionen ihren Höhepunkt und veranlasste
ihn, den Befehl zum Angriff zu geben.

Erklärungen in der bestehenden Literatur

Konventionelle Darstellungen weisen auf drei Hauptursachen hin, um zu
erklären, warum Saddam Hussein beschloss, in Kuwait einzumarschieren.
Erstens betonen sie die katastrophale finanzielle Lage des Irak im Jahr
1990 (vgl. Hassan 1999, 103; Matthews 1993, 41). Im Laufe des achtjähri-
gen Krieges gegen den Iran in den 1980er Jahren hatte das Land Kriegs-

schulden in Höhe von rund 40 Milliarden Dollar bei Kuwait und Saudi-Arabien und über 50 Milliarden Dollar bei westlichen Kreditgebern und der Sowjetunion angehäuft (vgl. Dawisha 2009, 223; Marr 2011, 215). Zu den finanziellen Problemen Bagdads kamen die stark rückläufigen Öleinnahmen hinzu. Der Preis pro Barrel fiel zwischen Januar und Juni 1990 von 20 auf 14 Dollar. Der Irak verdiente daher kaum noch genug, um seine Importe von Gütern des täglichen Bedarfs zu decken (vgl. Lieber 1993, 95). Der Rückgang des Ölpreises hing zum Teil mit der Überproduktion der Golfstaaten zusammen. Kuwait beispielsweise überschritt Ende der 1980er Jahre die von der Organisation der erdölexportierenden Länder (OPEC) festgelegte Quote um mehr als ein Drittel (vgl. Kostiner 1993, 107).

Die Unzufriedenheit in der irakischen Bevölkerung – und insbesondere im Militär – wurde als zweite Ursache für Saddam Husseins Invasion benannt. Bagdad hatte während des Iran-Irak-Krieges eine Armee von 750.000 Mann aufgebaut, die größten Streitkräfte in der Golfregion (S. Al-Marashi/Salama 2008, 176). Nun stellten diese untätigen Soldat*innen ein Sicherheitsrisiko für die Baath-Führung dar. Die marode Wirtschaft, die hohe Arbeitslosigkeit und eine Inflationsrate von bis zu 45 Prozent im Jahr 1990 forderten einen hohen Tribut vom Militär und von der Zivilbevölkerung (vgl. Farouk-Sluglett/Sluglett 2001, 284). All dies erhöhte die Wahrscheinlichkeit von Rebellionen und Staatsstreichen. Es besteht ein Konsens unter Expert*innen, dass Saddam Hussein die Besetzung Kuwaits als das Heilmittel gegen all seine finanziellen, wirtschaftlichen und innenpolitischen Probleme ansah. Das Vermögen des Emirats würde seine Haushaltsbedürfnisse befriedigen, Kuwaits Öl würde es ihm ermöglichen, den Anteil des Irak an den weltweiten Ölreserven auf 21 Prozent zu verdoppeln, und ein schneller Sieg würde sein Volk und Militär von ihren Nöten ablenken (vgl. Baram 1994, 26; Bengio 1998, 126; Hahn 2012, 93; Hurst 2009, 91).

Die dritte in der Literatur häufig zitierte Ursache für Saddam Husseins Angriff hängt mit seiner Interpretation der US-amerikanischen Politik zusammen. Die Analyst*innen sind sich jedoch nicht einig darüber, wie er die George H. W. Bush-Administration wahrnahm und wie diese Wahrnehmung seine Entscheidungsfindung beeinflusste. Befürworter*innen der traditionellen Sichtweise behaupten, dass er sich durch die aus seiner Sicht zaghafte Haltung Washingtons ermutigt fühlte, in Kuwait einzumarschieren (vgl. Adib-Moghaddam 2006, 55 und 57; Jentleson 1994, 201-202; Rubin 1993, 261). Revisionistische Forscher*innen entgegnen, dass er gegen das Emirat vorgegangen sei, weil er die US-amerikanische Regierung als eine potentiell tödliche Bedrohung ansah und eine US-amerikanischkuwaitische Verschwörung zum Sturz seines Regimes verhindern wollte (vgl. Brands/Palkki 2012, 627 und 654; Engel 2013, 23).

Bagdads Zwangsdiplomatie gegenüber Kuwait

Das Protokoll einer Sitzung des Revolutionären Kommandorats des Irak, des obersten Entscheidungsgremiums des Baath-Regimes, von Mitte Juli 1990 wirft Licht auf die Haltung der Führung zwei Wochen vor dem Einmarsch in Kuwait. Saddam Hussein und seine Berater diskutierten den Entwurf eines Briefes an den Generalsekretär der Arabischen Liga, den der Außenminister Tariq 'Aziz verfasst hatte. In dem Schreiben warf er der kuwaitischen Regierung vor, den Iran-Irak-Krieg als Gelegenheit genutzt zu haben, ihr Gebiet auf irakischen Boden auszudehnen und Öl in Höhe von 2,4 Milliarden Dollar aus dem irakischen Ölfeld al-Rumaylah entlang der irakisch-kuwaitischen Grenze zu „stehlen". Tariq 'Aziz behauptete auch, dass das Nachbarland einen „absichtlichen Plan" verfolge, die irakische Wirtschaft zu „zerstören", indem es den Ölpreis nach unten drückte.[3]

Ein Teilnehmer des Treffens namens Muhammad wies darauf hin, dass die irakische Wirtschaft „harte Zeiten" durchmache. Wenn sie sich darauf beschränkten, den Brief des Außenministers zu versenden, würde der „Verlust" des Landes „weitergehen", weil die anderen arabischen Anführer ihn herunterspielen würden. Er schlug zwei zusätzliche Optionen vor. Sie könnten einen Unterhändler nach Kuwait entsenden, um der Regierung dort direkt zu „drohen": „Wenn Ihr Euch nicht korrekt verhaltet" und nicht aufhört, „Verschwörungen zu schmieden, um unser Volk auszuhungern", dann „werden wir Euch angreifen".[4] Ersatzweise könnten sie die Ölquellen des Emirats in einem „Überraschungsangriff" erobern, um sie bei späteren Verhandlungen als Druckmittel einzusetzen.[5] Der irakische Vize-

---

3 Tariq 'Aziz an Chedli Klibi, Generalsekrät der Arabischen Liga, 15.7.1990, abgedruckt in „Aziz Assails Kuwait, UAE in Letter to Klibi," Bagdad Domestic Service, 18.7.1990, US Foreign Broadcast Information Service (FBIS)-NES-90-138, 21-22.

4 Zitiert in „Meeting between Saddam Hussein and Iraqi officials regarding the Iraq-Kuwait diplomatic situation before the First Gulf War", kurz vor 15.7.1990, 2-3, SH-SHTP-A-000-894, Conflict Records Research Center (CRRC), National Defense University, Washington, D.C. Das CRRC notiert 17.7.1990 als Datum der Sitzung. Die Diskussion legt aber nahe, dass die Sitzung stattfand kurz bevor Tariq 'Aziz seinen Brief an den Generalsekretär abschickte.

5 Zitiert in „Audio recording of Saddam Hussein and Iraqi officials discussing sending a diplomatic letter to the League of Arab States," kurz vor 15.7.1990, abgedruckt in Woods/Palkki/Stout/Huckabey/Nathan 2010, 202.

präsident, Taha Muhyi al-Din Ma'ruf, äußerte seine Vorbehalte gegenüber der Idee eines Überraschungsangriffs: „Eure Exzellenz, Herr Präsident, wir haben international, regional und bei den arabischen Ländern große Schulden, und wir werden als Aggressoren betrachtet werden, wenn wir eine solche Aktion durchführen."[6] Auch der stellvertretende Vorsitzende des Revolutionären Kommandorats, 'Izzat Ibrahim al-Duri, einer der ältes-ten Mitstreiter Saddam Husseins, setzte auf Diplomatie: Es gäbe „kein Problem zwischen Kuwait und Irak", wenn die regierende al-Sabah-Familie von ihrer anti-irakischen Politik „abgehalten" werden könnte.[7]

In der Aufzeichnung dieser Sitzung des Revolutionären Kommandorats zwei Wochen vor der Invasion gibt es keine Anzeichen dafür, dass Saddam Hussein oder seine Berater eine Besetzung des Nachbarlandes erwogen hätten. Das aggressivste Szenario, das sie diskutierten und dann verwarfen, war eine bewaffnete Übernahme der Ölquellen des Emirats. Sie sollte dazu dienen, Druck auf die kuwaitische Regierung auszuüben, damit sie den irakischen Forderungen nachgebe. Letztendlich entschied sich Saddam Hussein für eine Strategie der Zwangsdiplomatie. Durch die Androhung von Gewaltanwendung versuchte er, die kuwaitischen Machthaber dazu zu bringen, irakische Schulden zu erlassen, ihre Ölförderung zu reduzieren und Bagdad einen großzügigen Kredit zu gewähren. Seine Drohung hatte drei Komponenten: Erstens ordnete Saddam Hussein die Versendung des Beschwerdeschreibens seines Außenministers über das Emirat an die Arabische Liga an.[8] Zweitens beschuldigte er die al-Sabah-Familie in einer öffentlichen Rede am 17. Juli 1990, dem Irak „exzessiven Schaden" zuzufügen. „Wenn Worte uns keinen Schutz bieten, dann werden wir keine andere Wahl haben, als wirksame Maßnahmen zu ergreifen, um die Dinge wieder in Ordnung zu bringen", warnte er.[9] Schließlich befahl er einigen Einheiten seiner Republikanischen Garde, sich auf die irakisch-kuwaitische Grenze zuzubewegen (vgl. Freedman 2008, 216).

---

6 Zitiert in „Audio recording of Saddam Hussein and Iraqi officials discussing sending a diplomatic letter to the League of Arab States", 202.
7 Zitiert in „Audio recording of Saddam Hussein and Iraqi officials discussing sending a diplomatic letter to the League of Arab States", 203.
8 S. Tariq 'Aziz an Chedli Klibi, 15.7.1990, 21-24.
9 „Saddam Speech Marks Revolution's 22nd Anniversary", Bagdad Domestic Service, 17.7.1990, FBIS-NES-90-137, 23.

Von der Zwangsdiplomatie zum Krieg

Was veranlasste Saddam Hussein, diese Strategie der Zwangsdiplomatie zwischen Mitte Juli und dem 2. August 1990 zugunsten einer vollständigen Invasion aufzugeben? Zwei Faktoren, die in konventionellen Darstellungen hervorgehoben werden – die finanzielle Notlage des Baath-Regimes und die Gefahr innenpolitischer Unruhen – spielten eine wichtige Rolle in der allgemeinen Entscheidungsfindung der politischen Führung des Irak. Dennoch können sie den Zeitpunkt des Strategiewechsels nicht erklären. Während der Ölpreis im Juni noch bei 14 Dollar pro Barrel gelegen hatte, stieg er bis Mitte Juli auf 20 Dollar und erreichte am Ende des Monats 24 Dollar, wodurch mehr Geld in die irakische Staatskasse floss (vgl. Lieber 1993, 91). Hinzu kommt, dass die Vertreter der OPEC-Mitgliedstaaten die Präferenzen des Irak widerwillig berücksichtigten, als sie am 27. Juli zusammenkamen, um ein Abkommen über die Ölförderraten auszuhandeln. Der irakische Gesandte erklärte zum Schluss des Treffens, dass der erzielte Kompromiss ein „sehr guter und positiver Anfang auf dem Weg zu einem Preis von 25 Dollar pro Barrel und vielleicht mehr" sei (Zitiert in Farouk-Sluglett/Sluglett 2001, 287). Darüber hinaus würde die kuwaitische Regierung Bagdad bei einem Gipfeltreffen am 31. Juli in Dschidda, Saudi-Arabien, einen Kredit von 9 Milliarden Dollar anbieten. Diese Finanzspritze hätte die finanziellen Probleme des Irak kurz- und mittelfristig entschärft.[10] All dies schwächt die These, dass es vor allem der niedrige Ölpreis und finanzieller Druck waren, die Saddam Hussein am 2. August zum Angriff trieben.

Auch die Gefahr innenpolitischer Unruhen scheint nicht so akut gewesen zu sein, wie einige Wissenschaftler*innen behaupten. In den verfügbaren Akten der irakischen Regierung aus der zweiten Julihälfte 1990 gibt es keinen Hinweis darauf, dass das Regime besonders besorgt über interne Opposition war. In einem Interview aus dem Jahr 2010 bemerkte Tariq 'Aziz, Saddam Hussein „hätte warten und geduldig sein sollen, bis sich die Lage wieder normalisiert hätte, denn der Irak war nicht das einzige Land, dem die niedrigeren (Öl-)Preise schadeten".[11] Dies deutet darauf hin, dass der Außenminister nicht der Ansicht war, dass innenpolitischer Druck sofortiges Handeln erfordert hätte. Im Rest dieses Beitrags werde

---

10 S. Saddam Hussein, zitiert in „Third Installment", Hürriyet, 11.2.1992, FBIS-NES-92-030, 25.

11 „Interview with Tariq 'Aziz by Ali Al-Dabagh", Sommer 2010, Al-Arabiya, http://crrc.dodlive.mil/files/2013/07/Tariq-Aziz-Interview-Translation.pdf (Zugriff: 20.4.2020).

ich zeigen, dass eine Analyse von Saddam Husseins Emotionen hilft, den Zeitpunkt seines Angriffsbefehls zu erklären.

Ein folgenschweres Treffen zwischen Saddam Hussein und der US-amerikanischen Botschafterin

Saddam Hussein traf sich äußerst selten mit den in Bagdad ansässigen Botschafter*innen; er delegierte diese Aufgabe meist an seine Untergebenen. Am 25. Juli 1990, eine Woche vor dem Einmarsch in Kuwait, lud er jedoch die US-amerikanische Botschafterin, April Glaspie, zu einer Audienz (Wilson 2005, 87-88 und 98). Zu Beginn des Treffens übermittelte er Präsident George H. W. Bush eine Botschaft: „Der Irak will Freundschaft, aber wollen die USA sie auch?"[12] Er sprach ausführlich über einige der vergangenen Krisen in den bilateralen Beziehungen: „Die schlimmste davon war 1986, nur zwei Jahre nach der Aufnahme diplomatischer Beziehungen, mit dem sogenannten Irangate", den verdeckten Waffenlieferungen der USA an Teheran. Jüngere Ereignisse gaben ihm den Eindruck, dass Washingtons „alte Fehler [...] nicht nur eine Frage des Zufalls" seien. Sein „Misstrauen" begann sich „neu zu entfachen", als er von angeblichen Versuchen der USA erfuhr, verschiedene Golfstaaten davon abzubringen, Irak Wirtschaftshilfe zu leisten.[13] Doch „trotz all dieser Hiebe" hoffe er immer noch, dass die beiden Regierungen eine „gute Beziehung" entwickeln könnten.[14]

Als Nächstes legte Saddam Hussein seine Beschwerden gegen Kuwait dar. Die irakische Bevölkerung habe „Flüsse an Blut" vergossen und während des Krieges gegen den Iran Hunderttausende von Opfern erlitten, um die arabischen Nachbarn vor der radikal-islamischen Bedrohung aus Teheran zu „schützen", argumentierte er. Nun aber sei die al-Sabah-Familie nicht einmal bereit, sich an ihre OPEC-Förderquote zu halten. Infolgedessen sei der Irak finanziell so knapp bei Kasse, dass er bald die Renten der

---

12 Zitiert in US-Botschaft Bagdad an Secretary of State, „Saddam's Message of Friendship to President Bush", 25.7.1990, reference ID 90BAGDAD4237, Wikileaks.

13 Zitiert in „Excerpts From Iraqi Document on Meeting With US Envoy", New York Times, 23.9.1990, 19.

14 Zitiert in US-Botschaft Bagdad an Secretary of State, „Saddam's Message of Friendship to President Bush".

Witwen und Waisen toter Soldaten kürzen müsse.[15] Saddam Hussein listete alle diplomatischen Initiativen auf, die er eingeleitet hatte, um Kuwait zu einer Änderung seiner Politik zu bewegen. Er behauptete, er habe „alles versucht" und die al-Sabah-Familie sogar um Unterstützung „angefleht". Letztlich hätten jedoch weder seine Briefe noch seine Gesandten etwas bewirkt.[16] Er fühlte sich deshalb von den Kuwaitis „gedemütigt".[17] „Die Iraker haben das Recht, mit Stolz zu leben", betonte er.[18] Die kuwaitische Regierung „verletze" jedoch ihre „Würde".[19] Glaspie bemerkte in ihrem Bericht an das Außenministerium in Washington, dass er seine Botschaft mit „beachtlichen Emotionen" vortrug.[20]

Am Ende seines Treffens mit der Botschafterin erwähnte Saddam Hussein, dass irakische und kuwaitische Delegierte in sechs Tagen, am 31. Juli, in Jeddah, Saudi-Arabien, zusammenkommen würden. Es scheint, dass er zu diesem Zeitpunkt noch auf seine Strategie der Zwangsdiplomatie setzte. „Wenn wir uns treffen und wenn wir sehen, dass es Hoffnung gibt, dann wird nichts geschehen", versicherte er Glaspie.[21] Wenn die Kuwaitis jedoch keine Lösung anbieten würden und ihn und sein Land weiterhin „demütigten", würde er „reagieren".[22]

Skeptische Analyst*innen könnten argumentieren, dass Saddam Hussein lediglich vorgab, für eine Verhandlungslösung offen zu sein. Wenn die Gespräche mit Kuwait scheiterten, könnte er dann seine Bemühungen als öffentliche Rechtfertigung für seine Invasion des Emirats nutzen. Es gibt jedoch Anzeichen dafür, dass er mit seiner Zwangsdiplomatie tatsächlich reüssieren wollte. In seinem Gespräch mit Glaspie kritisierte er das US-amerikanische Verteidigungsministerium heftig, weil es am Tag zuvor

---

15 Zitiert in US-Botschaft Bagdad an State Department, „Iraq/Kuwait: Ambassador's Meeting with Saddam Husayn", 25.7.1990, Folder „Iraq Pre 8/2/90 [1]", box 43, Richard Haass Files, NSC, Bush Presidential Records, George H. W. Bush Presidential Library (GHWBL), College Station, Texas.

16 Zitiert in US-Botschaft Bagdad an Secretary of State, „Saddam's Message of Friendship to President Bush".

17 Zitiert in US-Botschaft Bagdad an State Department, „Iraq/Kuwait: Ambassador's Meeting with Saddam Husayn".

18 Zitiert in "Excerpts From Iraqi Document on Meeting With US Envoy", 19.

19 Zitiert in US-Botschaft Bagdad an Secretary of State, „Saddam's Message of Friendship to President Bush".

20 Vgl. US-Botschaft Bagdad an State Department, „Iraq/Kuwait: Ambassador's Meeting with Saddam Husayn".

21 Zitiert in „Excerpts From Iraqi Document on Meeting With US Envoy", 19.

22 Zitiert in US-Botschaft Bagdad an State Department, „Iraq/Kuwait: Ambassador's Meeting with Saddam Husayn".

ein Marinemanöver mit den Vereinigten Arabischen Emiraten angekündigt hatte. Er war der Ansicht, dass diese Art von US-amerikanischen Aktionen der kuwaitischen Regierung den Eindruck vermitteln könnte, Washington unterstütze ihre „Aggression".[23] Dies wiederum würde die Drohungen des Irak untergraben und die al-Sabah-Familie „ermutigen, [...] die konventionelle Diplomatie zu ignorieren".[24]

Botschafterin Glapie gab Saddam Hussein eine nuancierte Antwort. Einerseits versuchte sie, seine Sorgen über eine US-amerikanische Verschwörung zu zerstreuen, indem sie ihm Washingtons guten Willen zusicherte (vgl. Baram 1993, 20; Karsh/Rautsi 2002, 215). „Ich habe eine direkte Anweisung des Präsidenten, mich um bessere Beziehungen zum Irak zu bemühen", betonte sie. „Wir haben keine Meinung zu den inner-arabischen Konflikten, wie Ihre Grenzstreitigkeiten mit Kuwait. Wir hoffen nur, dass diese Fragen schnell gelöst werden."[25] Andererseits sprach sie eine höfliche Warnung aus. Sie wies darauf hin, dass der Irak Truppen entlang der Grenze zu Kuwait stationiert hatte, und erklärte, dass die Vereinigten Staaten „die Beilegung von Streitigkeiten mit anderen als friedlichen Mitteln niemals entschuldigen könnten".[26] In einer späteren vertraulichen Mitteilung an das US-amerikanische Außenministerium berichtete sie über Saddam Husseins Gefühl der „Erniedrigung". Sie erwähnte auch den bedingten Charakter seiner Zusicherung. Er werde von der Anwendung von Gewalt nur dann absehen, wenn die kuwaitische Regierung seinen Forderungen nachkomme. Dennoch war ihre abschließende Beurteilung des Gesprächs optimistisch. Der irakische Präsident „schien mit seiner Audienz den Zweck zu verfolgen, Präsident Bush zu versichern, dass seine Absichten friedlich sind", informierte sie ihre Kolleg*innen in Washington.[27] Sein Wunsch nach einer diplomatischen Lösung sei „sicherlich aufrichtig", weil die irakische Bevölkerung „Krieg satt" habe.[28] Folglich empfahl sie der US-amerikanischen Administration, sich „mit öffentlicher Kritik am Irak zu-

---

23 Zitiert in „Excerpts From Iraqi Document on Meeting With US Envoy", 19.
24 Zitiert in US-Botschaft Bagdad an Secretary of State, „Saddam's Message of Friendship to President Bush".
25 Zitiert in „Excerpts From Iraqi Document on Meeting With US Envoy", 19.
26 Zitiert in US-Botschaft Bagdad an Secretary of State, „Saddam's Message of Friendship to President Bush".
27 US-Botschaft Bagdad an State Department, „Iraq/Kuwait: Ambassador's Meeting with Saddam Husayn". S. auch Hassan 1999, 48.
28 US-Botschaft Bagdad an Secretary of State, „Saddam's Message of Friendship to President Bush".

rückzuhalten, bis wir sehen, wie sich die Verhandlungen [in Dschidda] entwickeln".[29]

Revisionistische Analyst*innen stellen fest, dass sich Saddam Hussein für den Angriff auf Kuwait entschied, weil er sich von einer angeblichen Verschwörung der Vereinigten Staaten bedroht fühlte und nicht, weil er sich von ihnen ermutigt fühlte. Laut Shibley Telhami (2013, 149) z.B. gebe es „keine Beweise dafür, dass seine Entscheidung für die Invasion durch mangelnde US-amerikanische Entschlossenheit beeinflusst wurde". Eine sorgfältige Analyse der historischen Quellen lässt jedoch vermuten, dass die irakische Führung die US-amerikanischen Warnungen nicht ernst genug nahm. So übermittelte das US-amerikanische Außenministerium am 28. Juli eine relativ milde Botschaft von George Bush an Saddam Hussein: „Ich war erfreut, von der Vereinbarung zwischen dem Irak und Kuwait zu erfahren, in Jeddah Verhandlungen aufzunehmen, um eine friedliche Lösung zu finden", erklärte der US-amerikanische Präsident. „Wir glauben, dass Differenzen am besten mit friedlichen Mitteln und nicht durch Drohungen mit militärischer Gewalt gelöst werden können."[30] Der stellvertretende Außenminister des Irak, Nizar Hamdun, erinnerte sich später, dass Saddam Hussein den „positiven Ton" von Bushs Brief zur Kenntnis genommen hatte. Sein „versöhnlicher" Charakter vermittelte dem Diktator den Eindruck, dass der Wunsch der US-Administration nach guten Beziehungen zu Bagdad schwerer wiegen würde als ihr Missfallen über einen irakischen Angriff gegen Kuwait (Zitiert in Wilson 2005, 101). Am selben Tag teilte Saddam Hussein der US-amerikanischen Botschaft mit, dass er mit der Antwort Washingtons „sehr zufrieden" sei.[31] Laut dem damaligen stellvertretenden Leiter des irakischen Militärnachrichtendienstes, Wafiq al-Samarrai, habe die US-amerikanische Regierung „keine entschiedene und harte Linie" verfolgt, um Saddam Hussein von einem Angriff auf Kuwait „abzuschrecken". Er erinnerte sich, dass der irakische Präsident selbst in den Stunden vor der Invasion nicht glaubte, dass die Vereinigten Staa-

---

29 US-Botschaft Bagdad an State Department, „Iraq/Kuwait: Ambassador's Meeting with Saddam Husayn".
30 State Department an US-Botschaft Bagdad, „President Bush's Response to Saddam Hussein's Message", 28.7.1990, folder „Kuwait-Iraq", box 56, Roman Popadiuk Files, NSC, Bush Presidential Records, GHWBL.
31 Zitiert in US-Botschaft Bagdad an State Department, „President Bush's response to Saddam's message – Next Steps", 29.7.1990, folder „Iraq Pre 8/2/90 [3]", Box 43, Richard Haass Files, NSC, Bush Presidential Records, GHWBL.

ten sein Regime ernsthaft gefährden würden.[32] Die energischste US-ameri-kanische Reaktion, die er in Betracht zog, war ein kurzer Luftangriff.[33]

Saddam Husseins Angriffsbefehl

Möglicherweise aufgrund der Zusicherungen von Botschafterin Glaspie schien Saddam Husseins Furcht vor einer von Washington geführten Ver-schwörung zum Sturz seines Regimes Ende Juli zurückgegangen zu sein. Seine Emotionen wurden nun von zunehmender Wut über die Weigerung Kuwaits, seinen Forderungen nachzukommen, beherrscht. Am 25. Juli verkündete der Kronprinz des Emirats, Sa'd al-'Abdallah al-Sabah, dass „die Söhne Kuwaits [...] Menschen mit Prinzipien und Integrität" seien, die „auf keinen Fall [...] Drohungen und Erpressungen nachgeben" wür-den.[34] Saddam Hussein betrachtete diese Haltung als Inbegriff der Heuche-lei. Die wohlhabende al-Sabah-Familie beharrte auf ihrer „Integrität", wei-gerte sich aber, interarabische Solidarität zu zeigen. Stattdessen verschärfte sie die Not des Irak, indem sie dazu beitrug, den Ölpreis niedrig zu halten. Bei einem Besuch in Bagdad kurze Zeit später stellte der jordanische Pre-mierminister, Mudar Badran, fest, dass Saddam Hussein „wirklich wü-tend" sei und damit drohte, den kuwaitischen Führern „Sand in die Augen zu streuen".[35]

Saddam Husseins Wut würde erklären, warum er dem stellvertretenden Vorsitzenden des Revolutionären Kommandorats, 'Izzat Ibrahim, strenge Anweisungen für seine Verhandlungen mit dem kuwaitischen Kronprin-zen am 31. Juli in Dschidda gab. 'Izzat Ibrahim sollte darauf bestehen, dass das Emirat dem Irak ein Darlehen in Höhe von 10 Milliarden Dollar ohne jegliche Bedingungen gewährt. Was bei dem Treffen in Dschidda geschah, ist nach wie vor umstritten (vgl. Heikal 1992, 191). Kuwaits Außenminis-ter, Sabah al-Ahmad al-Sabah, behauptete später, seine Familie habe sich bereit erklärt, dem Irak Schulden in Höhe von 14 Milliarden Dollar zu er-

---

32 „Interview with Wafiq al-Samarrai", Frontline Documentary, The Gulf War, PBS, 1996, http://www.pbs.org/wgbh/pages/frontline/gulf/oral/samarrai/1.html (Zu-griff: 20.4.2020).
33 Vgl. „Minutes of Meeting Between Saddam Hussein and the President of Yemen, 'Ali 'Abdallah Salih", 4.08.1990, S. 5, SH-MISC-D-000-652, CRRC.
34 Zitiert in „Al Sabah Rejects 'Threats, Extortion,'" Al-Ra'y Al-'Amm, 26.7.1990, S. 3, FBIS-NES-90-145, 22.
35 Zitiert in Nigel Ashtons Interview mit Mudar Badran, Amman, 20.5.2001, zitiert in Ashton 2008, 266.

lassen und die Golfinsel Warbah zu verpachten.[36] Das Scheitern der Verhandlungen führte er auf die Entschlossenheit Bagdads zurück, den Boden für eine Invasion zu bereiten (vgl. Kostiner 1993, 113). Dies veranlasste einige Analyst*innen zu der Schlussfolgerung, dass Saddam Hussein die Gespräche lediglich als Vorwand nutzte, um seine bevorstehende Militäroperation zu rechtfertigen (vgl. Jentleson 1994, 200; Karsh/Rautsi 2002, 214; Munro 2006, 38). Nach der irakischen Version der Ereignisse „forderte 'Izzat Ibrahim den Kredit von 10 Milliarden Dollar". Nach stundenlangen Verhandlungen erklärte sich die kuwaitische Delegation bereit, 9 Milliarden Dollar zu leihen, und der saudische König bot an, die restliche 1 Milliarde Dollar zur Verfügung zu stellen. Nach dem Abendessen teilte der kuwaitische Kronprinz Sa'd jedoch angeblich mit, dass er den Kredit nur genehmigen würde, wenn Bagdad die umstrittene Grenze zwischen ihren Ländern anerkenne.[37] 'Izzat Ibrahim weigerte sich, diese Bedingung zu akzeptieren und warnte, dass die irakische Führung „sehr wohl wisse, wie sie das Geld, das wir von Euch brauchen, bekommen" könne. „Bedroht uns nicht", erwiederte der Kronprinz Berichten zufolge. „Kuwait hat sehr mächtige Freunde." Wenn Saddam Hussein nicht vorsichtig sei, würde er „gezwungen sein, das ganze Geld zurückzuzahlen", das er dem Emirat schuldete (Zitiert in Salinger/Laurent 1991, 74). Die Verhandlungen scheiterten.

Nach seiner Rückkehr nach Bagdad am nächsten Tag, dem 1. August, erstattete 'Izzat Ibrahim dem Revolutionären Kommandorat umgehend Bericht. Sowohl Saddam Hussein als auch Tariq 'Aziz behaupteten in späteren Interviews, sie hätten bis zu diesem Zeitpunkt immer noch gehofft, dass ihre diplomatischen Bemühungen und Drohungen Früchte tragen würden.[38] 'Izzat Ibrahim teilte ihnen jedoch mit, dass die Kuwaitis sich „arrogant" und „provokativ" verhalten hätten, um die finanzielle Notlage des Irak auszunutzen.[39] „Die Angelegenheit konnte nur zugunsten einer Militäraktion diskutiert und entschieden werden", erinnerte sich Saddam

---

36 Zitiert in „Kuwait Dithered as Iraq Prepared to Pounce", Financial Times, 18.8.1990, 3.

37 Vgl. Saddam Husseins Aussagen in „Third Installment", Hürriyet, 11.2.1992, FBIS-NES-92-030, 25.

38 Vgl. „Interview with Tariq 'Aziz", Frontline documentary, The Gulf War, PBS, 1996, http://www.pbs.org/wgbh/pages/frontline/gulf/oral/aziz/1.html (Zugriff: 20.4.2020); „Interview with Saddam Hussein by George L. Piro," 24.2.2004, US Federal Bureau of Investigation (FBI) Records, http://vault.fbi.gov/Saddam%20Hussein/Saddam%20Hussein%20Part%202%20of%202/view (Zugriff: 20.4.2020).

39 Zitiert in „Interview with Tariq 'Aziz", Frontline Documentary.

Hussein in einem Verhör mit US-amerikanischen Ermittler*innen nach seiner Gefangennahme im Jahr 2003.[40]

Als Saddam Hussein in der Sitzung des Revolutionären Kommandorats vorschlug, in das benachbarte Emirat einzumarschieren, äußerte Tariq 'Aziz erhebliche Vorbehalte. Der Außenminister sagte nicht nur voraus, dass eine Invasion „feindselige Reaktionen" der Arabischen Liga und der Vereinten Nationen nach sich ziehen würde.[41] Er warnte auch davor, dass sie „zu einem Krieg mit den USA" führen würde. „Was ich sagte, gefiel dem Präsidenten aber nicht", erinnerte sich Tariq 'Aziz später.[42] Nach 30 Minuten beendete Saddam Hussein die Sitzung und befahl, Kuwait am nächsten Tag anzugreifen.[43]

Mehrere Analyst*innen haben festgestellt, dass die Organisation und Durchführung der Invasion planlos und übereilt erfolgte (vgl. Al-Marashi/Salama 2008, 176; Marr 2011, 217; Mohamedou 1998, 177). Was veranlasste den irakischen Präsidenten, seine Entscheidung so eilig umzusetzen? Verschiedene Quellen deuten darauf hin, dass seine Wut auf die al-Sabah-Familie sein Handeln am 1. August stark prägte. Tariq 'Aziz bemerkte zum Beispiel im Jahr 2010, dass Saddam Hussein „nicht geduldig war". Die „Art und Weise, wie er die Entscheidung [Kuwait anzugreifen] traf", sei „nicht normal" gewesen.[44] Nach Angaben des Geheimdienstfunktionärs Wafiq al-Samarrai war der irakische Herrscher am Vorabend der Invasion „hitzig".[45] Auf die Frage, was ihn schließlich dazu getrieben habe, das Emirat anzugreifen, antwortete Sa'd al-Bazzaz, der damalige Direktor des irakischen Rundfunks und Fernsehens, dass er dies „zum großen Teil aus Wut" auf die kuwaitische Regierung getan habe.[46] Auch der jordanische König Hussein, damals einer der engsten Verbündeten des Irak, bezeugte den emotionalen Aufruhr Saddam Husseins. Als sie am Abend vor der Invasion telefonierten, war der irakische Diktator „wütend auf die Kuwaitis". Nachdem er aufgelegt hatte, war der jordanische König so besorgt, dass er

---

40 Zitiert in „Interview with Saddam Hussein by George L. Piro", 24.2.2004.
41 Zitiert in „Interview with Hamid Yusuf Hammadi", 27.5.2004, zitiert in US Federal Bureau of Investigation, Prosecutive Report of Investigation Concerning Saddam Hussein, 10.3.2005, 65, http://vault.fbi.gov/Saddam%20Hussein/Saddam %20Hussein%20Part%201%20of%202/view (Zugriff: 20.4.2020).
42 „Interview with Tariq 'Aziz by Ali Al-Dabagh".
43 S. FBI, „Prosecutive Report of Investigation Concerning Saddam Hussein", 65.
44 „Interview with Tariq 'Aziz by Ali Al-Dabagh".
45 „Interview with Wafiq al-Samarrai".
46 „Interview with Sa'd al-Bazzaz – An Insider's View of Iraq", in: Middle East Quarterly, 1995, http://www.meforum.org/277/saad-al-bazzaz-an-insiders-view-of-iraq (Zugriff: 20.4.2020).

den US-amerikanischen Botschafter kontaktierte, um ihn zu warnen, dass Saddam Husseins „Wut" ihn „irrational" mache (Zitiert in Wilson 2005, 124). Auch der stellvertretende US-amerikanische Botschafter in Bagdad, Joseph Wilson, nahm rückblickend an, dass der Befehl zum Einmarsch „eine emotionale Reaktion auf den Ton der gescheiterten Verhandlungen in Jeddah" war (Zitiert in Wilson 2005, 124). Saddam Hussein selbst deutete dies an, als er 2004 in einem US-amerikanischen Verhör behauptete, die „Arroganz" der kuwaitischen Machthaber habe sie „dumm" gemacht und den Angriff „entzündet".[47]

Der Zorn des irakischen Präsidenten über den vermeintlichen Hochmut und die Sturheit der al-Sabah-Familie hatte sich somit in der zweiten Julihälfte aufgestaut. Gegen Ende des Monats war seine Gefühlslage so explosiv geworden, dass ein kleiner Zwischenfall genügte, um ihn zu provozieren. Das Beharren des kuwaitischen Kronprinzen Sa'ds in den Verhandlungen von Jeddah, dass er nur dann einem Kredit zustimmen würde, wenn Bagdad ihre gemeinsame Grenze anerkenne, scheint der Auslöser für Saddam Husseins Befehl zum Angriff gewesen zu sein. Dass sich dieses kleine Land seinen Forderungen widersetzte und versuchte, Iraks finanzielle Schwäche auszunutzen, um seine territorialen Interessen durchzusetzen, empfand er als eine unverzeihliche Beleidigung.

Die Appraisal-Tendenzen von Wut helfen zu erklären, warum der Diktator die Warnungen seines Außenministers und engen Vertrauten Tariq 'Aziz zurückwies. Wut stärkt das Vertrauen der Menschen in ihre Fähigkeit, die Kontrolle über eine Situation zu erlangen. Denn die Emotion ist mit einem Gefühl von Macht und Unverwundbarkeit verbunden. Wütende Personen neigen dazu, optimistische Risikoeinschätzungen vorzunehmen und die potenziell negativen Auswirkungen künftiger Ereignisse zu unterschätzen (vgl. Baumann/DeSteno 2012, 1196; Lerner/Tiedens 2006, 124 und 130 sowie 132; Schieman 2006, 508). Darüber hinaus hat sich gezeigt, dass Wut die Qualität kognitiver Verarbeitung beeinträchtigt. Sie kann Personen dazu veranlassen, weniger auf die Qualität von Informationen zu achten und sich stattdessen auf oberflächliche Hinweise zu verlassen (vgl. Lerner/Tiedens 2006, 122 und 126 sowie 132). Die Handlungstendenz von Wut entspricht einem Impuls, den Auslöser der Wut zu konfrontieren, zu beseitigen oder zu bestrafen (vgl. Halperin/Canetti-Nisim/Hirsch-Hoefler 2009, 97; Lerner/Tiedens 2006, 118; Peterson/Harmon-Jo-

---

47 „Interview with Saddam Hussein", durchgeführt von George L. Piro, 11.3.2004, FBI Records, http://vault.fbi.gov/Saddam%20Hussein/Saddam%20Hussein%20Part%202%20of%202 (Zugriff: 20.4.2020).

nes 2012, 899; Spanovic et al. 2010, 726). Als Saddam Husseins Wut Anfang August ihren Höhepunkt erreichte, befahl er den Angriff auf Kuwait.

Schluss

Eine an Emotionen orientierte Perspektive geht davon aus, dass politische Entscheidungsfindungsprozesse auf bedeutende Weise durch die Gefühle führender Akteur*innen geprägt werden. Emotionen können hierbei als essenzielle Katalysatoren für menschliches Handeln wirken. Die Fallstudie über Saddam Husseins Entscheidung, Kuwait anzugreifen, hat den analytischen Wert dieser Perspektive veranschaulicht. Konventionellen Darstellungen fällt es schwer, zu erklären, warum sich der irakische Diktator Anfang August 1990 für den Angriff auf das Nachbarland entschied. Dieser Beitrag hat gezeigt, dass seine Entscheidung stark von seinem intensiven Gefühl der Wut auf die kuwaitische Regierung geprägt war. Dies hat zu einer umfassenderen Erklärung des Handelns des irakischen Machthabers geführt. Angesichts der Schlüsselrolle, die Emotionen in der menschlichen Interaktion und Entscheidungsfindung spielen können, ist es wichtig, sie in die Theorien der Internationalen Beziehungen im Allgemeinen und der Außenpolitikforschung im Besonderen einzubeziehen.

Literatur

Primärquellen

Conflict Records Research Center (CRRC), National Defense University, Washington, D.C.

George H. W. Bush Presidential Library (GHWBL), College Station, Texas.

Interview with Sa'd al-Bazzaz – An Insider's View of Iraq, in: Middle East Quarterly, 1995, http://www.meforum.org/277/saad-al-bazzaz-an-insiders-view-of-iraq (Zugriff: 20.4.2020).

Interview with Saddam Hussein by George L. Piro, 24. Februar 2004, US Federal Bureau of Investigation (FBI) Records, http://vault.fbi.gov/Saddam%20Hussein/Saddam%20Hussein%20Part%202%20of%202/view (Zugriff: 20.4.2020).

Interview with Tariq 'Aziz by Ali Al-Dabagh, Summer 2010, Al-Arabiya (Dubai), http://crrc.dodlive.mil/files/2013/07/Tariq-Aziz-Interview-Translation.pdf (Zugriff: 20.4.2020).

Interview with Tariq 'Aziz, Frontline Documentary, The Gulf War, PBS, 1996, http://www.pbs.org/wgbh/pages/frontline/gulf/oral/aziz/1.html (Zugriff: 20.4.2020).

Interview with Wafiq al-Samarrai, Frontline Documentary, The Gulf War, PBS, 1996, http://www.pbs.org/wgbh/pages/frontline/gulf/oral/samarrai/1.html (Zugriff: 20.4.2020).

US Federal Bureau of Investigation, Prosecutive Report of Investigation concerning Saddam Hussein, 10.3.2005, http://vault.fbi.gov/Saddam%20Hussein/Saddam%20Hussein%20Part%201%20of%202/view (Zugriff: 20.4.2020).

US Foreign Broadcast Information Service.

Sekundärliteratur

Adib-Moghaddam, Arshin 2006: The International Politics of the Persian Gulf. A Cultural Genealogy. London: Routledge.

Allison, William Thomas 2012: The Gulf War, 1990-91. New York: Palgrave Macmillan.

Al-Marashi, Ibrahim/Salama, Sammy 2008: Iraq's Armed Forces – An Analytical History. London: Routledge.

Ashton, Nigel 2008: King Hussein of Jordan: A Political Life. New Haven: Yale University Press.

Baram, Amatzia 1993: The Iraqi Invasion of Kuwait: Decision-Making in Baghdad. In: Baram, Amatzia/Rubin, Barry (Hrsg.). Iraq's Road to War. New York: St. Martin's Press, 5-36.

Baram, Amatzia 1994: Calculation and Miscalculation in Baghdad. In: Danchev, Alex/Keohane, Dan (Hrsg.). International Perspectives on the Gulf Conflict, 1990-91. New York: St. Martin's Press, 23-58.

Baram, Amatzia/Rubin, Barry (Hrsg.) 1993: Iraq's Road to War. New York: St. Martin's Press.

Baumann, Jolie/DeSteno, David 2012: Context Explains Divergent Effects of Anger on Risk Taking, in: Emotion, 12:6, 1196-1199.

Becker, Gary S. 1996: Accounting for Tastes. Cambridge: Harvard University Press.

Bengio, Ofra 1998: Saddam's Word – Political Discourse in Iraq. Oxford: Oxford University Press.

Brands, Hal/Palkki, David 2012: "Conspiring Bastards" – Saddam Hussein's Strategic View of the United States, in: Diplomatic History, 36:3, 625-659.

Damasio, Antonio R. 1994: Descartes' Error – Emotion, Reason and the Human Brain. New York: Avon Books.

Davidson, Richard J./Scherer, Klaus R./Goldsmith, H. Hill 2009: Handbook of Affective Sciences. Oxford: Oxford University Press.

Dawisha, Adeed 2009: Iraq –A Political History from Independence to Occupation. Princeton: Princeton University Press.

Engel, Jeffrey A. 2013: The Gulf War at the End of the Cold War and Beyond, In: Engel, Jeffrey A. (Hrsg.) Into the Desert. Reflections on the Gulf War. Oxford: Oxford University Press, 1-56.

Evans, Dylan/Cruse, Pierre 2004: Introduction. In: Evans, Dylan/Cruse, Pierre (Hrsg.) Emotion, Evolution, and Rationality. Oxford: Oxford University Press, xi–xviii.

Farouk-Sluglett, Marion/Sluglett, Peter 2001: Iraq Since 1958 – From Revolution to Dictatorship. London: I.B. Tauris.

Fierke, K. M. 2013: Political Self-Sacrifice – Agency, Body, and Emotion in International Relations. Cambridge: Cambridge University Press.

Freedman, Lawrence 2008: A Choice of Enemies – America Confronts the Middle East. New York: Public Affairs.

Frijda, Nico H. 1986: The Emotions. Cambridge: Cambridge University Press.

Hahn, Peter L. 2012: Missions Accomplished? The United States and Iraq since World War I. New York: Oxford University Press.

Halperin, Eran/Canetti-Nisim, Daphna/Hirsch-Hoefler, Sivan 2009: The Central Role of Group-Based Hatred as an Emotional Antecedent of Political Intolerance – Evidence from Israel, Political Psychology, 30:1, 93-123.

Han, Seunghee/Lerner, Jennifer S./Keltner, Dacher 2007: Feelings and Consumer Decision Making – The Appraisal-Tendency Framework, in: Journal of Consumer Psychology, 17:3, 158-168.

Hassan, Hamdi A.1999: The Iraqi Invasion of Kuwait – Religion, Identity, and Otherness in the Analysis of War and Conflict. London: Pluto Press.

Heikal, Mohamed 1992: Illusions of Triumph – An Arab View of the Gulf War. London: Harper Collins.

Hirshleifer, Jack 1993: The Affections and the Passions – Their Economic Logic, in: Rationality and Society, 5:2, 185-202.

Hochschild, Arlie Russell 1979: Emotion Work, Feeling Rules, and Social Structure, American Journal of Sociology, 85:3, 551-575.

Hurst, Steven 2009: The United States and Iraq Since 1979 – Hegemony, Oil, and War. Edinburgh: Edinburgh University Press.

Hutchison, Emma 2016: Affective Communities in World Politics. Collective Emotions after Trauma. Cambridge: Cambridge University Press.

Izard, Carroll E. 2010: The Many Meanings/Aspects of Emotion: Definitions, Functions, Activation, and Regulation, in: Emotion Review, 2:4, 363-370.

Jentleson, Bruce 1994: With Friends Like These: Reagan, Bush, and Saddam, 1982-1990. New York: Norton.

Karsh, Efraim/Rautsi, Inari 2002: Saddam Hussein. A Political Biography, 2. Aufl. New York: Grove Press.

Knobloch, Leanne K./Metts, Sandra 2013: Emotion in Relationships. In: Simpson, Jeffry A./Campbell, Lorne (Hrsg.). The Oxford Handbook of Close Relationships. Oxford: Oxford University Press, 514-534.

Koschut, Simon 2015: Macht der Gefühle: Zur Bedeutung von Emotionen für die sozialkonstruktivistische Diskursforschung in den IB, in: Zeitschrift für Internationale Beziehungen, 22:2, 7-33.

Kostiner, Joseph 1993: Kuwait: Confusing Friend and Foe. In: Baram, Amatzia/Rubin, Barry (Hrsg.) Iraq's Road to War. New York: St. Martin's Press, 105-116.

Lazarus, Richard S. 1991: Emotion and Adaptation. Oxford: Oxford University Press.

Lazarus, Richard S.: From Psychological Stress to the Emotions. A History of Changing Outlooks, in: Annual Review of Psychology, 44, 1-21.

Lerner, Jennifer S./Keltner, Dacher 2000: Beyond Valence. Toward a Model of Emotion-specific Influences on Judgement and Choice, in: Cognition and Emotion, 14:4, 473-493.

Lerner, Jennifer S./Tiedens, Larissa Z. 2006: Portrait of The Angry Decision Maker. How Appraisal Tendencies Shape Anger's Influence on Cognition, in: Journal of Behavioral Decision Making, 19:2, 115-137.

Lieber, Robert J. 1993: Iraq and the World Oil Market. Oil and Power After the Gulf War. In: Baram, Amatzia Baram/Rubin, Barry (Hrsg.). Iraq's Road to War. New York: St. Martin's Press, 85-104.

Loewenstein, George/Lerner, Jennifer S. 2009: The Role of Affect in Decision Making. In: Davidson, Richard J./Scherer, Klaus R./Goldsmith, H. Hill (Hrsg.). Handbook of Affective Sciences. Oxford: Oxford University Press, 619-42.

Markwica, Robin 2018: Emotional Choices. How the Logic of Affect Shapes Coercive Diplomacy. Oxford: Oxford University Press.

Marr, Phebe 2011: The Modern History of Iraq, 3. Aufl. Oxford: Westview Press.

Matthews, Ken 1993: The Gulf Conflict and International Relations. New York: Routledge.

Mohamedou, Mohammad-Mahmoud 1998: Iraq and the Second Gulf War. State Building and Regime Security. San Francisco: Austin & Winfield.

Munro, Alan 2006: Arab Storm. Politics and Diplomacy Behind the Gulf War, 2. Aufl. London/New York: I.B. Tauris.

Peterson, Carly K./Harmon-Jones, Eddie: Anger and Testosterone. Evidence That Situationally-Induced Anger Relates to Situationally-Induced Testosterone, in: Emotion, 12:5, 899-902.

Prinz, Jesse 2004: Which Emotions Are Basic? In: Evans, Dylan/Cruse, Pierre (Hrsg.). Emotion, Evolution, and Rationality. Oxford: Oxford University Press, 69-88.

Raghunathan, Rajagopal/Pham, Michel Tuan 1999: All Negative Moods Are Not Equal. Motivational Influences of Anxiety and Sadness on Decision Making, in: Organizational Behavior and Human Decision Processes, 79:1, 56-77.

Ross, Andrew A.G. 2006: Coming In From the Cold. Constructivism and Emotions, in: European Journal of International Relations, 12:2, 197-222.

Rubin, Barry 1993: The United States and Iraq. From Appeasement to War. In: Baram, Amatzia/Rubin, Barry (Hrsg.). Iraq's Road to War. New York: St. Martin's Press, 255-272.

Salinger, Pierre/Laurent, Eric 1991: Secret Dossier. The Hidden Agenda Behind the Gulf War. Harmondsworth: Penguin.

Schieman, Scott 2006: Anger. In: Stets, Jan E./Turner, Jonathan H. (Hrsg.). Handbook of the Sociology of Emotions. New York: Springer, 493-515.

Spanovic, Marija/Lickel, Brian/Denson, Thomas F./Petrovic, Nebojsa 2010: Fear and Anger as Predictors of Motivation for Intergroup Aggression. Evidence from Serbia and Republika Srpska, in: Group Processes & Intergroup Relations, 13:6, 725-739.

Stets, Jan E./Turner, Jonathan H. 2006: Handbook of the Sociology of Emotions. New York: Springer.

Telhami, Shibley 2013: The Arab Dimension of Saddam Hussein's Calculations. What We Have Learned from Iraqi Records. In: Engel, Jeffrey A. (Hrsg.) Into the Desert: Reflections on the Gulf War. Oxford: Oxford University Press, 148-80.

Tiedens, Larissa Z./Linton, Susan 2001: Judgment Under Emotional Certainty and Uncertainty – The Effects of Specific Emotions on Information Processing, in: Journal of Personality and Social Psychology, 81:6, 973-988.

Wilson, Joseph C. 2005: The Politics of Truth. Inside the Lies that Put the White House on Trial and Betrayed My Wife's CIA Identity. A Diplomat's Memoir. New York: Carroll and Graf.

Woods, Kevin M./Palkki, David D./Stout, Mark E./Huckabey, Jessica M./Nathan, Elizabeth A. 2010: A Survey of Saddam's Audio Files 1978-2001. Toward an Understanding of Authoritarian Regimes. Paper P-4548. Washington, DC: Institute for Defense Analyses.

Zeelenberg, Marcel/Nelissen, Rob M. A./Breugelmans, Seger M./Pieters, Rik 2008: On Emotion Specificity in Decision Making. Why Feeling Is for Doing, in: Judgment and Decision Making, 3:1, 18-27.

#humanitywashedashore – Visualität und Emotionen in der internationalen Politik[1]

Gabi Schlag

Über eine Million Menschen überquerten 2015 das Mittelmeer, mehr als 3.500 starben während ihrer riskanten Überfahrt (vgl. IOM 2017). Diese menschliche Tragödie erhielt am 2. September 2015 ein Gesicht und einen Namen: Alan (Aylan) Kurdi, ein fast drei Jahre alter Junge aus Syrien, dessen Leichnam in Bodrum in der Türkei an Land gespült wurde. Zwölf Geflüchtete, darunter Alans Bruder Galip und seine Mutter Rehen, ertranken an diesem Tag im Mittelmeer. Als Bürger*innen und Akademiker*innen sind wir täglich mit einer Vielzahl von bewegenden, herzergreifenden und emotional aufgeladenen Bildern konfrontiert. Das Nachdenken über die politikwissenschaftliche Relevanz von Bildern und Emotionen steht dabei jedoch in der deutschsprachigen Forschungslandschaft noch am Anfang. In diesem Beitrag möchte ich aufzeigen, wie das Zusammenspiel von Bildern und Emotionen Diskurse internationaler Politik prägt. Sowohl Bilder, Emotionen als auch Diskurse sind dabei durch ein hohes Maß an Ambiguität geprägt und bedürfen einer Methodologie, die Sinn und Sinnlichkeit von Bildern und Emotionen zugleich erfassen kann. Denn die Sichtbarmachung von Leid und die Artikulation von Mitgefühl führt nicht zwangsläufig dazu, dass politisch verantwortungsvoll gehandelt wird. Um dieses potentielle, kontingente und zugleich ambivalente Zusammenwirken von Bildern und Emotionen besser verstehen zu können, skizziere ich eine multidimensionale Methodik, die die Repräsentation, Artikulation und Performanz von Gefühlen in verschiedenen Dimensionen erfassen kann. Veranschaulichen möchte ich die Nützlichkeit dieser Methodologie

---

1 Das titelgebende Zitat verweist auf den hashtag, unter dem das Bild Alan Kurdis zur globalen Ikone wurde.
Dieser Beitrag ist eine Überarbeitung und Aktualisierung von Schlag, Gabi 2018: Moving Images and the Politics of Pity: A Multi-level Approach to the Interpretation of Images and Emotions. In: Clement, Maéva/Sangar, Eric (Hrsg.). Researching Emotions in IR: Methodological Perspectives on the Emotional Turn. New York: Palgrave Macmillan, 209-230. Mein Dank gilt Theresa Ogando und Juliane Hauschulz für ihre Mithilfe bei der Überarbeitung.

an einem Bild, das unter #humanitywashedashore um die Welt ging und zur globalen Ikone wurde: der tote Körper von Alan Kurdi.[2]

Wie Bilder „uns" bewegen

Die Macht der Bilder war noch nie so offensichtlich und allgegenwärtig wie im heutigen digitalen Zeitalter der globalisierten Medienberichterstattung und sozialen Netzwerke. Bilder von Krieg und Gewalt, Naturkatastrophen und menschlichen Tragödien können sich in Windeseile global verbreiten (vgl. Hutchison 2014, Schlag/Heck 2020). Gleichsam darf nicht vergessen werden, dass zwar Vieles sichtbar ist oder mit einfachen digitalen Mitteln sichtbar gemacht werden kann. Aber „wir" sehen weder alles, noch sehen „wir" die Dinge in gleicher Weise. Wer die Frage nach der Sichtbarkeit von Gefühlen stellt, muss daher auch im Blick behalten, welche Bilder und Emotionen verborgen bleiben. Dass Bilder Gefühle sichtbar machen und Emotionen auslösen können, ist nichts Neues. Aber wie kommt es, dass manche Bilder „uns" mehr bewegen als andere? Warum werden „uns" manche emotional aufgeladenen Bilder gezeigt, andere aber nicht?

Das Zusammenwirken von Emotionen und Politik besser zu verstehen ist weder ein Spezifikum der Teildisziplin Internationale Beziehungen (IB) noch des Feldes internationaler, grenzüberschreitender und globaler Politik (Korte 2015). Indem Bilder von Freude und Leid nicht mehr an Staatsgrenzen halt machen, können sie auch dazu beitragen, eine emotionale Gemeinschaft im Globalen zu stiften (Hutchison 2016; Koschut 2014). Die Untersuchung von Emotionen in den IB hat daher spätestens seit Neta Crawfords Aufsatz „The Passion of World Politics", veröffentlicht im Jahr 2000, große Aufmerksamkeit erlangt (vgl. Einleitung von Simon Koschut). Zentrales Argument verschiedener Autor*innen ist, dass Emotionen nicht (nur) persönlich, sondern auch kollektiv, nicht nur kognitiv, sondern auch sozial und performativ sind. Auch eine politische Dimension wird Emotionen zugeschrieben, da sie soziale Bindungen zwischen Mitgliedern einer Gemeinschaft stiften und geteilte Werturteile festigen helfen (vgl. Fattah/Fierke 2009, 70; Nussbaum 1996, 35). Emotionen haben dabei immer eine Entstehungsgeschichte und sind in ihrer kollektiven Bedeutung sozial kon-

---

2 Das Foto von Alan Kurdi hat eine Reihe an Forschungsbeiträgen nach sich gezogen, u.a. Schlag (2018), Durham (2018), Ibrahim (2018), Olesen (2018), Adler-Nissen/Andersen/Hansen (2019), Mattus (2020).

struiert: „Central here is that the specific forms feelings take – why we feel in the ways we do – are constituted at least in part through the social and cultural processes through which emotions are shaped in the first place" (Bleiker/Hutchison 2014, 501f.; vgl. Ahmed 2014).

Emotionen sind sowohl körperlich, affektiv als auch öffentlich sichtbar und intersubjektiv erfahrbar. Ein solch breites und umfassendes Verständnis von Emotionen impliziert jedoch, dass keine einzelne Disziplin, Theorie oder Methodologie ausreichend ist, um zu verstehen, welche (konstitutive oder kausale) Bedeutung Emotionen entfalten können. In den IB werden Emotionen unter anderem durch Diskurse erforscht, das heißt über die sprachliche und textuelle Artikulation eines Gefühls (vgl. Koschut 2017, 2; Adler-Nissen/Andersen/Hansen 2019, 5). Zwar wird in diesen Arbeiten immer wieder betont, dass Bilder auch Bestandteil von Diskursen seien. Wie der emotionale Gehalt des Visuellen jedoch analysiert werden kann, bleibt oftmals vage. In diesem Beitrag möchte ich daher eine mehrdimensionale Methodologie darlegen, die Bilder als Ausgangspunkte und Fokusse der Repräsentation, Artikulation und Performanz von Emotionen versteht und somit das Textuelle und Visuelle vereint. Ziel ist es dabei „the concrete *processes* through which seemingly individual emotions either become or are at once public, social, collective and political" (Bleiker/Hutchison 2014: 497; eigene Hervorhebung) besser verstehen zu können.

> "Our conception aims not to preference one theoretical account of emotions over others (such as cognitive vs. affective), but to subordinate such debates to what we see as the key challenge facing international relations' emotions scholars: understanding the concrete *processes* through which seemingly individual emotions either become or are at once public, social, collective, and political." (Bleiker/Hutchison 2014, 497; eigene Hervorhebung)

So wie Emotionen auf verschiedenen Analyseebenen ihre Macht entfalten können, so tun dies auch Bilder. Der allgemeine Begriff der Bilder – im Englischen „image" –, erklärt Mitchell, bezeichnet „any likeness, figure, motif, or form that appears in some medium or other" (Mitchell 2005, xiii; Mitchell 1984). Bilder benötigen sowohl ein Medium als auch einen Modus der Kommunikation und des Wissens, um etwas sichtbar und *re*-präsentierbar zu machen. Als Darstellungen lenken Bilder unsere Aufmerksamkeit auf „the language and imagery through which meanings are produced and disseminated in societies" (Hutchison 2014, 4; Bleiker 2001; Schlag 2019). Bilder basieren oftmals auf spezifischen Konventionen der Darstellung. Einerseits sind Bilder in der Lage, Gefühle von Individuen darzustellen und Emotionen von Kollektiven zu symbolisieren. Andererseits entfalten Bilder manchmal eine besondere Anziehungskraft, die nicht nur „unseren" Verstand, sondern auch „unser" Herz anspricht.

Mit Blick auf die europäisch geprägte Geschichte der Bildproduktion erscheint eine gewisse Emotionalität aus den abbildenden, mimetischen Eigenschaften von repräsentierenden Bildtypen herzurühren (vgl. Belting 2005).[3] Diese wahrgenommene Ähnlichkeit wird gerade bei säkularen Fotografien, die reale Menschen abbilden, deutlich. Wir kratzen auf einem Foto nicht das Gesicht einer Person aus, obwohl wir den Unterschied zwischen einem Bild und dem, was es zeigt, kennen (vgl. Mitchell 2005, 31) – oder wir tun es in der Absicht, symbolisch zu verletzen, weil wir betrogen wurden.

Was gibt es da zu deuten? Bilder und Emotionen interpretieren

IB-Wissenschaftler*innen haben sich erst kürzlich mit den methodologischen Herausforderungen der Erforschung des Visuellen befasst (vgl. Bleiker 2015; Hansen 2015; Callahan 2015; Schlag 2015, 2018). Es gibt jedoch nicht nur eine, sondern mehrere Methoden zur Untersuchung von Bildern, die in den Blick nehmen, wie sie produziert werden, was sie bedeuten und wie sie zirkulieren. Gleiches gilt für Emotionen (vgl. Clement/ Sangar 2018; Flam/Doerr 2015; Falk 2015).

Das Studium von Emotionen und Bildern innerhalb eines Interpretationsparadigmas muss sich jedoch zwei Herausforderungen stellen: Erstens ist es wichtig zu beachten, dass Sprache (das heißt geschriebener und gesprochener Text) und Bild mit unterschiedlichen Modalitäten arbeiten. Während postmoderne Linguist*innen und Philosoph*innen zu Recht argumentieren, dass Sprache die Realität nicht widerspiegelt und dass die Beziehung zwischen Signifikanten und Signifikaten arbiträr ist, versuchen bestimmte Bildmedien wie etwa die (Presse-)Fotografie eine natürliche und mimetische Beziehung zur dargestellten Realität herzustellen. Dokumentierende Fotografien zeichnen sich dadurch aus, dass sie etwas im Hier und Jetzt Abwesendes *re*-präsentieren, das heißt sichtbar und erfahrbar machen (Mitchell 1984, 521-524), auch wenn den Betrachter*innen bewusst ist, dass nur ein (gewählter) Ausschnitt gezeigt wird. Zweitens ist das Interpretieren eine selbstreflexive Praxis, bei dem persönliche Gefühle nicht ignoriert werden können (vgl. Barbehön/Münch/Schlag 2019). Die Aus-

---

3 Ich bin mir bewusst, dass die Historizität und Kontingenz von Bildern (sowie von Gefühlen und Emotionen) hiermit nicht angemessen erörtert ist.

wahl und Anwendung einer Methode hängen nicht nur, aber auch von subjektiven Faktoren ab. Methoden sind daher keine objektiven und neutralen Instrumente, sondern performativ und politisch (vgl. Aradau/Huysmans 2014). Daher kontrollieren Methoden nicht „unsere" Gefühle, Überzeugungen und unser Denken, sondern können dazu beitragen, diese zu explizieren und zu reflektieren (vgl. Bially-Mattern 2014). Das Ziel besteht also darin, Interpretationen zu formulieren, die nachvollziehbar, intersubjektiv verständlich und damit kritisierbar sind.

Orte der Interpretation

Im Mittelpunkt der Interpretation steht die Repräsentation, Artikulation und Performanz von Emotionen in und durch das Anfertigen, Zeigen, Teilen und Kommentieren von Bildern.[4]

Produktionsbedingungen bezeichnen die Umstände, unter denen ein Bild hergestellt wird, und reflektieren, wie diese Umstände selbst Auswirkungen haben könnten. Die Unterschiede zwischen digitalen und analogen Medien haben zum Beispiel verschiedene Debatten über die Manipulierbarkeit und Hyperrealität von Bildern gefördert. Einige Wissenschaftler*innen gehen sogar davon aus, dass die Art und Weise, wie ein Bild (technisch) produziert wird, seine Form, Bedeutung und Effekte mitbestimme (Rose 2012, 20).

Das *Bild* selbst setzte sich aus Komposition, Stil und der Verwendung von Symbolen, Farben und Licht zusammen (vgl. Rose 2012, 27). Das Interpretieren eines Bildes ist bis zu einem gewissen Grad vergleichbar mit dem Erlernen einer Sprache, einschließlich ihrer Grammatik, ihres Wortschatzes und ihres praktischen Gebrauchs (vgl. Kress/van Leeuwen 2006). Das Verstehen eines Bildes erfordert daher nicht nur Kenntnisse über strukturelle visuelle Elemente, sondern auch darüber, wie sie unterschiedlich verwendet werden (und wurden).

Bilder werden oftmals gemacht, um auch gesehen und angeschaut zu werden. Bilder brauchen *Öffentlichkeiten*. Betrachter*innen und Rezipient*innen verweisen auf einen "process by which a visual image has its meanings renegotiated, or even rejected, by particular audiences watching in specific circumstances" (Rose 2012, 30). Mit der *Zirkulation* ist schließ-

---

4 Im Gegensatz zu Adler-Nissen/Andersen/Hansen (2019: 6) beginnt meine Analyse beim Bild und seiner Produktion und nicht (erst) bei der Artikulation von Gefühlen als Reaktion auf das Bild.

lich gemeint, dass Bilder reisen, ihre Bedeutung in unterschiedlichen Kontexten verändern und Teil eines gemeinsamen visuellen Gedächtnisses werden können. Zwar ist die Zirkulation von Bildern kein neues Phänomen, aber Qualität und Quantität des Teilens, Kommentierens und Transformierens haben sich mit dem Aufkommen digitalisierter und globaler Kommunikationsmedien verändert (vgl. Rose 2016, 21).

Die rasante Entwicklung der Digitalisierung und die Beschleunigung der Verbreitung von Bildern heben zwei Orte des Interpretierens hervor: die *Re-Mediation/Re-Mediatisierung* von (auch internationaler) Politik und die *Intertextualität* von (globalen) Bildern. Mit *Re-Mediation* meine ich die Tatsache, dass Bilder von einem Medium in ein anderes konvertiert werden können, zum Beispiel von den Mainstream-Nachrichtenmedien (TV oder Print) in soziale Medien. Diese mediale Übersetzung ist ein wichtiger Ort der Analyse, denn die Bedeutungsproduktion eines Bildes setzt sich fort, wenn Bilder von einem Medium in ein anderes wandern (Andersen 2012). Unterschiedliche Kontexte erzeugen unterschiedliche Bilder und setzen sie in Beziehung zu anderen Kommunikationsmodalitäten, insbesondere zu Worten. Die *Re-Mediatisierung* hingegen hebt die Tatsache hervor, dass modernes Leben hauptsächlich über Medien erlebt wird. Wir nehmen weit entfernte Ereignisse zur Kenntnis, weil wir Bilder davon sehen und die dazugehörigen Geschichten hören: „Media representations are crucial because all knowledge of political issues is unavoidable and inherently mediated" (Bleiker et al. 2013, 399).

Intertextualität und Interikonizität verweist auf die Tatsache, dass Bilder nicht nur zirkulieren und angeeignet werden, sondern auch auf andere Bilder verweisen und zur Produktion weiterer Bilder motivieren können. Es gibt viele Zeichnungen, Collagen, Karikaturen und Graffiti, die das Originalfoto von Alan Kurdi zitieren (vgl. Mortensen 2017; Durham 2018). Dazu kann auch ein Wechsel des Mediums gehören, wenn Aktivist*innen oder Künstler*innen wie Ai WeiWei das Motiv des toten Jungen am Ufer aufführen (vgl. The Guardian 2016).

Alan Kurdi als globale Ikone des Mitgefühls

Globale Migration ist ein gut erforschtes Thema, insbesondere mit Blick auf konstruktivistische und diskurstheoretische Studien in den IB (vgl. Aradau 2004, Burbeau 2011; Buzan/de Wilde/Waever 1998: Kapitel 6). Wie Medienbilder die Wahrnehmung von Geflüchteten und Migrant*innen prägen, wird jedoch nur gelegentlich thematisiert und meistens Medienwissenschaftler*innen überlassen (vgl. Chouliaraki/Stolic 2017). Bleiker,

Campbell, Hutchison und Nicholson (2013) zeigen zum Beispiel, wie emotionale Bilder von Asylsuchenden die politische Debatte in Australien nicht als humanitäre Katastrophe, sondern als potenzielle Bedrohung visualisierten. Solche medialen Stereotype sind nicht folgenlos, denn:

"These dehumanising visual patterns directly feed into the politics of fear that many scholars have already identified as a highly problematic aspect of Australia's approach to refugees." (Bleiker et al. 2013, 399)

Durch die Dominanz solcher Bilder erscheinen Nothilfe und die Gewährung von Asyl als abwegige Politiken. Chouliaraki und Stolic (2017) untersuchen anhand von 84 Bildern auf Titelseiten von Zeitungen, wie Geflüchtete im Jahr 2015 dargestellt wurden und welche Implikationen diese Repräsentationen für die Zuschreibung von Handlungsfähigkeit („agency") hatte.

Wenn mediale Darstellungen Einfluss darauf haben, welche Politik als angemessen und legitim betrachtet wird und wem Handlungsfähigkeit und Verantwortung zugeschrieben werden kann, ist es wichtig zu verstehen, wie Emotionen visualisiert werden und wie Bilder affektive und emotionale Reaktionen auslösen können. Scham, Trauer und Mitleid sollen im Folgenden im Mittelpunkt der Analyse des Fotos von Alan Kurdi stehen.[5] Nach dem Oxford-Wörterbuch (online) bezeichnet Scham "(a) painful feeling of humiliation or distress caused by the consciousness of wrong or foolish behaviour". Trauer ist "(i)ntense sorrow, especially caused by someone's death". Mitleid kann definiert werden als "(t)he feeling of sorrow and compassion caused by the sufferings and misfortunes of others". All diese Emotionen sind sozial, da sie die Beziehungen zwischen Menschen konstituieren. Sie sind ko-konstitutiv, weil der Kummer einer Person Emotionen einer anderen Person hervorrufen kann, und normativ in dem Sinne, dass Menschen gelernt haben, wie sie emotional auf bestimmte Ereignisse, zum Beispiel den Tod eines Kindes reagieren sollten. Das Bild eines toten Jungen ist insofern schon ein emotionales Genre der besonderen Art, da Kindern (oftmals) eine besondere Schutzbedürftigkeit und Unschuld zugeschrieben wird (vgl. Berents 2019; Lee-Koo 2018; Al-Ghazzi 2019). Jedoch ist auch die Kategorie „Kind/Kindheit" eine gesellschaftlich-historisch Gemachte, die mit spezifischen emotionalen Erwartungen verbunden wird.

---

5 Schock und Wut, aber auch Apathie und Gleichgültigkeit werde ich nur am Rande behandeln.

Produktionskontext – wie es sich anfühlt, ein Foto von einem toten Jungen zu machen

Die türkische Journalistin Nilüfer Demir fotografierte am Morgen des 2. September 2015 am Ufer von Bodrum/Türkei, unter anderem einen toten dreijährigen Jungen. In einem Interview mit CNN Turk erklärte sie: "There was nothing left to do for him. There was nothing left to bring him back to life. (...). There was nothing to do except take his photograph (...) and that is exactly what I did. (...) I thought, 'This is the only way I can express the scream of his silent body'" (zitiert nach Griggs 2015). Diese Aussage von Demir deutet bereits auf die starken affektiven Reaktionen auf das Bild und sein Motiv hin. Sie zeigt eine normative Verpflichtung, die viele Journalist*innen teilen, wenn sie über Krisen und Konflikte berichten und diese dokumentieren.

Das Bild – wie der Tod sichtbar und erfahrbar wird

Die meisten Medien veröffentlichten zwei Fotografien aus der Serie von Demir. Das erste Foto zeigt die Leiche am Strand, im unteren Drittel ist der tote Junge mit dem Gesicht nach unten im Sand liegend und mit dem Kopf den Wasserrand berührend zu sehen. Sein Körper ist auf das Meer gerichtet. Das zweite Foto hält den Moment fest, in dem ein türkischer Polizist den toten Körper in seinen Armen trägt. Während die ersten Bilder von Stille und Passivität geprägt ist, zeigt das zweite Foto eine Handlung.

Da Fotografien oftmals an verschiedene Medienformate angepasst werden, können die kompositorischen Proportionen variieren. Die meisten Reproduktionen des Bildes bleiben bei der mittleren Totalen, die eine distanzierte und doch umfassende Sicht auf die Szenerie ermöglicht. Konventionell sind die Person(en) zentriert und markieren den kompositorischen Mittelpunkt der Bilder. Auch die Umgebung wird abgebildet, wodurch sich jedoch lediglich ein generalisierter Kontext (zum Beispiel „Strand", „Wasser"; beim zweiten Bild „Türkei") erschließen lässt. Die Komposition ist minimalistisch und auf das Wesentliche fokussiert: "The photo of the drowned toddler stays. It is deadly calm: there are no sunken boats, exhausted crowds, or urgent situations at hand. There is a child on a beach in summer, who will never play again" (Ben-Ghiat 2015).

Wenn man sich das Bild ansieht, weiß man zunächst nicht, unter welchen Umständen der Junge gestorben ist, ob es sich um einen Unfall oder ein Verbrechen handelt. Die mediale Repräsentation von toten Körpern, insbesondere von Kindern, wird oftmals als ein journalistisches Tabu verstanden. Wie Hugh Pinney, Vizepräsident von Getty Images, sagt: "a picture of a dead child is one of the golden rules of what you never publish" (zitiert nach Laurent 2015). Zweifellos wird dieses Tabu regelmäßig gebrochen (vgl. Berents 2019), aber die Veröffentlichung und Zirkulation des Bildes löste eine lebhafte Debatte über ethische Standards im Journalismus aus. Kommentator*innen betonten, dass auch in den Wochen zuvor Fotos von toten Kindern entstanden seien, aber erst das Bild von Alan Kurdi publiziert wurde, weil er „europäischer" aussah (Bouckaert, zitiert nach Laurent 2015). Einige Autor*innen argumentieren, dass sich die Bilder von Alan Kurdi auf das Motiv des schlafenden Engels beziehen (vgl. Drainville 2015) und auf das Motiv der Pietà, der Darstellung von Empathie, Mitgefühl und Klage in der christlichen Ikonografie, beziehe und somit kulturell-symbolisch für eine „westliche" Öffentlichkeit anschlussfähiger sei (vgl. Aulich 2015).[6]

Im Allgemeinen rufen Bilder, die Menschen in Notsituationen zeigen, starke emotionale Reaktionen der Zuschauer*innen hervor (vgl. Zelizer 2010). Viele dieser Bilder werden heute von Bürger*innen produziert und über soziale Mediennetzwerke verbreitet (vgl. Andersen 2012; Mortensen 2011). Ihre Darstellung und Verbreitung wird jedoch von den Mainstream-Medien regelmäßig kritisiert und manchmal durch (informelle) Verhaltenskodizes eingeschränkt (vgl. Auchter 2015, Friis 2015). Während Bilder von Leiden und Tod sehr affektiv sind, entsteht durch fehlende Kontextinformationen oft der Eindruck, dass das Leiden von außen kommt und es sich um ein „isolated victim awaiting external assistance" (Campbell 2011, 8) handle. Solche Bilder können entpolitisierend wirken sowie rassistische und neo-koloniale Diskurse und Praktiken reproduzieren (vg. Campbell 2011, 8; Berents 2019, 13).

Das Foto von Alan Kurdi veranschaulicht zudem, dass Kinderporträts etwas Besonderes sind: "children are abstracted from culture and society, granted an innate innocence, seen to be dependent, requiring protection and having developmental potential" (Campbell 2011, 9). Ihr Leiden und Sterben wird daher als besonders schockierend und schmerzhaft wahrgenommen und impliziert oft einen Handlungsaufruf. Während Bilder von Kindern (und Frauen) typische Motive für die Darstellung von humanitären Krisen und Naturkatastrophen sind, schränken die Mainstream-Medien die Darstellung von Leichen aus unterschiedlichen Gründen (zum Beispiel Menschenwürde, Persönlichkeitsrechte) oft ein (Lee-Koo 2018). Sol-

---

6 Einige künstlerische Antworten verwenden das Engelsmotiv, das Alan Kurdi mit Flügeln oder in der Gegenwart eines Engels zeigt.

che Bilder können nicht nur Trauer und Mitleid, sondern auch Scham hervorrufen, insbesondere wenn es sich um einen vermeidbaren Tod handelt. Nicht nur hätte der Tod von Alan Kurdi verhindert werden können, sondern die Verantwortlichen müssten zur Rechenschaft gezogen werden, so die Meinung vieler Kommentator*innen.[7]

Das Bild von Alan Kurdi, sein Motiv und Genre, sind bereits affektiv eingebettet und verweisen auf die Historizität von bildlichen Darstellungen und den mit ihnen verbundenen emotionalen Registern. „Wir" wissen (oder haben gelernt), wie wir auf das Bild eines toten Kindes zu reagieren haben und welches Leben betrauert werden kann (vgl. Berents 2019; Butler 2010). Dies zeigt sich auch an der Zirkulation des Bildes und den damit verbunden Artikulationen von Trauer, Mitleid und Scham.

Zirkulation – wie Gefühle geteilt werden

Die weltweite Verbreitung der Fotos von Alan Kurdi basiert auf seinem Status als portables Artefakt (Faulkner 2015, 53). Die Digitalisierung hat nicht nur die Zirkulation von Bildern beschleunigt, auch die Menge an geteilten Bildern nimmt zu. Gleichsam erlangt nur eine geringe Anzahl von Bildern den Status einer globalen Ikone. Das Bild von Alan Kurdi erschien erstmals in einem Artikel der türkischen Nachrichtenagentur DHA, der 50 Bilder von toten syrischen Flüchtlingen zeigte, die am Morgen am Ufer von Bodrum aufgefunden wurden. Auf vier von ihnen ist ein kleiner Junge zu sehen, der später als Alan Kurdi identifiziert wurde. Drei Bilder der Serie wurden in den klassischen und sozialen Medien veröffentlicht. Das erste Foto zeigt den toten Alan Kurdi, entweder dem Betrachter zugewandt oder mit dem Rücken zu ihm. Das zweite Bild zeigt den Moment, in dem der türkische Polizist Mehmet Çiplak das tote Kind wegträgt.

Zwei Stunden später erschien das erste Bild mit dem Leichnam von Alan Kurdi auf *Twitter*, das von der türkischen Journalistin und Aktivistin Michelle Demitschewitsch veröffentlicht wurde. Das Bild verbreitete sich erst regional, dann aber global in Windeseile als der Direktor für Notfälle von *Human Rights Watch*, Peter Bouckaert, das Foto auf *Twitter* teilte (vgl. D'Orazio 2015). Er schrieb über seine Absichten und Gefühle: "It was not an easy decision to share a brutal image of a drowned child. But I care

---

7 Im März 2020 wurden drei Schlepper zu langen Haftstrafen vor einem türkischen Gericht verurteilt, https://www.nytimes.com/2020/03/13/world/middleeast/alan-kurdi-death-trial.html (letzter Zugriff: 1. Juni 2020).

about these children as much as my own. Maybe if Europe's leaders did too, they would try to stem this ghastly spectacle" (Bouckaert 2015). Sozialen Medien wie *Twitter* und *Facebook* wird dabei nachgesagt, dass Emotionen ein konstitutiver Bestandteil dieser Plattformen und der dort stattfindenden Kommunikation sind (vgl. Duncombe 2019).

Der Kreis der Rezipient*innen des Bildes wuchs als die Korrespondentin der Washington Post, Liz Sly, ihren Tweet veröffentlichte (D'Orazio 2015, 12-14).[8] Viele Nutzer*innen, darunter Politiker*innen und Vertreter*innen von NGOs und IOs, drückten ihre Gefühle in Worten und mit Emoticons aus und forderten die politischen Vertreter*innen auf, etwas zu tun. Aber einige Nutzer*innen veröffentlichten auch feindselige Kommentare, die den Vater Alans kritisierten oder die Authentizität des Fotos in Frage stellen (vgl. Thelwall 2015; Adler-Nissen, Andersen, Hansen 2019, 12-13). In den folgenden Tagen wurden viele *Memes* und künstlerische Antworten erstellt und über *Twitter*, *Facebook* und in klassischen Medien verbreitet (vgl. Vis 2015; Ryan 2015; siehe unten zur Intertextualität).

Re-Mediatisierung – wie das Bild zur Ikone des Mitleids und zum Symbol einer geschscheiterten „Flüchtlingspolitik" wird

Die erste nicht-türkische Zeitung, die über die Geschichte berichtet, ist die Online-Ausgabe der *British Daily Mail* um 13.10 Uhr mit dem Titel: „Terrible fate of a tiny boy who symbolizes the desperation of thousands" (vgl. D'Orazio 2015, 15). Am nächsten Tag ist es die Titelgeschichte vieler Zeitungen weltweit, obwohl nicht alle ein Foto von Alan Kurdi drucken. Die Modalitäten der singulären Fotos ändern sich, da sie nun als gedrucktes Titelbild bearbeitet und mit anderen Bildern, Geschichten – und im Falle von *Twitter* – Emoticons verknüpft werden. Durch diese Re-Mediatisierung in klassischen Medien entwickelt sich das Bild von Alan Kurdi zu einer globalen Ikone (vgl. Faulkner 2015, 53).

Mit der journalistischen Einbettung des Bildes beginnt sich der symbolische Inhalt zu wandeln. Während die Fotografien von Demir ein ertrunkenes Kleinkind und einen Polizeibeamten zeigen, der den Leichnam wegträgt, wird das Bild in den Schlagzeilen nun als Symbol einer humanitären Katastrophe und des Versagens der EU gedeutet: „Humanity washed ashore" (*Gulf News*), „The reality – why Europe must act now" (*The Natio-*

---

8 Leser*innen können Tweets unter dem türkischen Hashtag #kiyiyavuraninsanlik und der englischen Übersetzung #HumanityWashedAshore finden.

nal), „Unbearable" (*Daily Mirror*), „The little victim of a growing crisis" (*The Washington Post*), „Europe Divided" (*The Times*), „Tiny victim of a human catastrophe" (*Daily Mail*), „The shocking, cruel reality of Europe's refugee crisis" (*The Guardian*), „Utan dünya!" ("World, be ashamed", *Milliyet*) and "Dünyayi sarsti" ("Shocked world", *Hürriyet*).[9] Während die meisten westlichen Medien das Foto von Alan Kurdi als Symbol einer humanitären Tragödie rahmen, veröffentlichte der Islamische Staat das Bild unter dem Titel „The danger of abandoning Dārul-Islām" in seiner Monatszeitschrift *Dabiq*.

Durch die mediale Rahmung werden die individuell artikulierten Gefühle zu kollektiven Emotionen. Eine Erklärung der Herausgeber von *The Independent* veranschaulicht, wie diese Emotionen eine politische Wendung erfahren:

> „Some will feel we have overstepped the mark of common decency; a few will claim we have put emotion above rational debate. But the fact is this: abject people are dying and they need our help. If we cannot see that, then we have no right to look away from the consequences of inaction" (The Independent 2015).

Dem Schock und Mitleid, so die Herausgeber von *The Independent*, sollen nun Taten folgen. Die Zeitungsmacher initiierten daraufhin eine politische Kampagne, die die britische Regierung dazu drängte, im Rahmen der EU-Regulierungen Geflüchtete aufzunehmen.

Öffentlichkeiten – wie Emotionen mobilisieren können

Die Reaktionen auf die Bilder umfassen nicht nur Kommentare von Nutzer*innen sozialer Netzwerke, die eng mit der Verbreitung und Mediatisierung der Bilder verbunden sind. Die Veröffentlichung, Zirkulation und Re-Mediatisierung des Bildes konstituieren politische Öffentlichkeiten, in denen sowohl die Betroffenheit der Betrachter*innen als auch die Forderung nach politischem Handeln artikuliert werden. Nutzer*innen auf *Twitter* beispielsweise teilten das Bild von Alan Kurdi, oft mit Emoticons und zusätzlichen Bildern (siehe unten zur Intertextualität). Viele Kommentator*innen sprachen und schrieben über ihre persönlichen Gefühle, als sie das Bild gesehen hatten, zum Beispiel dass sie weinen mussten, sprachlos und schockiert sind, Trauer und Wut empfinden. Es gibt aber

---

9 Für eine Sammlung von Schlagzeilen, siehe Laurent (2015).

auch Tweets, die die Eltern von Alan Kurdi beschuldigten, rücksichtslos und egoistisch gehandelt zu haben.

Neben Privatpersonen kommentierten auch eine Reihe an Politiker*innen das Bild von Alan Kurdi. In Großbritannien war Schatzkanzler George Osborne das erste Regierungsmitglied, das sich zu dem Foto äußerte. Während eines Fabrikbesuchs sagte er:

"There is no person who would not be very shocked by that picture – and I was very distressed when I saw it myself this morning – of that poor boy lying dead on the beach. [...]. We know there is not a simple answer to this crisis. What you need to do is first of all tackle Isis and the criminal gangs who killed that boy" (zitiert nach: Wintour 2015).

Interessant ist, dass Osborne zunächst seine affektive Reaktion zum Ausdruck bringt und dann sowohl den Islamischen Staat als auch die Schmuggler für Alans Tod verantwortlich macht. Die schottische Erste Ministerin Nicola Sturgeon betonte stattdessen, dass wir alle für das Leben der Geflüchtete verantwortlich seien und appellierte an Premierminister Cameron, mehr Menschen Zuflucht zu gewähren (Wintour 2015). Cameron sagte, auch er sei von dem Bild bewegt, bestand aber darauf, dass das Vereinigte Königreich bereits seiner moralischen Verantwortung, Geflüchteten zu helfen, nachkomme (Dathan 2015). Auf die Nachfrage der Journalisten antwortete er, dass die Regierung genug unternehme, obwohl Tausende eine Petition von *The Independent* unterzeichnet hatten, in der die Regierung aufgefordert wurde, Quoten für die Aufnahme von Geflüchteten festzulegen.

In den USA zeigte Senator John McCain eine Nahaufnahme des toten Jungen und sagte in seiner 15-minütigen Erklärung im Senat: „This image has haunted the world. But what should haunt us even more than the horror unfolding before our eyes are the thought that the United States will continue to do nothing meaningful about it" (zitiert nach: Tasch 2015). Er forderte die US-Regierung nachdrücklich auf, mehr Geflüchtete aufzunehmen und ihr Engagement im syrischen Konflikt zu verstärken und nannte die Krise „the greatest humanitarian tragedy of our times" (zitiert nach: Tasch 2015).

Da Alan Kurdis Tante Tima in der Gegend von Vancouver lebt, wurde die Geschichte seines Todes in Kanada und den USA bewusster als üblich wahrgenommen und wurde in den anstehenden kanadischen Wahlen zu einem „emotional issue" (Austen 2015). Oppositionelle Politiker*innen, NGOs und Aktivist*innen kritisierten die Regierung Kanadas für ihre Asylpolitik und argumentierten, dass man weniger Menschen aus Syrien aufnehme als versprochen. Die Familie von Alan Kurdi hatte einen Antrag auf Einreise nach Kanada gestellt, der jedoch wegen unvollständiger Dokumente abgelehnt worden war.

Der damalige kanadische Premierminister Stephen Harper sagte: "We had the same reaction, Laureen and I, as everybody else when we see the photo — it's heart-wrenching, it brings you right to your own family" (The Huffington Post 2015). Er fügte jedoch hinzu, dass Kanada mehr Geflüchtete aus Syrien aufnehmen und das militärische Vorgehen gegen den Islamischen Staat verstärkt werden solle, um die Ursachen des Problems zu bekämpfen (Austen 2015). Einwanderungsminister Chris Alexander setzte seine Kampagne mit den Worten aus, er sei „deeply saddened by that image" (zitiert nach: Austen 2015). Als Reaktion auf die Geschichte der Familie Kurdi wurde die kanadische Asyl- und Migrationspolitik zu einem wesentlichen Thema des Wahlkampfes. Die Opposition nahm zwar die Beileidsbekundungen der Regierung zur Kenntnis, kritisierte aber das Fehlen an politischem Handeln, um rechtliche Hindernisse für Asylsuchende zu beseitigen. Nach den Wahlen im Oktober nahm eine neue liberale Regierung unter dem Premierminister Justin Trudeau symbolisch rund 25.000 Geflüchtete aus Syrien auf (vgl. Kingsley und Timur 2015).

Intertextualität und Interikonizität – wie Bilder wiederkehren

Intertextuelle und interikonische Beziehungen zeigen sich sowohl auf *Twitter*, wo Benutzer*innen künstlerische Collagen und Illustrationen veröffentlichten, bei Cartoons in Zeitungen, Graffitis in städtischen Gebieten weltweit sowie Skulpturen und Performances von Aktivist*innen und Künstler*innen. *Twitter*-Nutzer*innen haben zum Beispiel viele künstlerische Aneignungen des Motivs und *Memes* von Alans Bild gepostet (vgl. Vis 2015, Ryan 2015, Faulkner 2015).[10] Ab dem 4. September 2015 war das dokumentarische Foto des toten Jungen durch solche nutzergenerierten Bilder ersetzt worden (vgl. D'Orazio 2015, 18). Auch die klassischen Medien nahmen diese Bilder sowie Screenshots von Twitter-Posts in ihre Online-Berichterstattung auf.

Die französische Satirezeitschrift Charly Hebdo druckte schließlich ein Cover mit Karikaturen, die das bildliche Motiv von Alan Kurdi aufgreifen, es jedoch re-/de-kontextualisierten: Alan war nun als Erwachsener zum

---

10 Eine Auswahl künstlerischer Antworten wird hier gesammelt: http://www.boredp anda.com/syrian-boy-drowned-mediterranean-tragedy-artists-respond-aylan-kurdi/ (letzter Zugriff: 1. Juni 2020).

„Grabscher" geworden, bezugnehmend auf Ereignisse in der Silvesternacht in Köln. Aktivist*innen und Künstler*innen, zum Beispiel der bekannte chinesische Künstler Ai WeiWei, führten das Motiv auf. Diese intertextuellen und intermedialen Referenzen zeigen nicht nur den ikonischen Status des Bildes, sondern dessen Aneignung in verschiedenen Kontexten. Seine ursprünglich emotionale Kraft, Mitleid und Scham zu evozieren, hat es dadurch weitestgehend verloren.

„Sinn und Sinnlichkeit" – Wie Bilder und Emotionen internationale Politik verändern könn(t)en

Abschließend möchte ich mich auf zwei Aspekte fokussieren, die für die weitere Forschung über die Beziehung zwischen Bildern, Emotionen und internationaler Politik wichtig sind: die (Ohn-) Macht von Bildern Politik zu verändern sowie die Macht der Gefühle Gemeinschaften zu stiften.

Wenn Leid und Tod dokumentierende Bilder veröffentlicht werden, fragen Kommentator*innen häufig: „(D)id it change politics?". Anne Burns (2015, 28) argumentiert: "(T)his assumed political function is cited in order to redeem the image's circulation". Indem man die Veröffentlichung eines Bildes mit seiner Fähigkeit, Politik zu ändern, verknüpft, ist es akzeptabel, ein Foto eines toten Kindes anzuschauen und mit anderen zu teilen. Die Wirkung von Bildern – und auch Emotionen – ist jedoch eine komplizierte Frage. Ob Bilder eine andere Politik ermöglichen, hängt davon ab, wie „wir" Repräsentationen von Leid, Gewalt und Tod sehen, empfinden und deuten. Im Fall von Alan Kurdi ist die Bilanz ambivalent. Einerseits machten die Fotos sichtbar, dass Tausende von Geflüchteten – Männer, Frauen und Kinder – auf ihrem riskanten Weg nach Europa sterben. Das ikonische Bild eines toten Kindes mobilisierte Menschen und zwang Politiker*innen, ihre Politik öffentlich zu rechtfertigen. Auf der anderen Seite hatte die emotionale Rahmung der Fotos auch entpolitisierende Auswirkungen, da weder der Kontext der Aufnahmen noch die symbolische Zurschaustellung dieses individuellen Todes reflektiert wurden. Emotionen wie Scham und Trauer können zur Mobilisierung beitragen, aber auch eine Sensationslust befördern, die zwar Mitleid artikuliert, aber keine Veränderungen motiviert (vgl. Chouliaraki 2006; Schlag/Geis 2017).

Die Geschichte von Alan Kurdi zeigt aber auch, wie Emotionen zur Herausbildung eines Gemeinschaftsgefühls und -bewusstseins durch mediale Zirkulation beitragen können (vgl. Hutchison 2014, 2016; Koschut 2014). Einerseits bewegte das Schicksal von Geflüchteten, symbolisiert durch das Foto eines toten Jungen, viele Menschen auf der ganzen Welt.

Es konstituierte eine flüchtige Öffentlichkeit, in der Geflüchtete als verletzliche Subjekte anerkannt wurden. Die immense Resonanz auf das Bild zeigt, wie Bürger*innen, Journalist*innen und Politiker*innen dafür warben mehr Verantwortung zu übernehmen. Dass solche Forderungen nach Solidarität nicht leere Worte bleiben und Bilder des Leids nicht neo-koloniale Stereotype reproduzieren (vgl. Hutchison 2014; Berents 2019, 13), bleibt die zentrale Herausforderung. In diesem Sinne mag es nicht genug sein, zu schreiben und zu sagen, wie traurig man sei, das Bild eines toten Kindes zu sehen, sondern zu erkennen, dass die Verletzbarkeit des Anderen unser aller Verletzlichkeit als Menschen ist und es einer verantwortungsvolleren Politik auf lokaler und globaler Ebene bedarf. Wir brauchen daher ein Nachdenken über internationale Politik, das Sinn und Sinnlichkeit nicht als Gegensätze, sondern Einheit versteht (Callahan 2020).

Literatur

Adler-Nissen, Rebecca/Andersen, Katrine Emilie/Hansen, Lene 2020: Images, Emotions and International Politics: The Death of Alan Kurdi, in: Review of International Studies, 46:1, 75-95.

Ahmed, Sara 2014: The Cultural Politics of Emotion. 2. Aufl. Edinburgh: Edinburgh University Press.

Al-Ghazzi, Omar 2019: An Archetypal Digital Witness: The Child Figure and the Media Conflict over Syria, in: International Journal of Communication, 13, 3225-3243.

Andersen, Rune Saugmann 2012: REMEDIATING #IRANELECTION: Journalistic Strategies for Positioning Citizen-made Snapshots and Text Bites from the 2009 Iranian Post-election Conflict, in: Journalism Practice, 6:3, 317-336.

Aradau, Claudia 2004: The Perverse Politics of Four-Letter Words: Risk and Pity in the Securitisation of Human Trafficking, in: Millennium: Journal of International Studies, 33:2, 251-277.

Aradau, Claudia/Huysmans, Jef 2014: Critical Methods in International Relations: The Politics of Techniques, Devices and Acts, in: European Journal of International Relations, 20:3, 596-619.

Auchter, Jesscia 2015: @GaddafisGhost: On the Popular Memoro-politics of a Dead Dictator, in: Journal for Cultural Research, online first (http://dx.doi.org/10.1080/14797585.2015. 1021994).

Aulich, Jim 2015: The Life of Images: The Iconography of the Photograph of Alan Kurdi's Body and the Turkish Policeman. In: Vis, Farida/Goriunova, Olga (Hrsg.). The Iconic Image on Social Media: A Rapid Research Response to the Death of Aylan Kurdi. Visual Social Media Lab, 50-53, https://research.gold.ac.uk/14624/1/KURDI%20REPORT.pdf

Austen, Ian 2015: Aylan Kurdi's Death Resonates in Canadian Election Campaign, in: The New York Times, 3 September, http://www.nytimes.com/2015/09/04/world/americas/aylan-kurdis-death-raises-resonates-in-canadian-election-campaign.html (zuletzt eingesehen am 4. April 2017).

Barbehöhn, Marlon/Münch, Sybille/Schlag, Gabi (Hrsg.) 2019: Was gibt es da zu deuten? Politikforschung als interpretative Praxis. (Sonderband 2/2019 der Zeitschrift für Politikwissenschaft). Wiesbaden: Springer VS.

Belting, Hans 2005: Image, Medium, Body: A New Approach to Iconology, in: Critical Inquiry, 31:2, 302-319.

Ben-Ghiat, Ruth 2015: Toddler's Image Stops Us in Our Tracks, in: CNN online, 3 September, http://edition.cnn.com/2015/09/03/opinions/ben–ghiat-toddler-picture-turkey/ (zuletzt eingesehen am 4. April 2017).

Berents Helen 2019: Apprehending the "Telegenic dead": Considering Images of Dead Children in Global Politics, in: International Political Sociology, 13:2, 145-160.

Bially Mattern, Janice 2014: On Being Convinced: An Emotional Epistemology of International Relations, in: International Theory, 6:3, 589-594.

Bleiker, Roland 2001: The Aesthetic Turn in International Political Theory, in: Millennium: Journal of International Studies, 30:3, 509-533.

Bleiker, Roland 2015: Pluralist Methods for Visual Global Politics, in: Millennium: Journal of International Studies, 43:3, 872-890.

Bleiker, Roland/Hutchison, Emma 2014: Theorizing Emotions in World Politics, in: International Theory, 6:3, 491-514.

Bleiker, Roland et al. 2013: The Visual Dehumanisation of Refugees, in: Australian Journal of Political Science, 48:4, 398-416.

Bouckaert, Peter 2015: Dispatches: Why I Shared a Horrific Photo of a Drowned Syrian Child, in: Human Rights Watch online, 2 September, https://www.hrw.org/news/2015/09/02/   dispatches-why-i-shared-horrific-photo-drowned-syrian-child (zuletzt eingesehen am 4. April 2017).

Butler, Judith 2010: Raster des Krieges: Warum wir nicht jedes Leid beklagen, Übersetzt von Reiner Ansén. Frankfurt: Campus Verlag.

Burns, Anne 2015: Discussion and Action: Political and Personal Responses to the Aylan Kurdi Images. In: Vis, Farida/Goriunova, Olga (Hrsg.). The Iconic Image on Social Media: A Rapid Research Response to the Death of Aylan Kurdi. Visual Social Media Lab, 38-40.

Buzan, Barry/de Wilde, Jaap/Waever, Ole 1998: Security: A New Framework for Analysis. London/Boulder: Lynne/Rienner.

Callahan, William A. 2015: The Visual Turn in IR: Documentary Filmmaking as a Critical Method, in: Millennium, 43:3, 891-910.

Callahan, William A. 2020: Sensible Politics: Visualizing International Relations. New York: Oxford University Press.

Campbell, David 2011: The Iconography of Famine. In: Batchen, Geoffrey/Gidley, Mick/Miller, Nancy K./Prosser, Jay (Hrsg.). Picturing Atrocity: Reading Photographs in Crisis. London: Reaktion Books.

Chouliaraki, Lilie 2006: The Spectatorship of Suffering. London: Sage.

Chouliaraki, Lilie/Stolic, Tijana 2019: Photojournalism as Political Encounter: Western News Photography in the 2015 migration "crisis", in: Visual Communication, 18:3, 311-331.

Crawford, Neta C. 2000: The Passion of World Politics: Propositions on Emotion and Emotional Relationships, in: International Security, 24:4, 116–156.

D'Orazio, Francesco 2015: Journey of an Image: From a Beach in Bodrum to Twenty Million Screens Across the World. In: Vis, Farida/Goriunova, Olga (Hrsg.). The Iconic Image on Social Media: A Rapid Research Response to the Death of Aylan Kurdi. Visual Social Media Lab, 11-19.

Dathan, Matt 2015: Aylan Kurdi: David Cameron Says He Felt "Deeply Moved" by Images of Dead Syrian Boy but Gives No Details of Plans to Take In More Refugees, in: The Independent. 3 September 2015. http://www.independent.co.uk/news/uk/politics/aylan-kurdi-david-cameron-says-he-felt-deeply-moved-by-images-of-dead-syrian-boy-but-gives-no-10484641.html (zuletzt eingesehen am 4. April 2017).

Drainville, Ray 2015: On the Iconology of Aylan Kurdi, Alone. In: Vis, Farida/Goriunova, Olga (Hrsg.) The Iconic Image on Social Media: A Rapid Research Response to the Death of Aylan Kurdi. Visual Social Media Lab, 47-49.

Duncombe, Constance 2019: The Politics of Twitter: Emotions and the Power of Social Media, in: International Political Sociology, 13:4, 409-429.

Durham, Meenakshi Gigi 2018: Resignifying Alan Kurdi: News Photographs, Memes, and the Ethics of Embodied Vulnerability, in: Critical Studies in Media Communication, 35:3, 240-258.

Falk, Francesca 2015: Evoking Emotions: The Visual Construction of Fear and Compassion. In: Flam, Helena/Kleres, Jochen (Hrsg.). Methods of Exploring Emotions. Abingdon and New York: Routledge, 240-246.

Fattah, Kahled /Fierke, K.M. 2009: A Clash of Emotions: The Politics of Humiliation and Political Violence in the Middle East, in: European Journal of International Relations, 15:1, 67-93.

Faulkner, Simon 2015: Aylan Kurdi and the Movability of Images. In: Vis, Farida/Goriunova, Olga (Hrsg.). The Iconic Image on Social Media: A Rapid Research Response to the Death of Aylan Kurdi. Visual Social Media Lab, 53-55.

Flam, Helena/Doerr, Nicole 2015: Visuals and Emotions in Social Movements. In: Flam, Helena/Kleres, Jochen (Hrsg.). Methods of Exploring Emotions. Abingdon and New York: Routledge, 229-239.

Friis, Simone Molin 2015: "Beyond Anything We Have Ever Seen": Beheading Videos and the Visibility of Violence in the War Against ISIS, in: International Affairs, 91:4, 725–746.

Griggs, Brandon 2015: Photographer Describes "Scream" of Migrant Boy's "Silent body", in: CNN online, 3 September, http://edition.cnn.com/2015/09/03/world/dead-migrant-boy-beach-photographer-nilufer-demir/ (zuletzt eingesehen am 4. April 2017).

Hansen, Lene 2015: How Images Make World Politics: International Icons and the Case of Abu Ghraib, in: Review of International Studies, 41:2, 263-288.

Hutchison, Emma 2014: A Global Politics of Pity? Disaster Imagery and the Emotional Construction of Solidarity after the 2004 Asian Tsunami, in: International Political Sociology, 8:1, 1-19.

Hutchison, Emma 2016: Affective Communities in World Politics: Collective Emotions after Trauma. Cambridge: Cambridge University Press.

Ibrahim, Yasmin 2018: The Unsacred and the Spectacularized: Alan Kurdi and the Migrant Body, in: Social Media + Society, 4:4, 1-9.

IOM 2017: Missing Migrants Project, 8. März, http://missingmigrants.iom.int/latest -global-figures (zuletzt eingesehen am 5. Mai 2018).

Kingsley, Patrick/Timur, Safak 2015: Stories of 2015: How Alan Kurdi's Death Changed the World, in: The Guardian, 31 December, https:// www.theguardian.com/world/2015/dec/31/ alan-kurdi-death-canada-refugee-policy-syria-boy-beach-turkey-photo (zuletzt eingesehen am 4. April 2017).

Korte, Karl-Rudolf (Hrsg.) 2015: Emotionen und Politik – Begründungen, Konzeptionen und Praxisfelder einer politikwissenschaftlichen Emotionsforschung. Baden-Baden: Nomos.

Koschut, Simon 2014: Emotional (security) communities: The Significance of Emotion Norms in Inter-allied Conflict Management, in: Review of International Studies, 40:3, 533-558.

Kress, Gunther R./van Leeuwen, Theo 2006: Reading Images: The Grammar of Visual Design. London/New York: Routledge.

Laurent, Olivier 2015: What the Image of Aylan Kurdi Says About the Power of Photography, in: Time online, 4 September, http://time.com/4022765/aylan-kurdi-photo/ (zuletzt eingesehen am 4. April 2017).

Mattus, Maria 2020: Too dead? Image Analyses of Humanitarian Photos of the Kurdi Brothers, in: Visual Studies, 35:1, 51-64.

Mitchell, William John Thomas 1984: What Is an Image?, in: New Literary History, 15:3, 503-537.

Mitchell, William John Thomas 2005: What Do Pictures Want. The Lives and Loves of Images. Chicago: University of Chicago Press.

Mortensen, Mette 2017: Constructing, Confirming, and Contesting Icons: The Alan Kurdi Imagery Appropriated by #humanitywashedashore, Ai Weiwei, and Charlie Hebdo, in: Media, Culture & Society, 39:8, 1142-1161.

Mortensen, Mette 2011: When Citizen Photojournalism Sets the News Agenda: Neda Agha Soltan as a Web 2.0 Icon of Postelection Unrest in Iran, in: Global Media and Communication, 7:1, 4-16.

Nussbaum, Martha 1996: Compassion: The Basic Social Emotion, in: Social Philosophy and Policy, 13:1, 27-58.

Olesen, Thomas 2018: Memetic Protest and the Dramatic Diffusion of Alan Kurdi, in: Media Culture & Society, 40:5, 656-672.

Rose, Gillian 2012/2016: Visual Methodologies. An Introduction to Researching with Visual Materials. 3. und 4. Aufl. Los Angeles: Sage.

Ryan, Holly 2015: #KiyiyaVuranInsanlikik: Unpacking Artistic Responses to the Aylan Kurdi Images. In: Vis, Farida/Goriunova, Olga (Hrsg.). The Iconic Image on Social Media: A Rapid Research Response to the Death of Aylan Kurdi. Visual Social Media Lab, 44-45.

Schlag, Gabi 2016: Imaging Security: A Visual Methodology for Security Studies. In: Schlag, Gabi/Junk, Julian/Daase, Christopher (Hrsg.). Transformations of Security Studies: Dialogues, Diversity and Discipline. London/New York: Routledge, 173-189.

Schlag, Gabi/Geis, Anna 2017: Visualizing Violence: Aesthetics and Ethics in International Politics, in: Global Discourse, 7:2-3, 193-200.

Schlag, Gabi 2018: Moving Images and the Politics of Pity: a Multi-level Approach to the Interpretation of Images and Emotions. In: Clement, Maéva/Sangar, Eric (Hrsg.). Researching Emotions in IR: Methodological Perspectives on the Emotional Turn. London: Palgrave Macmillan, 209-230.

Schlag, Gabi/Heck, Axel (Hrsg.) 2020: Visualität und Weltpolitik – Praktiken des Zeigens und Sehens in den Internationalen Beziehungen. Wiesbaden: Springer VS.

Tasch, Barbara 2015: John McCain Displayed the Gut-wrenching Photo of the Drowned Syrian Child on the Senate Floor to Urge US Action, in: Business Insider, 9 September, http://www.businessinsider.com/ap-mccain-displays-photo-of-dead-syrian-boy-on-senate-floor-2015-9?IR=T (zuletzt eingesehen am 4. April 2017).

The Huffington Post 2015: Harper: Alan Kurdi Image Heartbreaking, But Doesn't Change Need To Fight ISIL, 3 September, http://www.huffingtonpost.ca/2015/09/03/aylan-kurdi_n_8084778.html (zuletzt eingesehen am 4. April 2017).

The Guardian 2016: Ai Weiwei Poses as Drowned Syrian Infant Refugee in "Haunting" Photo, 1 February, https://www.theguardian.com/artanddesign/2016/feb/01/ai-weiwei-poses-as-drowned-syrian-infant-refugee-in-haunting-photo (zuletzt eingesehen am 4. April 2017).

The Independent 2015: Make Your Voice Heard: Sign The Independent's Petition to Welcome Refugees, 2 September, http://www.independent.co.uk/voices/editorials/make-your-voice-heard-sign-the-independents-petition-to-welcome-refugees-10483488.html (zuletzt eingesehen am 4. April 2017).

Thelwall, Mike 2015: Undermining Aylan: Less Than Sympathetic International Responses. In: Vis, Farida/Goriunova, Olga (Hrsg.). The Iconic Image on Social Media: A Rapid Research Response to the Death of Aylan Kurdi. Visual Social Media Lab, 31-36.

Vis, Farida 2015: Examining the Hundred Most Shared Images of Aylan Kurdi on Twitter. In: Vis, Farida/Goriunova, Olga (Hrsg.). The Iconic Image on Social Media: A Rapid Research Response to the Death of Aylan Kurdi. Visual Social Media Lab, 27-30.

Wintour, Patrick 2015: Osborne: We Must Tackle Isis and Gangs Who Killed Aylan Kurdi, in: The Guardian, 3 September, https://www.theguardian.com/world/2015/sep/03/george-osborne-aylan-kurdi-syrian-boy-washed-up-on-beach-killed-by-isis (zuletzt eingesehen am 4. April 2017).

Zelizer, Barbie 2010: About To Die: How News Images Move the Public. Oxford: Oxford University Press.

The Feel for the Story:
Narratives, Emotions, and Contestations of the Liberal Order

Jelena Cupać

Contesters of the liberal order are on the rise. Populists in established democracies, authoritarian leaders, conservative NGOs, right-wing transnational movements, and religious fundamentalist groups all rail against what they see as the elitist, cosmopolitan, progressive, and exploitative foundations of the global liberal script. While many of these contesters are not new to the domestic and international scene, it is only recently that they have started to gain broader popular support. Given this reality, scholars are increasingly concerned with the causes of this global trend. So far, they have mostly singled out the features, failures, and deficiencies of the liberal international order as their explanatory variables. Many thus argue that the liberal order is being contested because of the system-wide inequalities and corresponding grievances it engenders (for example, see: Eichengreen 2018; Gilens/Page, 2014; Manow 2018; Mouffe 2018). Others are more focused on contestation as a socio-cultural reaction to the proliferation of such values as post-materialism, feminism, and multiculturalism (for example, see: Fukuyama 2018; Hochschild 2016; Norris/Inglehart 2019). A growing number of scholars is also arguing that the contestation is caused by the rising authority and intrusiveness of international institutions, which are perceived as non-democratic, technocratic, and liberally biased in their ideological and policy orientation (or example, see Colgan/Keohane 2017; Mead 2017; Posner 2017).

But, do features, failures, and deficiencies of the liberal order directly exert causal power as most of these scholars argue? I suggest that they do not. To be causal, social processes and their features need to rest on an accepted interpretation. They need to be narrated as good or bad, as just or unjust. Therefore, I propose that the contesters of the liberal order are not on the rise because of the direct influence of some innate features, failures, and deficiencies of the liberal order, but because they have found a way of advancing a credible narrative that portrays this order as the primary source of people's grievances.

It should be fairly evident that narratives about social orders, rather than some objective features of those orders, play a central role in the rise of contesters. If social orders had direct and unmediated influence, it would be correct to assume that they would continuously tend towards equilibrium: flawed orders would trigger dissatisfaction, and this dissatisfaction would lead to order adjustment. Yet this rarely happens. Instead, many flawed orders persist, and good orders often collapse easily. This happens because narratives about social orders are malleable: what some perceive as bad order can persuasively be narrated as good order, and vice versa. Consequently, the central question is what determines the success of a particular social narrative, and thus its causal power.

Emotions, I propose, are an important piece in this puzzle. Emotions make narratives meaningful. A narrative cannot just be heard; it has to be felt in order to resonate with its audience, and only when this resonance is achieved can a narrative become socially consequential (Solomon 2017). However, a narrative's success does not depend only on the narrative's interplay with emotions. It also hinges on the credibility of a narrator. An audience reacts differently to a narrator they trust than to a narrator they do not trust, even if they are telling the same story.

By taking this perspective, I follow the recent performative turn in populism studies that focuses on populist style, performance, practices, discourse, and narratives (De Cleen et al. 2020; Freistein/Gadinger 2020; Freistein/Gadinger/Unrau 2020; Moffitt 2016; Wodak 2015). These studies convincingly describe how populists translate remote and complex phenomena such as globalization and global governance into simple representations that resonate with people's everyday lives. However, they do not explicitly ascribe causal power to these representations (for an exception, see: Homolar/Scholz 2019), nor do they substantially draw on insights from emotion research (for exceptions, see: Freistein/Gadinger 2020; Freistein et al. 2020). In contrast, by ascribing causal power to narratives and by looking at it through the prism of narratives' interplay with emotions, this chapter seeks to open up space for the performative and emotional turn to be a part of the broader debate concerning the causes of the current rise of the liberal order contesters. The gain from this move is a fresh perspective on the debate's subject matter. But not just that. The move could also incentivize performative approaches to switch their perspective from the translations of global phenomena into local contexts to looking more at the inverse effect of this localization, namely, at how the contagion of successful localizations produces the global proliferation of liberal order contesters. At the same time, this would allow emotion research in IR to gain a more prominent role in systemic theorizations of global phenomena.

The chapter proceeds as follows. In the first section, it takes on the issue of narratives' causality. In the second section, it examines the interplay between narratives and emotions. This section argues that the consequentiality and resonance of narratives are driven by the following emotive components: (1) the emotional underpinnings of a narratives' structure; (2) narratives' emotional range; (3) their relative emotional weight; (4) their embeddedness in a social context and thus in the existing pool of appropriate emotions; and (5) their ability to take advantage of the social psychology of emotions. In the third section, the chapter turns to the issue of the credibility of narrators. Here, hypocrisy and lying, moral failings that are regularly attributed to proponents and opponents of the liberal order, are of particular concern. Taken together, the remarks this chapter makes on narratives' causality, their interplay with emotions, and the role of narrators should be understood as a preliminary outline of the possible ways in which we can see narratives as a causal factor helping us explain the rise of liberal order contesters.

The Causality of Narratives

Many narrative scholars would be reluctant to ascribe causal power to narratives. For most of them, the study of narratives is a study of "reasons," not of "causes" (Winch 1990); its aim is to provide "understandings" not "explanations" (Hollis/Smith 1991). Therefore, the claim that narratives are causal requires a clarification of what is meant by causality. Milja Kurki's broad understanding of causality is helpful in this regard (Kurki 2006, 2008). Kurki disputes the dominance of the Humean model of causality, a model that has given priority to such categories as determinism, laws, objectivism, and generalization (Kurki 2006, 190). Causality, she argues, should not be only about a mechanistic relationship between "dependent" and "independent" variables, but should also include other types of connections between social phenomena. The connections she has in mind are those that we express with such terms as "produce", "enable", "constrain", "bring about", "push", and "direct" (Kurki 2006, 211). And it is in this sense that this chapter sees narratives as causal.

Narratives are meaning-making tools. As Molly Patterson and Kriste Monroe (1998, 315) put it, through narratives, we "construct disparate facts in our own worlds and weave them together cognitively in order to make sense of our reality". Narratives are key devices by which we conceive of our social action and organize our experience (Bruner 1991; Czarniawska 2004). They arrange our reality into a coherent and meaningful pattern (Bruner 1996). Irrespective of whether we use narratives as means of constructing and enacting our identities (for example, see: Bruner 1991;

Bruner 1996; Hankiss 1981; Martin 1986; Somers 1994; Somers/Gibson 1994; Subotić 2016), as carriers of metaphors and analogies that help us make decisions (Freistein/Gadinger 2020; Freistein et al. 2020; Hülsse 2006; Stone 2011; Yanow 1996), as mobilization tools (Hart 1992), or as normative prescriptions (Bruner 1996; Wertsch 2000; White 1981), narratives provide boundaries that sanction and constrain our social and political activities (Hart 1992, 636). They construct objects and subjects and define what is possible and what is valued (Patterson/Monroe 1998, 320). Narratives, therefore, fit Kurki's notion of causality given that they "produce", "enable", "constrain", "bring about", "push", and "direct" our social and political lives.

A good case for demonstrating that it is narratives about liberal order rather than the order itself that drives the rise of liberal order contesters is migration. Migration is one of the main topics populists, authoritarian leaders, and right-wing movements evoke when railing against the liberal order. Conflicts, poverty, and climate change are forcing more and more people to leave their homes and to settle in wealthier and more peaceful societies. However, this large-scale movement of people does not speak for itself and hence cannot be causal in any deterministic manner. It needs a narrative to give it meaning, and at least two such narratives are possible: the *humanitarian narrative* and the *dangerous alien narrative*. Those who use the humanitarian narrative portray migrants as people in search of a better life and argue for policies that would provide them with such opportunities. Those who use the dangerous alien narrative portray them as foreigners who increase crime rates, take jobs from domestic workers and threaten local cultures. Their preferred policies include closing borders and building walls. If two radically different narratives can be proposed about migration, then the rise of one of its narrators will not be due to migration itself, but due to the resonance of their narrative.

This is not to say that social reality outside of narratives is unimportant. Arguably, it acts as a referent opportunity structure. However, it is social narratives that shape the perception of social reality, and thus its course. Jerome Bruner (1990, 44), an American cognitive psychologist, argued that narratives are indifferent to extralinguistic reality because there are no structural differences between fictional and factual narratives. Therefore, a narrative's persuasiveness and power are determined situationally through meaning negotiation, rather than through its one-to-one correspondence with reality. As Barbara Czarniawska (2004, 9) argues: "This is a true story" and "This never happened" are two ways of determining the genre of a narrative, but the genre does not determine whether or not a narrative is found persuasive.

Emotions as Drivers of the Causality of Narratives

If a narrative's correspondence to reality cannot explain its persuasiveness, social resonance, and, ultimately, its causality, what can? Emotions might be an important piece in this puzzle. Historically, emotions have not been taken seriously in International Relations. In the past decade, however, this has started to change. Emotion research is now a steadily growing subfield in the study of world politics yielding many interesting insights (for an overview, see: Bleiker/Hutchison 2014). Some of these insights concern the relationship between emotions and language (see Koschut et al. 2017). For example, Ty Solomon has turned to emotions to account for the power of language to produce social relations, identities, and meanings (Solomon 2017). Drawing on Ernesto Laclau, Solomon observes that this productive power of language cannot come from its mere utterances as utterances alone cannot explain why some discourses resonate with audiences, and others do not. However, emotions can. To accept a particular narrative as credible, it is not enough for the members of an audience to hear it; they must also experience it. The humanitarian narrative about migrants thus invests heavily in invoking empathy, while the dangerous alien narrative rests mostly on fear. The more successful a narrative is in evoking particular emotions, the more likely it is to appear credible and true. As Jonatan Mercer (2010, 1) observes, "feeling is believing because people use emotions as evidence".

Todd Hall's (2017) differentiation between emotionally indicative, emotionally provocative, and emotionally evocative discourse lends further support to the argument that emotions underpin the causality of narratives. Emotionally indicative discourse is a discourse in which emotions are expressed explicitly, such as when one says "I'm sad" (Hall 2017, 488-489). This kind of discourse can be merely informative, but it can also cause listeners to behave in a particular way. An open expression of sadness can, for example, trigger an act of kindness. Emotionally provocative discourse is a discourse that triggers emotions in the respective audience (Hall 2017, 489-490). This kind of discourse does not need to express emotion openly. If it is crafted with a particular cultural, social, and historical context in mind, the audience should be able to infer it easily. Emotionally provocative discourse is a common tool of political mobilization. Social and political actors use it to persuade the audience to act in the desired way. Provoked anger may inspire people to protest, while provoked empathy might prompt them to engage in charitable acts. Lastly, emotionally invocative discourse is a discourse in which social and political actors purposefully and explicitly cite particular emotions to "draw upon, leverage, and harness the social significance they possess" (Hall 2017, 490). Like emotionally provocative discourse, political and social actors use it for social mobilization, as well as for a range of other purposes such as bolstering legitimacy, attracting support, and influencing and disciplining the behavior of others.

By differentiating between emotionally expressive, evocative, and provocative discourse, Hall addresses the issue of *what* narratives do with emotions to produce social consequences such as growing support for populists. However, the question he does not address explicitly is *how* narratives do this work—how they interplay with emotions to become socially resonant and, ultimately, consequential. To tackle this issue, I draw on insights from narrative analysis and several socio-psychological fields to propose five ways in which narratives achieve social consequentiality through interplay with emotions. Narratives do this

1. by adopting a particular structure
2. by possessing and exploiting a broad emotional range (absolute emotional weight)
3. by standing in a particular relationship with competing narratives (relative emotional weight)
4. by being embedded in a given social context and its pool of appropriate emotions
5. by taking advantage of the social psychology of emotions

Before discussing each of these in more detail, two caveats are in order. First, as can be seen, some of these factors locate the interplay between narratives and emotions in narratives themselves (1, 2, 3), others place it more in a social context (4), and some relate it to socio-psychological factors (3, 5). In reality, narrative features, social contexts, and social psychology are intertwined, likely even co-constituted. Separating them is, therefore, primarily analytical. Second, what I have presented here is by no means an exhaustive list of the many ways in which narratives and emotions interplay. Nonetheless, this list can serve as a starting point for further theorization and analysis of the relationship between narratives and emotions, not least in the context of narrative causality.

Narrative structure and emotions

Many literary scholars suggest that resonant narratives rest on a "deep structure": primitive, irreducible, and timeless story characteristics that provoke predictable emotional reactions in audiences (Bruner 1986, 16-19). These characteristics refer to particular ways of arranging a story, giving its characters specific roles (that of a hero, a false hero, a villain, or some other archetype), and choosing a type of crisis around which a story revolves (for example, deceit, mistrust, and revenge). Northrop Frye (1971) observes that (arche)typology of different narrative forms (comedy, romance, tragedy, and irony/satire) each correspond to specific emotional universes. Thus, we typically find optimism in romance, cheerful and joyous emotions in comedy, somber and gloomy emotions in tragedy, and disgust and contempt in irony/satire. Social narratives also exhibit this archetypical and perennial nature (Shiller 2019). While their specific content changes depending on the context, many social narratives reproduce old themes and corresponding emotions against the background of recognizable structure, even genre. Well-known examples are fear and anger-based narratives about machines replacing workers and causing mass unemployment, the evil predatory businesses, and foreigners that threaten jobs, cultures, and nations.

Narratives' emotional range

Another characteristic of narratives that is important for their resonance is their emotional range. To be successful, social and political narratives typically require this range to be broad. Logic suggests that the greater the number and type of emotions on which a narrative rests, the greater its potential to resonate with audiences. A broad emotional range means that a narrator possesses resources to construct various constellations of meanings capable of capturing people's imagination in a given context. The global acceptance and historical persistence of religious narratives might be a case of this proposition as these narratives rest on a plethora of emotions: fear, love, respect, shame, guilt, and many more.

The success and rise of liberal order contesters might also be a consequence of the rich emotional range of their narratives. By portraying domestic and international elites as greedy and hypocritical, these narratives foster distrust; by depicting international institutions as intrusive actors that encroach on state sovereignty and the democratic will of the people, they encourage anger; by blaming economic inequalities on unregulated globalization, they provoke a strong sense of injustice.

What is the source of this wide emotional range of narratives put forth by liberal order contesters? A communitarian belief system on which they rest is one possibility. This belief system embeds individuals into groups such as families, nations, and religious communities. A sense of belonging and threat thereby fostered gives rise to a plethora of emotions that can

creatively be weaved into specific narratives, which increases their resonance with the audience. However, one more possibility seems pertinent:
these narratives seem to exhibit a flexible relationship with truth in recent
years. Their proponents appear to be fully aware that it is not correspondence with the reality that renders narratives socially influential, but the
narrative's ability to arouse emotions and imbue reality with easily gras-
pable meanings. We are increasingly said to be living in a "post-truth age"
(McIntyre 2018; Suiter 2016). For example, in less than two years of his
presidency, Donald Trump has made over six thousand false or misleading
claims (Kessler/Rizzo/Kelly 2018). Similarly, newspaper articles are being
published daily that point to all the deceptive assertions that prompted
many British people to vote to leave the European Union (EU) (Independent 2017).

On their part, liberal order proponents struggle to (re)establish their order's value through narratives. While they too are no strangers to making
false claims in their bid for political power, liberalism's ideological foundations place limitations on how far they can diverge from reality and what
emotional range they can exploit. After all, liberalism emerged from the
Enlightenment and its belief that human knowledge, as well as governance
systems, should be grounded in factual knowledge and rationality. Inter-
estingly, statistics seem to back up the case for liberalism both domestically
and internationally (UNDP 2019). Over the past twenty-five years, general
developments in international politics have been positive: interstate wars
have been few, poverty rates in the Global South have been reduced with
the substantial increase in growth rates, unemployment rates in the consol-
idated economies have been modest, and the Human Development Index
levels have improved significantly. However, proponents of the liberal order have largely failed to embed these statistics in an emotionally credible,
coherent, and resonating story.

Narratives' relative emotional weight

Proponents of the liberal order are also facing another challenge. Even
when they succeed in projecting an emotionally rich narrative, such as in
the case of migration, counter-narratives often get the upper hand. This
tells us that a causal power of a narrative does not only depend on its absolute characteristics but also on its relative standing with competing narratives. The relative emotional weight of a narrative might explain why, despite its modest emotional range judged in absolute terms, liberalism tri-
umphed over oppressive regimes of the 20th century. Relative to those

regimes, narratives glorifying individual lives, rights, and freedoms carried a greater emotive appeal.

Nowadays, we might be looking at a different emotional balance between the liberal script and its counter-narratives. As I remarked earlier in the case of migration, the cosmopolitan sense of empathy is set against the communitarian sense of fear. To understand how audiences will react to being exposed to these two narratives simultaneously, it is instructive to look at emotion research in psychology and neuroscience. This research suggests that fear has an evolutionary advantage over empathy and is thus likely to resonate more strongly with targeted people (Crawford 2000; in IR, see: Crawford 2014; Niehoff 1999). Put simply, we tend to prioritize our own survival over the survival of others. Behavioral economics, another strand of literature that is becoming increasingly influential in IR (for an overview, see: Hafner-Burton et al. 2017), might also help us understand how different messages about the same issue resonate with people. Prospect theory, a renowned theory in behavioral economics, suggests that an issue has a greater emotional resonance when it is framed as a loss than as a gain. This insight could help us understand why narratives of liberal order contesters that focus on the loss of sovereignty, national identity, and local culture frequently attract people more than liberal narratives that emphasize gains from globalization processes (for a similar argument, see: Homolar/Scholz 2019).

Context, narratives, and emotions

The resonance of a narrative also depends on whether it is crafted in a context-sensitive manner. That is, it depends on how well it fits with narratives that already shape the political, cultural, and economic lives and identities of a given community (Katz 1999, 324-325). Well-crafted references to historical legacy are also important. A new narrative thus needs to tap into the pool of emotions already circulating in a society through its various stories in order to be successful. In this case, a narrative does not need to explicitly spell out emotions since the audience will be able to infer it themselves by interpreting a new message through the lens of narratives they have already internalized. This dynamic is easily observed in narratives of the far right, which are directed towards an audience that hold conservative values and harbor strong emotions concerning their ethnicity, nation-state, religion and conservative values. The dynamic is not as evident in fact-based narratives. Nonetheless, the resonance of these narratives also depends on what a targeted audience considers valuable. Statistics about human lives, environment, and animals can thus evoke strong emotions if these objects are seen as valuable and worthy of our empathy and protection.

A context-based perspective on the interplay between narratives and emotions leads to an important observation; namely, that the resonance of narratives is deeply ambiguous. Few, if any, narratives are universally accepted. They resonate differently with different audiences. A cosmopolitan audience is unlikely to receive a narrative the same way a parochial audience would receive it. However, even if a narrative does not resonate with an audience, it can still provoke its emotions. A dangerous alien narrative about migrants might thus evoke intended fear in the targeted audience, but it is also likely to provoke anger in those who prefer a humanitarian approach. In a socio-political space, this anger is not unimportant. It can lead to protests and policy change. Therefore, it should be acknowledged that narratives are not causal only when they resonate with audiences, but also when an audience rejects them.

Narratives and the Social Psychology of emotions

Narratives' structure, emotional range, relative emotional weight, and context all explain why a particular narrative resonates with a particular audience. However, these categories do not explain why some narratives resonate globally, spanning many political and socio-cultural contexts, as is now the case with narratives contesting liberal order. One way of tackling this puzzle is to look for global causes, just like scholars mentioned in the introduction did. The global spread of liberal order contesters and their narratives could therefore be attributed to global structural inequalities, socio-cultural shifts, or the rising authority and intrusiveness of international institutions. The narrative approach that sees emotions as a driver of narratives' causality suggests a different possibility; namely, that the global spread of (contesting) narratives results from a narrative contagion, which has to do with the socially transmissible nature of emotions.

A growing body of scientific evidence is showing that emotions are socially transmissible, and thus are narratives. One longitudinal study shows that people who are surrounded by many happy people are more likely to become happy in the future (Fowler/Christakis, 2008). Another study observes a similar effect concerning depression (Rosenquist/Fowler/Christakis 2011). Besides studies that focus on emotional transmission through direct contact, there are also studies that look at transmissions through social media. These studies are particularly important since many of our social interactions now unfold online. After all, for a global contagion to take hold, there needs to be a global medium that facilitates it. One study, with data from millions of Facebook users, thus shows that rainfall directly influences the emotional content of people's status messages, which then affects the status messages of friends in other cities where there is no rain (Coviello et al. 2014). Other studies observe that when people are exposed to emotionally positive status messages, they produce more positive messages themselves, and vice versa (Ferrara/Yang 2015; Kramer/Guillory/Hancock 2014).

In his recent book, Robert Schiller (2019), a Nobel Prize-winning economist, goes so far as to argue that narrative contagion mimics disease epidemics. The spread of narratives, he proposes, follows the same pattern as the spread of disease: in the beginning, we see the rising number of people "infected" with the narrative, followed by a period of "recovery" where people's interest in the narrative falls (Shiller 2019, 21). Therefore, in narrative epidemics we see the same principles at work as in disease epidemics: for the epidemics to take hold, the contagion rate must exceed the recovery rate (Shiller 2019, 21), while for it to fizzle out, the contagion rate needs to be below the recovery rate (Shiller 2019, 20). Shiller further observes that not everybody is equally contagious. There are also narrative-super spreaders, people who are skilled at using not just human to human contact to share the narrative, but also news outlets, television, and, of course, social medial (Shiller 2019, 20-21). In sum, the global spread of narratives contesting liberal order and, consequently, of their narrators, might be a case of narrative contagion, whereby emotions underpinning such narratives explain their epidemic-like spread. Shiller's observations make a good transition to the next section in which it is observed that not everything is about the quality of a narrative. The credibility of a narrator is also important for a narrative to be consequential.

The Credibility of a Narrator

For a long time, psychologists have been aware of the phenomena known as the "halo effect." Edward L. Thorndike described the effect as our tendency to form an overall judgment about a person based on the knowledge of their few traits (Thorndike 1920). For example, if we like or are attracted to someone, we are also likely to find that person more charitable than a person we dislike (Kahneman 2011, 82-85). As this example shows, the halo effect works in both positive and negative directions. While no research that I am aware of examines the halo effect's influence on the relationship between the perception of the narrator's credibility and the credibility of their narrative, a hypothesis can nevertheless be suggested: distrust in a narrator is likely to foster distrust in their narrative and vice versa.

One of the most significant achievements of the liberal order contesters is their successful narration of liberal elites as dishonest, fraudulent, and hypocritical. The liberal order was supposed to be premised on the clear division of public responsibilities from personal interests, a division ensured institutionally by the separation of powers and objective media. Yet the public is increasingly convinced that liberal elites exploit their power and authority for private gains, without regard for ordinary people. Moreover, they are increasingly convinced that liberal elites in politics, business, media, law, and even academia act in unison. This creates a perception that public life is fraudulent through and through, and that liberals are hypocrites.

Perception of hypocrisy, in turn, arouses strong emotions. Once exposed, hypocrites provoke anger and are no longer trusted. Their narratives lose credibility, as do orders that those narratives serve to justify. One thing warrants emphasis here. Liberal elites' hypocrisy is not just a narrative fiction their opponents have crafted. In the past decade, we witnessed numerous leaks pointing to the duplicity of political and business elites: the 2010 WikiLeaks disclosure of military logs and confidential diplomatic cables relating to wars in Iraq and Afghanistan, the 2008 LIBOR fixing scandal, the 2013 Edward Snowden's exposure of the global surveillance programs, the 2015 Panama Papers and the 2017 Paradise Papers revealing millions of documents relating to offshore investments of several elites and the 2017 #MeToo movement, to name a few. These leaks contributed significantly to the claim about liberal elites' self-serving nature.

Yet, as I indicated earlier, contesters of the liberal order are also no strangers to moral transgressions. Their narratives are full of lies and deceptions. The question is why, among certain publics, these have little effect on discrediting them as narrators. Oliver Hahl, Minjae Kim, and Ezra W. Zuckerman Sivan (2018) offer an interesting argument. They differentiate between "special access lies" and "common knowledge lies". Special access lies are false statements about facts to which the speaker has a special access. The authors cite Bill Clinton's infamous false claim that he 'did not have sexual relations with that woman' as an example. By contrast, common knowledge lies are assertions about facts to which the speaker has no special access, such as Donald Trump's claim that he had the biggest electoral college win since Ronald Reagan or Boris Johnson's claim that the UK was giving £350 million a week to the EU. The main difference between the speakers of these two types of lies is that, unlike the tellers of "special access lies," the tellers of "common knowledge lies" do not pretend to be bound by the norm of truth telling. In other words, they are not hypocrites. And what is most interesting, when compared to hypocrites, liars might even appear seductively authentic to their audience. Hence, Donald Trump and Nigel Farage may have a reputation for lying but not for hiding things. This, strange as it may seem, grants them credibility (Davies 2018).

Conclusion

IR scholars attribute the current rise of populism, authoritarianism, religious fundamentalism, and right-wing activism mostly to the features, failures, and deficiencies of the liberal order. In contrast, this chapter proposes that the rise is, first and foremost, a result of these actors succeeding in advancing a credible narrative that portrays the liberal order as the main source of people's grievances. This success thus rests in large part on the ability of the contesters to use narratives to evoke certain emotions in a targeted audience. This observation has led the chapter to suggest five ways in which narratives intersect with emotions to become socially consequential. To reiterate, these are: (1) the emotional underpinnings of a narratives' structure; (2) narratives' emotional range; (3) their relative emotional weight; (4) their embeddedness in a social context and thus in the existing pool of appropriate emotions; and (5) their ability to take advantage of the social psychology of emotions. In addition, the chapter has also argued that the credibility of a narrator is important for the success of a narrative. While this list is not exhaustive, it can serve as a solid starting point for introducing the emotional turn in IR and the performative turn in populist studies into debates about the broad causes of the current contestation of the liberal order. What we gain by adopting this approach is the possibility of showing that global trends can be driven by socio-psychological factors. The interplay of narratives and emotions acts as a catalyst for the localization of global developments, but it also indicates a mechanism by which local developments can translate into a global trend.

But there is also more to this approach than an academic search for an answer to a puzzle. It concerns the responsibility to avoid unwitting justification of the liberal order contenders, which, in value terms, are often seen as dangerous. Let me use an example from the recent past to clarify this point. Slobodan Milošević, the president of Serbia and Yugoslavia in the 1990s, was a populist, a demagogue, and a nationalist. To preserve power, he relied on narratives and emotions similar to those that the contesters of the liberal order across the world offer today. He argued that both he and his nationalist policies were needed given the constant violations of Serbia's sovereignty by Western elites and their institutions. He also argued that unregulated marketization of the country would result in exploitation and "transition losers." Despite both foreign intrusions and 'transition losers' being real, few Serbian scholars saw these as "causes" of Milošević's rise and rule. Rather, they attributed them to the fear he was able to produce by offering a simplistic narrative about the "external enemies" of Serbian society (for example, see: Đilas 1992; Đukić 2001). In other words, they made sure not to confuse Milošević's justifications for true social causes.

The same cannot be said about IR scholars exploring current contestations of the liberal script. The causes of contestation they single out (winners and losers of globalization, hypocritical liberal elites, technocracy, and international institutions' intrusiveness) very much resemble the justifications that can be found in contesters' narratives. This overlap, I argue, might amount to scholars giving credence to contesters' claims and thereby unwittingly justifying their rise. I therefore invite scholars to look at the interplay of narratives and emotions not only because it might be a fruitful new avenue for exploring current developments in world politics, but because it might also make them mindful of the nature of their own narratives.

Literatur

Bleiker, Roland/Hutchison, Emma 2014: Introduction: Emotions and World Politics, in: International Theory, 6:3, 490-594.

Bruner, Jerome S. 1986: Actual Minds, Possible Worlds. Cambridge: Harvard University Press.

Bruner, Jerome S. 1990: Acts of Meaning. Cambridge: Harvard University Press.

Bruner, Jerome S. 1991. The Narrative Construction of Reality, in: Critical inquiry, 18:1, 1-21.

Bruner, Jerome S. 1996. The Culture of Education. Cambridge: Harvard University Press.

Colgan, Jeff D./Keohane, Robert O. 2017: Liberal Order Is Rigged. Fix It Now or Watch it Wither, in: Foreign Affairs, 96(3), 36-44.

Coviello, Lorenzo/Sohn, Yunkyu/Kramer, Adam D. I./Marlow, Cameron/Franceschetti, Massimo/Christakis, Nicholas A./Fowler, James H. 2014: Detecting Emotional Contagion in Massive Social Networks, in: PloS one, 9(3), e90315. https://doi.org/10.1371/journal.pone.0090315

Crawford, Neta C. 2000: The Passion of World Politics: Propositions on Emotion and Emotional Relationships, in: International Security, 24:4, 116-156.

Crawford, Neta C. 2014: Institutionalizing Passion in World Politics: Fear and Empathy, in: International Theory, 6:3, 535-557.

Czarniawska, Barbara 2004: Narratives in Social Science Research. London: Sage.

Davies, William 2018: Why We Stopped Trusting Elites, in: The Guardian, 29 November, https://www.theguardian.com/news/2018/nov/29/why-we-stopped-trusting-elites-the-new-populism

De Cleen, Benjamin/Moffitt, Benjamin/Panayotu, Panos/Stavrakakis, Yannis 2020: The Potentials and Difficulties of Transnational Populism: The Case of the Democracy in Europe Movement 2025 (DiEM25), in: Political Studies, 68:1, 146-166.

Đilas, Aleksa 1992: A Profile of Slobodan Milosevic, in: Foreign Affairs, 72, 81-96.

Đukić, Slavoljub 2001: Milošević and Marković: A Lust for Power. Montreal: McGill-Queen's University Press.

Eichengreen, Barry 2018: The Populist Temptation: Economic Grievance and Political Reaction in the Modern Era. Oxford: Oxford University Press.

Ferrara, Emilio/Yang, Zeyao 2015: Measuring Emotional Contagion in Social Media, in: PloS one, 10(11), e0142390, doi: 10.1371/journal.pone.0142390

Fowler, James H./Christakis, Nicholas A. 2008: Dynamic Spread of Happiness in a Large Social Network: Longitudinal Analysis Over 20 Years in the Framingham Heart Study. The BMJ, 337, doi:https://doi.org/10.1136/bmj.a2338

Freistein, Katja/Gadinger, Frank 2020: Populist Stories of Honest Men and Proud Mothers: A Visual Narrative Analysis, in: Review of International Studies, 46:2, 217-236.

Freistein, Katja/Gadinger, Frank/Unrau, Christine (2020). From the Global to the Everyday: Anti-Globalization Metaphors in Trump's and Salvini's Political Language. Global Cooperation Research Papers 24. Duisburg: Center for Global Cooperation Research.

Frye, Northrop 1971: Anatomy of Criticism: Four Essays. Princeton: Princeton University Press.

Fukuyama, Francis 2018: Identity: The Demand for Dignity and the Politics of Resentment. New York: Farrar, Straus and Giroux.

Gilens, Martin/Page, Benjamin I. 2014: Testing Theories of American Politics: Elites, Interest Groups, and Average Citizens, in: Perspectives on Politics, 12:3, 564-581.

Hafner-Burton, Emilie M./Haggard, Stephan/Lake, David A./Victor, David G. 2017: The Behavioral Revolution and International Relations, in: International Organization, 71:1, 1-31.

Hahl, Oliver/Kim, Minjae/Zuckerman Sivan, Ezra W. 2018: The Authentic Appeal of the Lying Demagogue: Proclaiming the Deeper Truth about Political Illegitimacy, in: American Sociological Review, 83:1, 1-33.

Hall, Todd H. 2017: Three Approaches to Emotion and Affect in the Aftermath of the Zhuhai Incident, in: International Studies Review, 19:3, 487-491.

Hankiss, Agnes 1981: Ontologies of the Self: On the Mythological Rearranging of One's Life-history. In: Bertaux, D. (Hrsg.). Biography and Society: The Life History Approach in the Social Sciences. Beverly Hills: Sage, 203-209.

Hart, Janet 1992: Cracking the Code: Narrative and Political Mobilization in the Greek Resistance, in: Social Science History, 16:4, 631-667.

Hochschild, Arlie R. 2016: Strangers in Their Own Land: Anger and Mourning on the American Right. New York: The New Press.

Hollis, Martin/Smith, Steve 1991: Explaining and Understanding International Relations. Oxford: Oxford University Press.

Homolar, Alexandra/Scholz, Ronny 2019: The Power of Trump-speak: Populist Crisis Narratives and Ontological Security, in: Cambridge Review of International Affairs, 32:3, 344-364.

Hülsse, Rainer 2006: Imagine the EU: The Metaphorical Construction of a Supra-nationalist Identity, in: Journal of International Relations and Development, 9:4, 396-421.

Independent 2017: Brexit Lies: The Demonstrably False Claims of the EU Referendum Campaign, https://www.independent.co.uk/infact/brexit-second-referendum-false-claims-eu-referendum-campaign-lies-fake-news-a8113381.html

Kahneman, Daniel 2011: Thinking, Fast and Slow. New York: Farrar, Straus and Giroux.

Katz, Jack 1999: How Emotions Work. Chicago: University of Chicago Press.

Kessler, Glen/Rizzo, Salvador/Kelly, Meg 2018: President Trump Has Made 6,420 False or Misleading Claims Over 649 Days, in: Washington Post, 2 November, https://www.washingtonpost.com/politics/2018/11/02/president-trump-has-made-false-or-misleading-claims-over-days/

Koschut, Simon/Hall, Todd H./Wolf, Reinhard/Solomon, Ty/Hutchison, Emma/Bleiker, Roland 2017: Discourse and Emotions in International Relations, in: International Studies Review, 19:3, 481-508.

Kramer, Adam D.I./Guillory, Jamie E./Hancock, Jeffrey T. 2014: Experimental Evidence of Massive-scale Emotional Contagion Through Social Networks. Proceedings of the National Academy of Sciences, 111:24, 8788-8790. doi:10.1073/pnas.1320040111

Kurki, Milja 2006: Causes of a Divided Discipline: Rethinking the Concept of Cause in International Relations Theory, in: Review of International Studies, 32:2, 189-216.

Kurki, Milja 2008: Causation in International Relations: Reclaiming Causal Analysis. Cambridge: Cambridge University Press.

Manow, Philip 2018: Die Politische Ökonomie des Populismus. Berlin: Suhrkamp Verlag.

Martin, Wallace 1986: Recent Theories of Narrative. Ithaca: Cornell University Press.

McIntyre, Lee 2018: Post-truth. Cambridge: MIT Press.

Mead, Walter Russell 2017: The Jacksonian Revolt. American Populism and the Liberal Order, in: Foreign Affairs, 96:2, 2-7.

Mercer, Jonathan 2010: Emotional Beliefs, in: International Organization, 64:1, 1-31.

Moffitt, Benjamin 2016: The Global Rise of Populism: Performance, Political Style, and Representation. Stanford: Stanford University Press.

Mouffe, Chantal 2018: For a Left Populism. New York: Verso Books.

Niehoff, Debra 1999: The Biology of Violence: How Understanding the Brain, Behavior, and Environment Can Break a Vicious Cycle of Aggression. New York: The Free Press.

Norris, Pippa/Inglehart, Ronald 2019: Cultural Backlash: Trump, Brexit, and Authoritarian Populism. Cambridge: Cambridge University Press.

Patterson, Molly/Monroe, Kristen R. 1998: Narrative in Political Science, in: Annual Review of Political Science, 1:1, 315-331.

Posner, Eric A. 2017: Liberal Internationalism and the Populist Backlash University of Chicago, Public Law Working Paper 606, https://chicagounbound.uchicago.edu/cgi/viewcontent.cgi?article=2071&context=public_law_and_legal_theory

Rosenquist, J. Niels/Fowler, James H./Christakis, Nicholas A. 2011: Social Network Determinants of Depression, in: Molecular Psychiatry, 16:3, 273-281.

Shiller, Robert J. 2019: Narrative Economics: How Stories Go Viral and Drive Major Economic Events. Princeton: Princeton University Press.

Solomon, Ty 2017: Rethinking Productive Power through Emotion, in: International Studies Review, 19:3, 481-508.

Somers, Magaret R. 1994: The Narrative Constitution of Identity: A Relational and Network Approach, in: Theory and Society, 23:5, 605-649.

Somers, Magaret R./Gibson, Gloria D. 1994: Reclaiming the Epistemological Other: Narrative and the Social Constitution of Identity. In: Calhoun, Craig (Hrsg.). Social Theory and the Politics of Identity. Oxford: Blackwell, 37-99.

Stone, Deborah A. 2011: Policy Paradox: The Art of Political Decision Making. 3rd Ed. New York: W. W. Norton & Company.

Subotić, Jelena 2016: Narrative, Ontological Security, and Foreign Policy Change, in: Foreign Policy Analysis, 12:4, 610-627.

Suiter, Jane 2016: Post-truth Politics, in: Political Insight, 7:3, 25-27.

Thorndike, Edward L. 1920: A Constant Error in Psychological Ratings, in: Journal of Applied Psychology, 4:1, 25-29.

UNDP 2019: Human Development Data, http://hdr.undp.org/en/data

Wertsch, James V. 2000: Narratives as Cultural Tools in Sociocultural Analysis: Official History in Soviet and Post-Soviet Russia, in: Ethos, 28:4, 511-533.

White, Hayden 1981: The Value of Narrativity in the Representation of Reality. In: Mitchell, W.J. Thomas (Hrsg.). On Narrative. Chicago: University Chicago Press, 1-23.

Winch, Peter 1990: The Idea of a Social Science and Its Relation to Philosophy. 2nd Ed. London: Routledge

Wodak, Ruth 2015: The Politics of Fear: What Right-wing Populist Discourses Mean. London: Sage.

Yanow, Dvora 1996: How Does a Policy Mean? Interpreting Policy and Organizational Actions. Washington, DC: Georgetown University Press.

Vom Verantwortungsgefühl zur Verantwortungsübernahme: Die Schutzverantwortung der Vereinten Nationen aus Sicht des emotional turn

Bastian Loges

> „I care about issues of genocide and persecution. I care because of the way I was brought up by my parents" (Madeleine Albright, in Newsweek 1997).
> "The Rwandan genocide left me hungry for mechanisms that could help to prevent or mitigate the consequences of such a policy failure again" (Susan Rice 2019: 152).

Wenn affektive Fürsorge sowie ein metaphorisches Hungergefühl sprachlich genutzt werden, um die Auseinandersetzung mit der eigenen Verantwortung angesichts internationaler Gräueltaten zu beschreiben, verweist dies auf einen wahrgenommenen Zusammenhang von Verantwortungsübernahme und Emotion. Somit thematisieren die beiden Zitate durch eine emotionale Reaktion das widersprüchliche Verhältnis von aktiver Verantwortungsübernahme auf individueller Ebene und der Idee einer internationalen Verantwortung, die den Schutz von Menschen vor systematischen Massengräueltaten garantieren soll. Als „Responsibility to Protect" (R2P, Schutzverantwortung) wird diese seit knapp zwanzig Jahren in der internationalen Politik diskutiert, aber immer noch selektiv und inkonsistent übernommen. Nach erfolgreicher Normgenese, die durch Präzision des Konzeptes und erste Institutionalisierungen geprägt war, gilt die R2P nun als eine abgestufte kollektive Verantwortung, für die Ban Ki-moon eine Metapher von drei Säulen entwickelt, über die er die Schutzverantwortung für die UN operationalisiert: Während es bei der ersten Säule vor allem um die einzelstaatliche Verantwortung von Staaten geht, ihre Bürger*innen vor Völkermord, ethnischen Säuberungen, Kriegsverbrechen und Verbrechen gegen die Menschlichkeit zu schützen, verweist die zweite Säule auf die Verantwortung der internationalen Gemeinschaft, Staaten bei dieser Verantwortung zu unterstützen. Die dritte Säule stellt die weithin schwierigste Verantwortung in den Mittelpunkt: Wenn Staaten offenkundig an der Schutzverantwortung scheitern, geht die Verantwortung an die internationale Gemeinschaft über, die dann durch den UN-Sicherheitsrat (UNSR) entschieden handeln muss, um Massengräueltaten zu verhindern oder zu stoppen (Hunt/Orchard 2020; Loges 2013). Während es vereinzelt, etwa 2011 im Fall von Libyen, durchaus zu einer Übernahme dieser Verantwortung kam, stellt sich angesichts der ausbleibenden Reaktion des UNSR im Falle von Darfur oder Syrien die Fragen nach der Umsetzung dieser dritten Säule der R2P. Die Literatur sucht hier nach Erklärungen, die sich sowohl an der Schutzverantwortung selbst als auch an der Entscheidungssituation im UNSR abarbeiten. So gelten der moralische und wenig verrechtlichte Charakter der R2P (Glanville 2016; Hehir 2017; Jarvis 2018), ihre normative Umstrittenheit (Deitelhoff/Zimmermann 2020; Welsh 2019) oder zögerliche Institutionalisierung (Welsh 2014; Labonte 2016) als Hemmnisse bei der konsistenten Verantwortungsübernahme. Hinzu kommen auch situative Aspekte der diplomatischen Auseinandersetzung im UNSR (Bellamy/Dunne 2016).

Der Ausgangspunkt dieses Beitrags ist die Beobachtung, dass die R2P-Literatur sich mit der Erklärung der spezifischen Situation von Verantwortungsübernahme im UNSR schwertut, weil sie die spezifische Verantwortung zum Schutz kaum systematisch und integriert verorten kann. Konkret stellt sich die Frage, wie plausibilisiert werden kann, wer, wo und wie aktiv Verantwortung für die Realisierung der Schutznorm übernimmt. Dazu wird im Folgenden mit der Literatur des *emotional turn* in den Internationalen Beziehungen (IB) ein in diesem Zusammenhang bislang ungenutztes Theorierepertoire erschlossen, das den Moment wie auch den Kontext der aktiven Verantwortungsübernahme erklären hilft: Erstens geht diese Perspektive davon aus, dass Ratio und Emotion sich nicht ausschließen, sondern Entscheidungen stets gleichermaßen bestimmen; zweitens mögen Emotionen zwar individuell und biologisch erlebbar sein, sie stellen nichtsdestotrotz kollektive Phänomene dar, die durch Interaktion innerhalb von Gruppen sozialisiert werden; drittens verändern sich Emotionsrepertoires im Sinne handlungsanleitender Dispositionen durch unterschiedliche Kontexte und multiple Gruppenzugehörigkeiten (Crawford 2002; Mercer 2010, 2014; Koschut 2020).

Der vorliegende Beitrag geht in drei Schritten vor, um konzeptionell sowie empirisch den Mehrwert einer emotionstheoretischen Perspektive auf Verantwortungsübernahme auszuleuchten. Zunächst wird verdeutlicht, wie die R2P-Forschung bislang die Übernahme der Schutzverantwortung verortet und eine komplexe Verantwortungslage konstatiert, die eine Verantwortungsübernahme erschwert. Anschließend wird eine konzeptionelle Ergänzung vorgeschlagen, die die Erklärung der Bereitschaft zur Verantwortungsübernahme um eine emotionstheoretische Komponente erweitert. Nach einer konzeptionellen Plausibilisierung, die Verantwortung als soziale emotionale Überzeugung fasst und deren Wertigkeit für Akteure an Empathie und Mitgefühl expliziert, folgt eine empirische Illustration, die die Situation der Verantwortungsübernahme im UNSR als emotionale Situiertheit in einem Mehrebenensystem rekonstruiert: Über die verschränkte Betrachtung individueller, kollektiver und international-institutioneller Emotionsrepertoires wird eine neue Erklärungsperspektive fruchtbar gemacht, um die Situation der (ausbleibenden) Verantwortungsübernahme im UNSR besser zu verstehen. Im Fazit werden schließlich die Ergebnisse der emotionstheoretischen Betrachtung zusammengefasst sowie weitere Forschungsbedarfe ausgewiesen und verdeutlicht, dass es innerhalb der UN noch weitere Debatten um Verantwortung gibt, bei denen die emotionale Situiertheit erklärendes Potential freisetzt.

Wer übernimmt die Schutzverantwortung?

Die R2P stellt nicht nur eine komplexe Norm angemessenen Verhaltens dar (Welsh 2013), sondern aus ihr erwächst auch eine komplexe kausale, legale, moralische und politische Verantwortung (Hoover 2012), insbesondere durch die Arbeitsteilung zwischen nationaler und internationaler Ebene. Letztlich wird die Frage, wer wem gegenüber wofür Verantwortung zu übernehmen hat, in den drei Säulen der R2P unterschiedlich beantwortet: So überträgt die erste Säule jedem Staat eine kausale sowie legale Verantwortung zur Verhinderung von R2P-Verbrechen, indem auf die nationale Einhaltung von Völkerrecht und Menschenrechtsabkommen verwiesen wird. Hingegen diagnostiziert die Literatur für die beiden internationalen Säulen der R2P eine nicht mehr kausale oder legale, sondern weitgehend moralisch definierte Schutzverantwortung, die politisch in der Praxis aber kaum übernommen werde (Beardsworth 2015). So verbleibe die internationale Normdiffusion zwischen institutioneller Konsolidierung und praktischer Kontestation (Hunt/Orchard 2020), was letztlich auch Rückschlüsse auf die Stärke und Robustheit der Verantwortungsnorm zulässt, die nämlich beides benötige: rhetorische Akzeptanz wie die Einhaltung im Großen und Ganzen (Deitelhoff/Zimmermann 2020, 53). Somit erscheint aus Sicht der Literatur fraglich, welchen Grad an Institutionalisierung die Verantwortungsübernahme der R2P auf internationaler Ebene erreicht hat, wie also ihre diskursive und materielle Absicherung zu bewerten ist (Betts/Orchard 2014, 3-5).

Konkret verlagert die zweite Säule der R2P die Verantwortung auf die internationale Gemeinschaft, die unterstützend tätig werden soll, wenn Staaten zur nationalen Schutzverantwortung nicht willens oder fähig sind.

Empirisch kann durchaus festgestellt werden, dass die R2P als Katalysator für UN-Debatten, aber auch für materielle Effekte wirkte (Welsh 2013, 387). So wurden weitgehend ohne Kritik Routinen und Bürokratien der Unterstützung etabliert: Mittlerweile diskutiert die UN-Generalversammlung regelmäßig über die R2P und die Debatten zeigen, dass die überwiegende Mehrheit der Staaten die Norm bereits akzeptiert hat. Nur eine gleichbleibend kleine Staatengruppe (unter anderem Kuba, Nicaragua, Sudan und Venezuela, aber zeitweise auch Russland und China) äußert sich kritisch bis ablehnend. Zudem wurde die Position eines *Special Advisers on R2P* institutionalisiert, der die Implementierung des R2P-Gedankens innerhalb des UN-Systems begleiten soll (Welsh 2014; Loges 2013). Ein anderes Muster verdeutlicht die widersprüchliche Institutionalisierung der dritten Säule, die die Verantwortung im UNSR verortet, welcher kollektive Maßnahmen ergreifen soll, wenn Staaten trotz internationaler Unterstützung in ihrer Verantwortungsübernahme offenkundig scheitern. Zunächst hat sich aus diskursiver Perspektive ein rhetorischer Bezug auf die R2P als Norm im UNSR grundsätzlich durchgesetzt (Loges 2013): Konkret etablierte sich eine abstimmte, eigene Rhetorik für R2P-Situationen, die auch zur Erwähnung der Schutznorm in UNSR-Resolutionen führte (Gifkins 2016; Labonte 2016). Durch diese Ratsdebatten entwickelte die R2P bezüglich ihres Geltungsbereichs nicht nur mehr Eindeutigkeit (Badescu/Weiss 2010), sondern wurde auch kulturell validiert, etwa durch die brasilianische Ergänzung der *Resposibility while Protecting* (Stefan 2014; Stuenkel 2017). In Summe kann deshalb festgehalten werden, dass unterschiedlicher Narrative zum Trotz (Gholiagha/Loges 2020), die prinzipielle Geltung der Norm innerhalb des Rates nicht mehr infrage steht. Aktuell beobachtbare Kontestation hinterfragt stattdessen, ob in einer bestimmten Situation die R2P zur Anwendung kommen sollte oder nicht. Geltungskontestation bleibt dagegen weitgehend aus (Deitelhoff/Zimmermann 2020; Welsh 2019). Dennoch impliziert dieser Befund auch, dass die Umsetzung der R2P in die Praxis des UNSR umstritten bleibt: Empirisch zeigt sich eine selektive und inkonsistente Verantwortungsübernahme (Hehir 2013), was gleichermaßen Ergebnis fehlenden politischen Willens wie Ausdruck einer motivationalen Lücke in der Verantwortungsübernahme ist (Labonte 2016, 142; Jarvis 2018, 109).

Erklärungen für diese inkonsistente Praxis verweisen grundlegend auf die Beschaffenheit der zu übernehmenden Verantwortung sowie ihren Ort. Während der R2P einerseits eine rechtliche Basis und somit eine verbindliche Verantwortungsgrundlage fehle (Hehir 2017), deute andererseits die ausbleibende Übernahme darauf hin, dass die moralische Schutzverantwortung bislang kaum tief internalisiert ist (Jarvis 2018). Zudem besteht die R2P in ihren internationalen Säulen aus einer schwierigen Verantwortung in Form einer „positiven Pflicht": Anders als bei besser etablierten Normen soll hier nicht etwas unterlassen werden, sondern es gilt, etwas aktiv zu tun (Glanville 2016). Eine besondere Verantwortung haben in diesem Zusammenhang die P5 und die nichtständigen Mitglieder des UNSR, da nur sie überhaupt in der Lage sind, die Verantwortung aktiv zu übernehmen (Dunne 2013). Weil aber empirisch gesehen außenpolitische Interessen und diplomatische Praktiken den entstandenen Konsens im UNSR beeinflussen, würden moralische Überzeugungen von anderen Erwägungen überlagert, sodass sie letztlich als Impuls zur Übernahme der Schutzverantwortung kaum Effekte zeitigen (Bellamy/Dunne 2016, 13; Jarvis 2018, 118). Letztlich müsste im Sinne einer realistischen Beurteilung von internationaler Verantwortungsübernahme gar gefragt werden, ob eine universelle Internalisierung jemals gelingen kann, auch, weil R2P-Intervention eben doch nur selten autorisiert werden, was eine Routine schlechterdings entstehen lässt (Labonte 2016, 146; Bellamy/Dunne 2016, 12).

Hier setzt der Mehrwert einer emotionstheoretischen Perspektive an, die für die komplexe Verantwortungslage bei der R2P samt ihrer unklaren Motivation zur Verantwortungsübernahme eine alternative Beschreibung der Situation im UNSR bereitstellt: Generell sind Verhandlungen im UNSR durch individuelle und kollektive Akteuren sowie ihre Einbettung in institutionelle Strukturen geprägt, die aus Sicht des *emotional turn* als (zumindest auch) emotional konstituiert gedacht werden müssen. Mittels verschiedener Emotionsrepertoires, die sich individuell, gruppenspezifisch wie auch international-institutionell ausbilden, wird im Folgenden die Situation wie auch die Motivationen der Akteure neu beschrieben und darüber geklärt, wie durch emotionale Situiertheit aktive Verantwortungsübernahme erklärt werden kann.

Situiertheit und Emotionsrepertoires: Vom Verantwortungsgefühl zur Verantwortungsübernahme

Für die Bereitschaft zur Übernahme einer Schutzverantwortung steht somit die Frage im Fokus, wie Normen eigentlich normativ und verbindlich werden, woher also eine motivationale Sogwirkung von Normen letztlich kommt. Paul Kowert sieht in ihrer wahrgenommenen Wertigkeit genau jene Qualität, die aus Vorstellungen, Überlegungen und Annahmen explizit normative Überzeugungen macht: Es ist ihr emotionaler Resonanzboden, eine emotionale Kraft von Normen, die ihnen Wertigkeit und bei hoher

Bastian Loges

Wertigkeit prinzipielle Verbindlichkeit verleiht. Die Wertigkeit von Normen entsteht demnach nicht (allein) aus sozialem Druck oder deontischer Sprache, sondern hängt zentral von Emotionen ab, die normative Verpflichtungsqualitäten begründen (Kowert 2012, 47 und 50-51):

> "To function normatively, beliefs require evaluative, emotional force. Put more simply, normativity depends on creating feelings of obligation. (…) Norms are thus inescapably emotive, cognitive, and linguistic phenomena" (Kowert 2012, 37).

Verdeutlicht wird damit auch der implizite Zusammenhang zwischen Emotion und Motivation, den die Etymologie schon lange kennt: Beide Begriffe kommen aus demselben Wortstamm. Sie beziehen sich auf das lateinische „bewegen" (*movere*), was anzeigt, dass Emotionen zu etwas bewegen, also motivieren (Crawford 2000, 123-124; Brudholm/Lang 2018, 8). Dabei bleibt die Stoßrichtung zunächst unbestimmt: Emotionen können Motivation sein, etwas zu tun – aber auch, etwas zu unterlassen. Wie sie konkret wirken hat mit bereits gemachten Erfahrungen zu tun, auf deren Grundlage die individuelle emotionale Hygiene negative wie positive Emotionen bei der Interaktion des Einzelnen mit der Umwelt ausbalanciert (Coicaud 2017, 27). Grundsätzlich aber gilt: „Emotion is motivation" (Mercer 2010, 7).

Dies unterstreichen auch Studien zu Emotionen in den IB, die davon ausgehen, dass es keinen Widerspruch zwischen Ratio und Emotion gibt und dass Akteure in ihrem täglichen Leben – folglich auch in der internationalen Politik – stets gleichermaßen rational wie emotional handeln. Weil aber aktive Entscheidungen zur Verantwortungsübernahme jenseits ihrer rationalen Aspekte auch emotionale Einschreibungen haben, müssen diese bei der Analyse von Entscheidungssituationen systematisch mituntersucht werden (Mercer 2005, 94; Markwica 2018, 25-28). Zudem behandelt die Literatur Emotionen stets im Kontext konkreter Interaktion, etwa auf der Ebene von Gruppen oder Gesellschaften wie auch innerhalb internationaler Foren. So rekonstruieren emotionstheoretische Studien das Entstehen gemeinsamer Emotionsrepertoires, die kollektives wie individuelles Handeln und Empfinden ermöglichen und anleiten (Hutchison 2016; Ross 2014; Koschut 2014). Emotionen sind demnach soziale oder kollektive, nicht zwingend individuelle Phänomene, weil sie über eine individuell-körperliche Ebene hinausgehen und uns über emotionale Sozialisationsprozesse in Verbindung zu anderen setzen sowie durch gemeinsame Emotionsrepertoires uns helfen, unser Gegenüber zu verstehen (Bleiker/Hutchison 2008, 123; Wolf 2012, 612). Jenseits der Konstruktion von emotionalen Gemeinschaften verweist die Literatur empirisch auch auf die Relevanz von Interaktionen in Institutionen und zeichnet den Beitrag individueller wie kollektiver Emotionen in konkreten (Entscheidungs-)Situationen nach, etwa in der Diplomatie während politischer Krisen (Hall 2015; Head 2016; Markwica 2018).

Verantwortung als Verantwortungsgefühl

Um die konkrete Frage nach der Übernahme einer Schutzverantwortung aus emotionstheoretischer Perspektive konzeptionell zu beantworten und den Mehrwert des *emotional turn* für die Normen- wie die Verantwortungsforschung herauszustellen, wird im Folgenden Verantwortung als „social emotional belief" konzipiert. Gemeinhin gelten Überzeugungen und Annahmen als Grundlage individuellen Handelns, innerhalb derer *emotional beliefs* als „emotionale Überzeugungen" eine Unterkategorie darstellen, bei denen eine emotionale Komponente konstitutiv für ihr Verständnis ist. Konkret wird davon ausgegangen, dass emotionale Überzeugungen ihre Bedeutung verlieren, wenn ihnen ihre emotionale Qualität entzogen wird. Klassische Beispiele für solche emotionalen Überzeugungen sind Vertrauen oder Gerechtigkeit. Ohne eine emotionale Grundierung könnte beides nicht entstehen: Jemandem zu vertrauen oder sich für Gerechtigkeit einzusetzen ist also von einer emotionalen Kraft – hier zum Beispiel Sympathie, dort Empörung – abhängig, die das Phänomen erst erschafft und handlungsanleitend werden lässt (Mercer 2010, 6-7). Verstehbar wird die Existenz von Vertrauen und Gerechtigkeit somit allein durch den Verweis auf das Zusammenspiel von Annahme und Emotion. Mit Bezug auf die R2P lässt sich diese Argumentationskette nutzen, um zu zeigen, dass Verantwortung letztlich auch ein „emotional belief" ist. Bereits der Sprachgebrauch in Bezug auf Verantwortung belegt diesen Zusammenhang: So ist es im Deutschen und in etwas geringerem Maße auch im Englischen üblich, von „Verantwortungsgefühl" zu sprechen, das ein Akteur empfindet oder das angemahnt wird. Dass eine Sprache einen Begriff kennt, der Verantwortung und Emotion zusammenführt, soll als erster Hinweis darauf genügen, dass Verantwortungsübernahme eine emotionale Komponente besitzt.

Zudem ist Verantwortung als *emotional belief* auf ein konkretes Gegenüber bezogen. Dies gilt insbesondere für die R2P, der die Einbeziehung eines (imaginierten) Anderen, das Schutz bedarf, inhärent ist. Somit handelt es sich bei der Schutzverantwortung um eine soziale Emotion, also eine Emotion, deren Wertigkeit intrinsisch aus der Relation zu einer weiteren Entität erwächst (Mercer 2014, 516). In Mercers Vorstellung kann dieses

„Andere" auch Gegenstände umfassen, deutlich wird aber, dass vor allem jene emotionalen Überzeugungen wie Gerechtigkeit oder Zugehörigkeitsgefühl tatsächlich zum Handeln motivieren können, die sich auf ein belebtes Gegenüber beziehen. Ohne ein solches Gegenüber bliebe aus dieser Sicht das Verantwortungsgefühl gering. Kurz: Die Wertigkeit von Verantwortungsnormen wie der R2P ist hoch, weil es sich um eine Verantwortung für jemanden handelt. Diese soziale Dimension von Emotionen weist eine Verbindung von emotionaler Norm, sozialer Emotion und handlungsanleitender Wertigkeit aus, die sich wiederum am Sprachgebrauch illustrieren lässt. So wird über nicht-soziale Emotionen anders gesprochen als über soziale Emotionen, weil die Wertigkeitsgrenze des Sozialen nicht allein die Motivation zum Handeln beeinflusst, sondern auch ihre Sprache. Während über nicht-soziale Emotionen in einer passiven oder indirekten Form gesprochen werden kann, also dass etwas emotional wertig ist („das tut weh" oder „die Höhe macht mir Angst"), lässt sich die Übernahme von Verantwortung für ein Gegenüber sprachlich nur aktiv und direkt ausdrücken („ich helfe, ich kümmere mich, ich übernehme Verantwortung").

Die Schutzverantwortung stellt also ein *social emotional belief* dar, weil die grundlegende emotionale Überzeugung (Verantwortung) sich auf ein Gegenüber (die Schutzsuchenden) bezieht und daraus eine emotionale Wertigkeit entspringen kann, die zum Handeln (Verantwortungsübernahme) motiviert. Zu klären ist jedoch, welche konkreten Emotionen jenseits der Verantwortung als „sozialer emotionaler Überzeugung" das Emotionsrepertoire ausmachen, über das die Verantwortungsübernahme verstärkt wird.

Empathie und Mitgefühl als Emotionsrepertoires

Eine in der R2P-Literatur verbreitete Auffassung geht davon aus, dass Empathie zum Handeln motiviert: "Empathy is the source of pro-social behavior and the necessary ingredient for triggering individual and collective bystander intervention to prevent or halt genocide and mass atrocity" (Crawford 2018, 58). Dies soll im Folgenden kritisch diskutiert werden. Generell kann Empathie als die Fähigkeit beschrieben werden, sich in andere hineinzuversetzen. Es handelt sich somit um einen Prozess der vorgestellten Perspektivübernahme. Dabei ist kognitive Empathie aber zunächst wertneutral, muss also nicht mit Sympathie oder Altruismus einhergehen. Stattdessen kann Empathie auch genutzt werden, um ein Gegenüber zu demütigen oder zu verletzten (Head 2016, 175). Affektive Empathie bedeutet hingegen, dass es durch Perspektivübernahme gelingt, sich in das Gegenüber hineinzuversetzen und mitzufühlen, also letztlich Mitgefühl zu entwickeln (Marlier/Crawford 2013, 400 und 412; Frost 2014, 102). Diese Form der Empathie fördert als weitgehend emotional gesteuerter Prozess die Identifikation mit einem Gegenüber, basiert aber letztlich auch auf ihm (Wolf 2012, 610; Mercer 2014, 517). Ein einschlägiges Beispiel des Zusammenhangs von Perspektivübernahme, Mitgefühl und Motivation zum Handeln rekonstruiert Kristen Renwick Monroe in einer Studie zur Frage, wie es dazu kommen konnte, dass bestimmte Individuen während des Holocausts zu Tätern oder Unterstützern im Genozid wurden, andere hingegen politisch Verfolgte vor dem NS-Regime versteckten oder aktiv in den Widerstand gingen. Anhand von biografischen Interviews mit niederländischen Bürger*innen konnte Monroe belegen, dass für die Frage nach Verantwortungsübernahme zwei Ergebnisse zentral sind: Erstens zeigt sich bei allen Interviewten jenseits ihrer Rolle im Holocaust, dass emotionale Wahrnehmungen ihr Verhalten motivierten. Monroe schließt daraus: " (E)motions work faster and more accurately than reason" (Monroe 2012, 253, siehe auch Ross 2018, 192-193). Zweitens äußerten die Retter von Verfolgten in den Interviews vor allem zwei Begründungen für ihr Handeln: Empathie und Mitgefühl. Weil sie eigene Erfahrungen mit Leid gemacht hatten, konnten sie die Perspektive der Hilfesuchenden nachvollziehen und aus der Verbindung von früheren, eigenen Erfahrungen mit der aktuellen Situation entstand der Impuls, aktiv helfen zu müssen (Monroe 2012, 304-307). Mit anderen Worten: Aktives Helfen erscheint dann als „normal", wenn die eigene Erfahrung Mitgefühl, also die affektive Identifikation mit der Lage des Gegenübers, aktiviert (Crawford 2018, 59).

Tragen Mitgefühl oder emotionale Erfahrung (im Sinne institutionalisierter Emotion) nun generell zur Verantwortungsübernahme bei? Die Forschung weist darauf hin, dass Emotionen in sozio-kulturelle Kontexte eingebunden sind, die ein kollektives Emotionsrepertoire aufspannen, dessen Größe und Intensität variiert: Während Mitgefühl eine emotionale Reaktion von Unbeteiligten sein kann, führt zum Beispiel bei Täter*innen Angst und Hass zur aktiven Beteiligung an Genoziden, aber auch Hoffnung im Sinne einer ersehnten besseren Zukunft für Kollektiv und Individuum nach den Taten (Crawford 2018, 62). Zudem liegen bei jedem individuellen wie kollektiven Akteur unterschiedliche emotionale Dispositionen vor, weshalb Massengräueltaten bei Nichtbeteiligten sowohl Mitgefühl als auch Furcht bewirken können (Ross 2019, 197). Dies verweist auf zwei Aspekte, die miteinander verbunden sind, aber analytisch getrennt werden sollten: Gruppenzugehörigkeit und Erfahrung. Zwar ist sich die psychologische Forschung weitgehend einig, dass Empathie zu prosozialem Verhalten beiträgt, allerdings bleibt fraglich, ob sie generell zutage tritt oder nur bei einem Gegenüber, das uns bekannt, also emotional wie räumlich nah ist (Marlier/Crawford 2013, 401). Dies deckt sich auch mit Ergebnissen innerhalb der IB-Emotionsforschung, die ebenfalls aufzeigt, wie emotionale Insider-Outsider-Grenzen die Inklusions- und Exklusionsprozesse von Gruppen schärfen (Mercer 2014; Koschut 2020). Verbleibt unsere Hilfe also bei Mitgliedern von Gruppen, denen wir uns selbst auch zugehörig fühlen oder lässt sich auch Empathie und Hilfe gegenüber Outgroups beobachten? Aktuelle Studien kommen hier zum Befund, dass zwar praktisch eher Angehörigen der Ingroup geholfen wird, Empathie aber dennoch dazu befähigt, die Outgroup in ihrer Not wahrzunehmen und zumindest ein Reflex helfen zu wollen entsteht (Faulkner 2018, 225). An dieser Stelle muss daran erinnert werden, dass Gruppen sozial konstituiert und in ihren Grenzen wandelbar sind, weshalb Exklusionssysteme auch Inklusionsprozessen weichen können. Zudem überlappen sich verschiedene Gruppen empirisch, was für die Verantwortungsübernahme bedeutet, dass sie sich multiplizieren kann. Anstelle von fixen In- und Outgroups sollte somit von einer Zugehörigkeit (*belonging*) in multiplen, nicht-exklusiven Gruppen ausgegangen werden, in der die Möglichkeit angelegt ist, durch multiple, intersektionale Zugehörigkeiten und die Ähnlichkeit zwischen Person und/oder Erfahrungen generelles Mitgefühl zu steigern und moralische Verantwortung zu erweitern (Erskine 2001, 471-474).

Emotionen formen also die Motive und das Verhalten von individuellen wie kollektiven Akteuren, untermauern internationale Phänomene und beeinflussen normative Fragen (Hutchison 2016, 5). Durch Emotionsrepertoires situieren sie individuelle wie kollektive Akteure und ihr Handeln, weshalb eine emotionstheoretische Untersuchung von Verantwortungsübernahme im UNSR die Entscheidungssituation als emotionale Situiertheit im Mehrebenensystem rekonstruiert. Denn: An der kollektiven Übernahmeentscheidung sind Diplomat*innen wie Staaten als prinzipiell emotionsfähige Akteure (Sasley 2011; Mercer 2014) beteiligt, deren Handlungshintergrund ein institutioneller Kontext ist, der ebenfalls von Emotionen mitgeprägt wurde. Im nächsten Schritt werden diese Überlegungen für den UNSR als Entscheidungsort der R2P empirisch fruchtbar gemacht.

Rekonstruktion emotionaler Situiertheit: Verantwortungsübernahme(n) im UN-Sicherheitsrat

Ausgehend von der Annahme, dass Emotionen in Interaktionen entstehen und auch dort beobachtet werden müssen (Koschut 2020, 75), wird im Folgenden dargelegt, dass sich aus emotionstheoretischer Perspektive die Verantwortungsübernahme im UNSR als eine Interaktion innerhalb von drei Ebenen und den zugehörigen Emotionsrepertoires rekonstruieren und erklären lässt: Auf einer ersten Ebene vertreten Diplomat*innen mit individuellen Biographien in der konkreten Entscheidungssituation unterschiedliche Staaten, die auf einer zweiten, kollektiven Ebene miteinander interagieren und dabei auf dritter, international-institutioneller Ebene organisatorisch in den UNSR eingebunden sind. Durch die Begriffsverwendung „emotionale Situiertheit" wird angezeigt, dass Akteure und Entscheidung über Emotionsrepertoires in alle drei Ebenen eingelassen sind, welche allerdings nur analytisch trennbar sind und sich in der politischen Praxis wechselseitig stabilisieren. Für eine hier vorgeschlagene emotionstheoretische Betrachtung stellt der UNSR aufgrund seiner Vermachtung in Organisationsstruktur und Arbeitsweise einen *hard case* dar, dennoch muss er im Fokus der Analyse zur R2P stehen, weil er allein legitimer Ort für die Übernahme einer Schutzverantwortung ist. Empirisch herausfordernd bleibt außerdem, dass Emotionen kaum direkt und authentisch beobachtet werden können (Crawford 2000, 118; Bleiker/Hutchison 2008, 125). Daher wird vorgeschlagen, Emotionen über Repräsentationen, also Text, aber auch Symbole oder Gesten, zu erforschen (Hutchison 2016, 18; Koschut 2020, 73). Dazu nutzt die folgende Illustration neben den Sitzungsprotokollen des UNSR auch biografische Texte von Diplomat*innen, um subjektive, emotional geprägte Texte in Relation zu kollektiven Repertoires zu setzen sowie historisch zu kontextualisieren (vgl. hier Koschut 2017, aber auch Pouliot 2007).

Biografisch-individuelle Ebene: Wie das Beispiel von Monroe aber auch die Eingangszitate anzeigen, kann Motivation durch individuelles Mitgefühl entstehen und dadurch die Übernahme einer Schutzverantwortung aufgrund der hohen Wertigkeit ermöglichen. Dabei eröffnet das relevante Emotionsrepertoire durch den individuellen Erfahrungsraum auch Handlungsoptionen, die weitgehend biografisch geprägt sind. Zwei Illustrationen unterstreichen diesen Zusammenhang, der aber nicht als monokausale Erklärung für Handlungen missverstanden werden darf. Während ihrer Zeit als UN-Botschafterin zwischen 1993 und 1997 erlebte Madeleine Albright gleich mehrere Situationen, in denen der UNSR seine kollektive Verantwortung in Bezug auf den Schutz von Zivilist*innen überdenken musste: die Völkermorde im ehemaligen Jugoslawien und in Ruanda. Damals unterstützte die Clinton-Administration als Verfechterin internationaler Straftribunale zwar die juristische Aufarbeitung dieser Verbrechen, allerdings ließ eine außenpolitische Direktive (PDD-25) ein stärkeres Engagement der USA zur Eindämmung des Völkermords in Ruanda nicht zu. Die UN-Botschafterin und spätere US-amerikanische Außenministerin Madeleine Albright, mit ihren Eltern vor den Nationalsozialisten aus der Tschechoslowakei geflohen, bereut das Verantwortungsversagen im Fall des Völkermords in Ruanda aus heutiger Sicht: „Was ich aus meiner Zeit im Staatsdienst am meisten bedauere, ist das Unvermögen der Vereinigten Staaten und der internationalen Gemeinschaft, rechtzeitig einzugreifen, um diese Verbrechen zu verhindern" (Albright 2005, 186). Auch für ihre spätere Nachfolgerin Susan Rice, die als Mitarbeiterin in der außenpolitischen Administration unter Clinton das Ausbleiben einer Reaktion auf den ruandischen Genozid erlebte, stellt dieses Versagen eine politisch wie emotionale Weichenstellung dar:

> „It's hard to convey the myriad ways in which the Rwandan genocide affected me. It was a personal trauma, a source of nightmares and deep regret. Though I was not a senior decision maker, I was still a working-level participant in a massive policy failure. I carry the guilt with me to this day" (Rice 2019, 151).

2011 muss Rice selbst während ihrer Zeit als UN-Botschafterin im Rat eine Mehrheit für ein internationales Eingreifen im UNSR diplomatisch orchestrieren, um kollektiv auf die Androhungen von Massengräueltaten durch den libyschen Staatsführer Muammar al-Gaddafi zu reagieren. Obgleich der UNSR in diesem Fall seine Verantwortung sogar militärisch übernimmt, zeigt ein ähnlich situiertes Beispiel, die ausbleibende Schutzverantwortung in Syrien, aber auch die Komplexität individueller Emotionsrepertoire auf. Unterschiedliche Gruppenzugehörigkeiten und Erfahrungen sowie ihr Zusammenspiel mit der Ratio, bestimmen mit, wann und wo eine Verantwortung übernommen wird:

> "My heart and my conscience will forever ache over Syria. Since Rwanda, my bias has been in favor of action in the face of mass atrocities – when the risks to U.S. interests are not excessive. In contrast to Libya, in my view there was no version of U.S. intervention in Syria that we should have conducted except very limited strikes to respond to chemical weapons use" (Rice 2019, 369).

Kollektive Ebene: Individuelle Emotionen sind stets mit kollektiven Repertoires verbunden, die ebenfalls Entscheidungen beeinflussen. Diese Dynamik zwischen Individuum und Kollektiv führt einerseits über die individuelle Aneignung kollektiver Erinnerungen, Mythen oder Symbole zur emotionalen Sozialisation (Koschut 2020, 76) und lässt andererseits durch individuelle Erzählungen neue kollektive Emotionsrepertoires entstehen, die sich in Summe nicht auf individuelle Phänomene zurückführen lassen (Hutchison 2016, 67). Solche emotionalen Gemeinschaften basieren auf kollektiven Erfahrungen und tragen über gruppenspezifische Emotionsrepertoires faktisch zu konkreten Politikergebnissen bei (Koschut 2014, 537): So lässt sich bundesrepublikanische Außenpolitik von Westintegration über Ostpolitik bis zur Zivilmachtkonzeption auch mit dem Wunsch nach Versöhnung verstehen, während aus Ruandas Trauma ein besonderes Interesse an der Institutionalisierung von internationalen Schutznormen entstand. Auch der schwindende Großmachtstatus Russlands hat durch den erfahrenen Verlust eine emotionale Komponente, ebenso wie die kanadische Außenpolitik über Jahrzehnte hinweg einem emotionalisierten Leitbild internationaler Barmherzigkeit verpflichtet war (Forsberg et al. 2014; Brysk 2009). Wie die US-amerikanische Position zu humanitären Interventionen und der R2P zeigt, können sich kollektive Emotionsrepertoires auch wandeln: Während die Erschütterung durch die Bilder von toten US-amerikanischen Soldaten, die mit Jeeps durch die Straßen von Mogadischu gezogen wurden, dazu beitrugen, dass eine restriktivere Außenpolitik etabliert und die Beteiligung an UN-Friedensmissionen minimiert wurde, führte das Wegschauen angesichts des Völkermords in Ruanda nicht nur in den USA sondern in vielen Gesellschaften zu Emotionen von Schuld und Reue angesichts des eigenen Versagens (Frost 2014, 102-3). Am Ruanda-Beispiel zeigt sich außerdem, dass Trennlinien von emotionalen In- und Outgroups nicht entlang nationaler Grenzen verlaufen. Auch Generation können politische Erfahrungen machen, die sie als Gruppe intellektuell und emotional prägen. Gerade das Scheitern der UN beim Schutz von Zivilbevölkerungen sozialisierte unterschiedliche Entscheidungsträger*innen wie Hillary Clinton, Susan Rice oder Samantha Power, die durch dieses gruppenspezifische Emotionsrepertoire zu prinzipiellen Unterstützer*innen der R2P wurden (Steele/Heinze 2014, 94 und 106-107).

International-institutionelle Ebene: Die Literatur geht zudem von der Möglichkeit aus, Emotionen zu institutionalisieren, auch auf der internationalen Ebene. So können die progressive Weiterentwicklung der Menschenrechte oder des humanitären Völkerrechts als institutionalisierte Spuren von internationaler Empathie und Mitgefühl interpretiert werden (Popovski 2017, 192, 195). Da Emotionen auch die Hierarchie der Wertigkeit von internationalen Normen untermauern (Koschut 2020, 77), hat sich vor allem das Verbrechen des Völkermords als moralischer Fixpunkt der internationalen Politik entwickelt, dem neben seiner rechtlichen, auch emotionale Wertigkeit zukommt, die zu direkten affektiven Reaktionen führen kann (Ross 2018, 189 und 199). In ähnlicher Weise begreifen Marlier und Crawford die Entwicklung der R2P als einen Prozess, der Empathie innerhalb des UN-Systems institutionalisiert: Nicht nur ist die R2P formell in den UN angenommen, sondern auch praktisch kann mittlerweile die Behauptung im UN-Sicherheitsrat kaum mehr aufrecht erhalten werden, dass man bei innerstaatlichen Massengräueltaten nicht zuständig sei (Marlier/Crawford 2013, 409). Somit stellt die R2P nicht nur eine Institutionalisierung des veränderten Verhältnisses von Souveränität und Menschenrechten dar, sondern gleichermaßen ein zwischenstaatliches Repertoire von Empathie und Altruismus, aber auch von Schuld und Reue bereit, das die institutionelle Verantwortungsübernahme verstärkt (Marlier/Crawford 2013, 398-400).

Verantwortung durch emotionale Situiertheit: In Situationen der Verantwortungsübernahme verschränken sich diese drei Ebenen, was den Mehrwert einer Perspektive der emotionalen Situiertheit auf Motivation wie Kontext der Verantwortungsübernahme aufzeigt. Bei der Entscheidung des UNSR, die Schutzverantwortung in Libyen zu übernehmen, korrespondieren individuelle und kollektive Emotionsrepertoires mit dem institutionellen Repertoire. Zudem konterkarieren alternative Emotionen die Situiertheit dieser Entscheidung nicht. Hingegen zeigt sich bei den Debatten zur Schutzverantwortung des UNSR in Syrien, dass individuelle, kollektive und internationale Repertoires auseinanderklaffen und unterschiedliche emotionale Situiertheiten der Akteure in der Entscheidungsfindung deutlich werden. Weil andere Emotionen sichtbar werden und zudem Entscheidungssituationen nicht allein emotionale Bezüge haben, sondern auch rationale Interessen individuelles wie kollektives Handeln steuern, bleibt die Verantwortungsübernahme aus. Somit bilden die 14 Vetos zwischen 2011 und 2019 in Bezug auf Syrien, nicht nur politische, sondern auch emotionale Situiertheit ab, die auf den drei Ebenen illustriert werden soll.

Samantha Power, zwischen 2013 und 2016 US-Botschafterin bei den UN, war zuvor Journalistin, Menschenrechtsaktivistin, Wissenschaftlerin und auch in der US-Administration tätig. Sie berichtete während des Jugoslawienkrieges aus Sarajevo, schrieb mit „A Problem from Hell" (2002) ein Buch über die ausbleibenden Reaktionen der USA auf Völkermorde, das mit dem Pulitzerpreis ausgezeichnet wurde und reiste schon frühzeitig nach Darfur als es dort zum Genozid kam. Anlässlich ihrer Autobiografie „The Education of an Idealist" (2019) erläutert sie ihre emotionale Situiertheit gegenüber fernem Leiden:

"What I hope the book does is show the value of caring, that it's not a wasted emotion, that to see the individual dignity of people far away or people right up close is an essential prerequisite to ultimately seeing our society head in a more productive and humane direction. I start from the premise that people who are experiencing great difficulty far away are in some sense connected to us" (The Harvard Gazette 12.9.2019).

An anderer Stelle fasst sie diesen Glauben an die Kraft von Menschenwürde auch für konkrete politische Arbeit zusammen: "I believe that dignity is an underestimated force in politics and geopolitics" (Power 2019, 551). Dass die emotionale Situiertheit von Individuen selbst in hochgradig institutionalisierten Kontexten einen Unterschied machen kann, illustriert ihre letzte Rede zu Syrien als Botschafterin im UNSR, deren emotionale Kraft sich in bewegten Bilder ungleich stärker entwickelt:

"Three Member States of the UN contributing to a noose around civilians. It should shame you. Instead, by all appearances, it is emboldening you; you are plotting your next assault. Are you truly incapable of shame? Is there literally nothing that can shame you? Is there no act of barbarism against civilians, no execution of a child that gets under your skin or just creeps you out a little bit? Is there nothing that you will not lie about or justify? [...] It is essential that each of us shoulder our responsibility to denounce these atrocities. We have just heard the Secretary-General state it plainly. We have to tell those responsible that they must stop. This is not the time for more equivocation, for self-censoring, to avoid naming names, for diplomatic niceties of the kind that are so well-practiced here in the Council. Say who is responsible" (UNSR 2016, 7).

Die Ratssitzung vom 13.12.2016 wurde jedoch zu keinem Wendepunkt der Syrien-Politik der UN. Denn neben der emotionalen Situiertheit Powers sind nicht nur die beiden anderen Ebenen zu betrachten, sondern auch jene anderer Individuen. In direkter Antwort tut Powers russischer Kollege Witali Tschurkin seinen Unmut kund. Er bezeichnet die Informationsgrundlage der USA als „fake news" und Power selbst als „Mutter Theresa" (UNSR 2016, 7). Zudem aktiviert er das kollektive Emotionsrepertoire Russlands, das während der Syrien-Debatten stets auf die langjährige Freundschaft zu Assad sowie auf das emotional grundierte Selbstbestimmungsrecht der Völker verweist und das damit diametral Powers Situiertheit oder jener der USA als kollektiver Akteur entgegensteht. Diese Diskrepanz verhindert letztlich nicht nur eine Einigung im Sinne der kollektiven

Verantwortungsübernahme, sondern entlädt sich auch spontan: Power verlässt empört den Sitzungssaal, noch bevor Tschurkin seine Rede beendet hat. In dieser Verschränkung von individuellen und kollektiven Emotionsrepertoires, von Erfahrung und Gruppenzugehörigkeit sowie von Sprache und Handlung werden die emotionalen Situiertheiten innerhalb des Rates überdeutlich, die zudem noch in das internationale Repertoire eingebettet sind. Auch im institutionellen Gedächtnis des UNSR etablierten sich im Nachklang der Libyen-Intervention und dem damit verbundenen *regime change* jenseits des Mitgefühls als Institutionalisierung der R2P weitere Emotionen, die in aktuellen R2P-Debatten den Diskurs und seine Tonalität nun mitbestimmen: Vorsicht und Souveränität, deren emotionale Basis der Glauben an Gleichheit oder Gerechtigkeitssinn darstellen. Letztlich deuten diese „neueren" Aspekte des international-institutionellen Emotionsrepertoires auf eine Re-Emotionalisierung von Grundwerten der UN-Charta hin, deren Wertigkeit in den letzten Jahren durch die (emotionale) Frontenverhärtung zwischen Befürwortern und Gegnern eines im Zweifel auch robusten UN-Engagements in Syrien zugenommen hat. Somit zeigt sich zudem, wie auch individuelle Erfahrungen und Emotionsrepertoires die Basis von Institutionalisierungen auf der kollektiven wie internationalen Ebene verändern, welche langfristig wiederum auf die anderen Ebenen zurückwirken.

Fazit und Ausblick

Angesichts der ausbleiben Übernahme der Schutzverantwortung durch den UNSR in Syrien führt der vorliegende Beitrag eine alternative Erklärungsperspektive ein, die die Literatur des *emotional turn* in den IB und die Frage nach Verantwortungsübernahme in Relation zueinander setzt. Zunächst wurde Verantwortung als soziale emotionale Überzeugung konzipiert, deren Wertigkeit aus verschiedenen Emotionen, im konkreten Fall Empathie und Mitgefühl, erwächst. Diese Konzeption ermöglicht es, die kollektive Verhandlungsübernahme im UNSR als emotionale Situiertheit in einem Mehrebenensystem zu verorten, bei dem individuelle, gruppenspezifische wie international-institutionelle Emotionsrepertoires als Hintergrund für die Beschäftigung mit der R2P fungieren. Illustriert wurde die emotionale Situiertheit anhand empirisch beobachteter Interaktionen in Sitzungen des UNSR, bei denen über eine kollektive Übernahme der Schutzverantwortung gestritten wurde. Über diese kurzen Episoden wurde der Mehrwert einer emotionstheoretischen Erklärung von Wortbeiträgen, Handlungen und schließlich auch Entscheidungen plausibilisiert, der vor allem in der Möglichkeit liegt, die Verantwortungsübernahme durch spezifische emotionale Situiertheit über Gruppenzugehörigkeit sozial und über Erfahrung auch historisch zu kontextualisieren. Obgleich Emotionen nie die alleinige Erklärung für Handeln sein können, hat die Rekonstruktion dennoch transparent gemacht, dass neben Rationalitäten auch Emotionen eine aktive Verantwortungsübernahme beeinflussen und dies nicht nur auf der Ebene des Individuums beobachtbar wird, sondern in der Interaktion mit Staaten oder Gruppen als kollektiven Akteuren sowie mit institutionellen Emotionsrepertoires dazu führte, dass zumindest ein Handlungsreflex oder eine „Responsibility to consider" (Welsh 2013, 368) aktiviert wurde, also eine emotionale Reaktion im Rat erfolgte, wenngleich diese sich letztlich nicht in direkte politische Ergebnisse übersetzen konnte. Gerade hier besteht weiterer Forschungsbedarf. Letztendlich ist die emotionale Welt im UNSR wesentlich komplexer als hier dargestellt werden konnte. Unbedingt bräuchte die Empirie mehr Raum und sollte insbesondere die Interaktionen zwischen Akteuren und ihren Emotionsrepertoires untersuchen, um das Potential der emotionalen Situiertheit für die Verantwortungsforschung auszuschöpfen.

Zugleich macht das spezifische Interesse der Emotionsperspektive an Interaktion und Situativität sie anschlussfähig an neuere Debatten innerhalb der IB: Sie beschäftigt sich ebenfalls mit einer spezifischen Mikrofundierung internationaler Politik (Solomon/Steele 2017; Stein 2017), lässt in analytischer Hinsicht ähnlich wie Praxistheorien den Phänomenen direkter Interaktion empirisch wie theoretisch den Vorzug (Mattern 2011; Gadinger/Bueger 2018) und versteht ganz selbstverständlich auch die Rolle von Individuen als Teil transnationaler UN-Politik (Bode 2015; Rosenow 2019). Insbesondere bei der Bestimmung des Beitrags von Individuen in der internationalen Politik besitzt die emotionstheoretische Analyse Potential, wie die empirische Auseinandersetzung mit den biografischen Texten der Diplomat*innen aufzeigt. So lassen sich etwa im Vergleich innerhalb des gruppenspezifischen Emotionsrepertoires der „R2P-Generation" auch individuelle Unterschiede entdecken, die erneut spezifische Gruppenzugehörigkeit und Erfahrungen adressieren: Während Samantha Powers Autobiographie nicht nur die „Idealistin" im Titel führt, sondern ihr politischen Handelns grundsätzlich dem Leitbild der Menschenwürde zu entsprechen scheint, argumentiert Susan Rice zwar ebenfalls emotional, unterstreicht aber regelmäßig weitere, eher strategische Motive, etwa außenpolitische Interessen oder karrierespezifische Überlegungen (Rice 2019, 153 und 367-68). Aus emotionstheoretischer Sicht lässt sich hier fragen, ob sogar individuelle Repertoires in der Lage sind, unbeweglich geglaubte Routinen und Rollen diplomatischer Gepflogenheiten zu flexibilisieren.

Somit lohnte sicher auch ein Blick ins weitere UN-System, um andere Fälle individueller oder kollektiver Verantwortungsübernahme durch emotionale Situiertheit für Personen und Thematiken untersuchen. Beispiele gäbe es: Die Verantwortung zum Schutz der Umwelt, gegenüber spezifischen Personengruppen (etwa LGBTQI-Personen im Menschenrechtsbereich) oder für das Weltkulturerbe. Zudem lässt sich fragen, ob renommierte Diplomat*innen wie Gro Harlem Brundtland, Mohamed Sahnoun oder Lloyd Axworthy ihre Gruppenzugehörigkeiten und Erfahrungen mit Gleichstellung, erlebter Folter oder religiöser Barmherzigkeit über individuelle Repertoires in kollektive Verantwortungsübernahmen zu nachhaltiger Entwicklung, zur Entwicklung der R2P oder zum Schutz von Zivilist*innen in bewaffneten Konflikten einbringen konnten. Die hier aufgezeigte Perspektive der Rekonstruktion von Verantwortungsübernahme durch emotionaler Situiertheit ist nutzbar, um auch in diesen Fällen neue Einsichten gewinnen zu können.

Literatur

Albright, Madeleine K. 2005: Madam Secretary, München: Bertelsmann.

Badescu, Cristina G./Weiss, Thomas 2010: Misrepresenting R2P and Advancing Norms: An Alternative Spiral?, in: International Studies Perspectives, 11:4, 354-374.

Beardsworth, Richard 2015: From Moral to Political Responsibility in a Globalized Age, in: Ethics & International Affairs, 29:1, 71-92.

Bellamy, Alex J./Dunne, Tim (Hrsg.) 2016: The Oxford Handbook of the Responsibility to Protect. Oxford: Oxford University Press.

Betts, Alexander/Orchard Phil 2014: Introduction. The Normative Institutionalization-Implementation Gap. In: Betts, Alexander/Orchard Phil (Hrsg.). Implementation and World Politics. How International Norms Change Practice. Oxford: Oxford University Press, 1-26.

Bleiker, Roland/Hutchison, Emma 2008: Fear No More, Emotions and World Politics, in: Review of International Studies, 34:1, 115-135.

Bode, Ingvild 2015: Individual Agency and Policy Change at the United Nations: The People of the United Nations. London: Routledge.

Brudholm, Thomas/Lang, Johannes 2018: Introduction. In: Brudholm, Thomas/Lang, Johannes (Hrsg.). Emotions and Mass Atrocities, Philosophical and Theoretical Explorations. Cambridge: Cambridge University Press, 1-20.

Brysk, Alison 2009: Global Good Samaritans, Human Rights as Foreign Policy. Oxford: Oxford University Press.

Coicaud, Jean-Marc 2016: The Question of Emotions and Passions in International Relations, and Beyond. In: Affrin, Yohan/Coicaud, Jean-Marc/Popovski, Vesselin (Hrsg.). Emotions in International Politics. Beyond Mainstream International Relations. Cambridge: Cambridge University Press, 23-47.

Crawford, Neta C. 2018: Fear, Hope, and the Formation of Specific Intention in Genocide. In: Brudholm, Thomas/Lang, Johannes (Hrsg.). Emotions and Mass Atrocities, Philosophical and Theoretical Explorations. Cambridge: Cambridge University Press, 42-63.

Crawford, Neta C. 2000: The Passion of World Politics, Propositions on Emotion and Emotional Relationships, in: International Security, 24:4, 116-156.

Deitelhoff, Nicole/Zimmermann, Lisbeth 2020: Things We Lost in the Fire: How Different Types of Contestation Affect the Robustness of International Norms, in: International Studies Review 22:1, 51-76.

Dunne, Tim 2013: Distributing Duties and Counting Costs, in: Global Responsibility to Protect, 5:4, 443-465.

Erskine, Toni 2001: "Citizens of Nowhere" or "The Point where Circles Intersect"? Impartialist and Embeddes Cosmopolitanisms, in: Review of International Studies, 28, 457-478.

Faulkner, Nicholas 2018: "Put Yourself in Their Shoes". Testing Empathy's Ability to Motivate Cosmopolitan Behavior, in: Political Psychology, 39:1, 217-228.

Forsberg, Tuomas/Heller, Regina/Wolf, Reinhard 2013: Status and Emotions in Russian Foreign Policy, in: Communist and Post-Communist Studies, 47:3-4, 261-268.

Frost, Mervyn 2014: Compassion in International Relations, in: Ure, Michael/Frost, Mervyn (Hrsg.): The Politics of Compassion, Abingdon: Routlegde, 97-106.

Gadinger, Frank/Bueger, Christian 2018: International Practice Theory. New York: Palgrave Macmillan.

Gholiagha, Sassan/Loges, Bastian 2020: Telling the Story of R2P. The Emplotment of R2P in the UN Security Council's Debates on Libya. In: Hunt, Charles T./Orchard, Phil (Hrsg.). Constructing the Responsibility to Protect, Consolidation and Contestation. Abingdon: Routledge, 69-88.

Gifkins, Jess 2016: R2P in the UN Security Council, Darfur, Libya and Beyond, in: Cooperation and Conflict, 51:2, 148-165.

Glanville, Luke 2016: Does R2P Matter? Interpreting the Impact of a Norm, in: Cooperation and Conflict, 51:2, 184-99.

Hall, Todd H. 2015: Emotional Diplomacy. Official Emotion on the International Stage. Ithaca: Cornell University Press.

The Harvard Gazette: Humanizing Global Problems. Samantha Power in an Interview with John Laidler, 12.9.2019, online einsehbar unter: https://news.harvard.edu/gazette/story/2019/09/the-importance-of-trying-to-make-a-difference-according-to-samantha-power (letzter Zugriff am 7.6.2020).

Head, Naomi 2016: Costly Encounters of the Empathic Kind. A Typology, in: International Theory, 8:1, 171-199.

Hehir, Aiden 2013: The Permanence of Inconsistency, Libya, the Security Council, and the Responsibility to Protect, in: International Security, 38:1, 137-159.

Hehir, Aiden 2017: The Lack of "Responsibility" in the Responsibility to Protect. In: Ulbert, Cornelia/Finkenbusch, Peter/Sondermann, Elena/Debiel, Tobias (Hrsg.). Moral Agency and the Politics of Responsibility. Abingdon: Routledge, 71-84.

Hoover, Joseph 2012: Reconstructing Responsibility and Moral Agency in World Politics, in: International Theory, 4:2, 233-268.

Hunt, Charles T./Orchard, Phil 2020: Introduction, in: Hunt, Charles T./Orchard, Phil (Hrsg.). Constructing the Responsibility to Protect, Consolidation and Contestation. Abingdon: Routledge, 1-27.

Hutchison, Emma 2016: Affective Communities in World Politics. Collective Emotions after Trauma. Cambridge: Cambridge University Press.

Jarvis, Samuel 2018: Assessing the Responsibility's Motivational Capacity. The Role of Humanity, in: Journal of International Political Theory, 14:1, 107-124.

Koschut, Simon 2020: A Critical Perspective on Emotions in International Relations. In: Roach, Steven (Hrsg.). Handbook of Critical International Relations. Cheltenham: Edward Elgar, 72-89.

Koschut, Simon: Introduction to Discourse and Emotions in International Relations, in: International Studies Review 19(2017)3, 482-487.

Koschut, Simon 2014: Emotional (Security) Communities: The Significance of Emotion Norms in Inter-allied Conflict Management, in: Review of International Studies, 40:3, 533-558.

Kowert, Paul A. 2012: Completing the Ideational Triangle: Identity, Choice, and Obligation in International Relations. In: Shannon, Vaughn P./Kowert, Paul A. (Hrsg.). Psychology and Constructivism in International Relations. Ann Arbor: University of Michigan Press, 30-53.

Labonte, Melissa 2016: R2P's Status as a Norm. In: Bellamy, Alex J./Dunne, Tim (Hrsg.). The Oxford Handbook of the Responsibility to Protect. Oxford: Oxford University Press, 133-150.

Loges, Bastian 2013: Schutz als neue Norm in den internationalen Beziehungen. Der UN-Sicherheitsrat und die Etablierung der Responsibility to Protect. Wiesbaden: Springer.

Markwica, Robin 2018: Emotional Choices, How the Logic of Affect Shapes Coercive Diplomacy. Oxford: Oxford University Press.

Marlier, Grant/Crawford, Neta C. 2013: Incomplete and Imperfect Institutionalisation of Empathy and Altruism in the 'Responsibility to Protect' Doctrine, in: Global Responsibility to Protect, 5:4, 397-422.

Mattern, Janice Bially 2011: A Practice Theory of Emotion for International Relations. In: Adler, Emmanuel/Pouliot, Vincent (Hrsg.). International Practices. Cambridge: Cambridge University Press, 63–86.

Mercer, Jonathan 2014: Feeling Like State: Social Emotion and Identity, in: International Theory, 6:3, 515-535.

Mercer, Jonathan 2010: Emotional Beliefs, in: International Organization, 64:1, 1-31.

Monroe, Kristen Renwick 2012: Ethics in an Age of Terror and Genocide, Identity and Moral Choice. Princeton: Princeton University Press.

Newsweek 1997: "As I Find Out More, I'm Very Proud", Interview mit Madeleine Albright, 23.02., https://www.newsweek.com/i-find-out-more-im-very-proud-174798 (Zugriff am 7.6.2020).

Popovski, Vesselin 2016: Emotions and International Law. In: Affrin, Yohan/ Coicaud, Jean-Marc/Popovski, Vesselin (Hrsg.). Emotions in International Politics. Beyond Mainstream International Relations. Cambridge: Cambridge University Press, 184-203.

Pouliot, Vincent 2007: "Sobjectivism". Towards a Constructivist Methodology, in: International Studies Quarterly, 51:2, 359-384.

Power, Samantha 2019: The Education of an Idealist. A Memoir. London: William Collins.

Power, Samantha 2002: "A Problem from Hell": America and the Age of Genocide. New York: Harper Collins.

Rice, Susan 2019: Tough Love. My Story of the Things Worth Fighting For. New York: Simon and Schuster.

Rosenow, Patrick 2019: Die Ständigen Vertreter der USA bei den Vereinten Nationen. Eine vergleichende Analyse der Rolle von Henry C. Lodge Jr., Charles W. Yost, Jeane J. Kirkpatrick und Madeleine K. Albright. Baden-Baden: Nomos.

Ross, Andrew A.G. 2018: Beyond Empathy and Compassion: Genocide and the Emotional Complexities and Humanitarian Politics. In: Brudholm, Thomas/ Lang, Johannes (Hrsg.). Emotions and Mass Atrocities. Philosophical and Theoretical Explorations. Cambridge: Cambridge University Press, 185-208.

Ross, Andrew A.G. 2014: Mixed Emotions, Beyond Fear and Hatred in International Conflict, Chicago: Chicago University Press.

Sasley, Brent E. 2011: Theorizing States' Emotions, in: International Studies Review, 13:3, 452-476.

Solomon, Ty/Brent J. Steele 2017: Micro-moves in International Relations Theory, in: European Journal of International Relations, 23:2, 267-291.

Steele, Bent J./Heinze, Eric A. 2014: Norms of Intervention, R2P and Libya. Suggestions from Generational Analysis, in: Global Responsibility to Protect, 6:1, 88-112.

Stefan, Cristina G. 2017: On Non-Western Norm Shapers, Brazil and the Responsibility While Protecting, in: European Journal of International Security, 2:1, 88-110.

Stein, Janice Gross 2017: The Micro-Foundations of International Relations Theory. Psychology and Behavioral Economics, in: International Organization, 71:1, 249-263.

Stuenkel, Oliver 2014: The BRICS and the Future of R2P, Was Syria or Libya the Exception?, in: Global Responsibility to Protect, 6:1, 3-28.

UNSR/UN-Sicherheitsrat 2016: Meeting Records, 7834th Meeting of the Security Council, 13.12.2016.

Welsh, Jennifer 2019: Norm Robustness and the Responsibility to Protect, in: Journal of Global Security Studies, 4:1, 53-72.

Welsh, Jennifer 2014: Implementing the "Responsibility to Protect", Catalyzing Debate and Building Capacity. In: Betts. Alexander/Orchard, Phil (Hrsg.). Implementation and World Politics, How International Norms Change Practice. Oxford: Oxford University Press, 124-143.

Welsh, Jennifer 2013: Norm Contestation and the Responsibility to Protect, in: Global Responsibility to Protect, 5:4, 365-396.

Wolf, Reinhard 2012: Der „emotional turn" in den IB. Plädoyer für eine theoretische Überwindung methodischer Engführung, in: Zeitschrift für Außen- und Sicherheitspolitik, 5, 605-624.

Midān-Momente: Zur Konzeptionalisierung von Affekt, Emotion und politischer Partizipation auf besetzten Plätzen

Bilgin Ayata und Cilja Harders[1]

Noch vor zehn Jahren hielt die Welt angesichts der Ereignisse in Tunesien, Ägypten, Libyen, Bahrain, Syrien und im Jemen den Atem an, als sich Massenproteste gegen langjährige Diktatoren in der Region ausbreiteten. Der Ruf der Menschen nach „Brot, Freiheit, sozialer Gerechtigkeit, Würde" schien globalen Widerhall zu finden. Während heute die Erinnerung an diese revolutionären Situationen von Krieg und Gewalt vor allem in Syrien, im Jemen und in Libyen überschattet wird, haben die Massenproteste, die im Dezember 2010 begannen, nicht nur die Region erschüttert, sondern auch Protestbewegungen in der ganzen Welt ausgelöst.[2] Die 15-tägige Besetzung des Tahrir-Platzes in Kairo, die zum Sturz des ägyptischen Präsidenten Hosni Mubarak führte, wurde zum Symbol für die Möglichkeit von Wandel unter äußerst restriktiven und autoritären Bedingungen. Während Proteste auf zentralen Plätzen immer schon Teil politischer Mobili-

---

1 Bei diesem Text handelt es sich um die leicht bearbeitete Übersetzung eines früheren Beitrags von Bilgin Ayata und Cilja Harders, der 2018 unter dem Titel „Midān Moments, Conceptualizing Space, Affect and Political Participation on Occupied Squares", in: Röttger-Rössler, Birgitt; Slaby Jan (Hrsg.) 2018: Affect in Relation. Families, Places and Technologies, London: Routledge, 115-133 veröffentlicht wurde. Wir danken den Herausgebern und dem Verlag für die freundliche Genehmigung zum Wiederabdruck.

2 Die Benennung der Ereignisse ist politisch und akademisch höchst umstritten. Aus politikwissenschaftlicher Sicht führten die Massenmobilisierungen zwar zu einer „revolutionären Situation", der bis einschließlich 2013 viele weitere Massenproteste folgten, aber sie führte nicht zu „revolutionären Ergebnissen" auf der Ebene des Regimes, um eine von McAdam, Tarrow und Tilly (1996, 65) vorgeschlagene Differenzierung zu verwenden. In Ägypten wurde der Massenprotest vom 25. Januar bis 11. Februar 2011 sowohl von Aktivist:innen als auch von den Medien lange als Revolution bezeichnet, doch angesichts der heutigen Rückkehr zum Autoritarismus ist dies weniger üblich geworden. Die Redewendung der „18 Tage" umfasst die Zeit des Massenprotestes, während der Tahrir-Platz vom 28. Januar bis zum 11. Februar, also 15 Tage, besetzt war (Schielke 2019, 117). Ab 2013 war auch von der „30. Juni-Revolution" die Rede, da an diesem Tag ebenfalls Massenproteste im ganzen Land gegen die Regierung Mursi stattfanden, die am 3. Juli in einen Putsch mündeten.

sierung waren, haben sie nach den Aufständen von Nordafrika bis zum Nahen Osten, in Nord- und Südamerika, in Europa und darüber hinaus an Relevanz gewonnen. Besonders augenfällig waren auf dem Tahrir-Platz und darüber hinaus die intensiven emotionalen und affektiven Dynamiken der Proteste, die wir im Folgenden genauer in den Blick nehmen. Dabei geht es uns um den Zusammenhang zwischen Raum, Affekt und politischer Partizipation.

Auch wenn die Slogans der Demonstrant:innen affektive und emotionale Dynamiken hervorhoben – wie zum Beispiel das Niederreißen der „Mauer der Angst" oder die Mobilisierung zu einem „Tag der Wut" (dem 28. Januar) – war und ist die akademische Auseinandersetzung mit dieser Dimension der Proteste sehr begrenzt. In der mittlerweile sehr umfänglichen Literatur zu den ägyptischen Protesten befassen sich nur wenige Autor:innen überhaupt mit Emotion und Affekt (Keraitim und Mehrez 2012; Sabea 2014; Schielke 2014, 2015) und den möglichen Auswirkungen dieser Ereignisse auf politische Subjektivitäten (Bamyeh 2013; Bayat 2013; Hanafi 2012; Sholkamy 2012, Ismail 2013). Zwar hat sich die Soziale Bewegungsforschung intensiv mit den Protesten von 2011 beschäftigt, doch gehen nur wenige Autor:innen auf Emotionen (Benski und Langman 2013; Pearlman 2013; Ismail 2012, 2013) oder die Rolle von Raum ein (Allegra et al. 2013; Ismail 2013, Soudias 2014; Soudias 2018; Abaza 2020). Häufig wird Raum lediglich als „Kontext" betrachtet, während Emotionen – ganz im Sinne der Bewegungsforschung – vergleichsweise mechanistisch als Ressource für die Protestierenden aufgefasst werden. Eine wichtige Ausnahme bildet die Pionier-Arbeit von Deborah Gould, deren Konzeptualisierung von Affekt und Emotion als zentralen Dimensionen sozialer Bewegungen wir hier folgen (Gould 2009).

Während Berichterstattung und akademische Diskussion vor allem im Jahr 2011 sehr euphorisch waren und die vielen Brüche, Dissonanzen und die anhaltende Gewalt auf den Straßen eher beschönigten, ist die Debatte im Verlauf der Zeit immer pessimistischer geworden. Narrative von „Erfolg" oder „Scheitern" können jedoch der Komplexität und Ambivalenz solch großer Massenproteste nicht gerecht werden (Achar 2016; Ayata 2017; Bayat 2013; Harders/Wahba 2017; El Houri 2018). Was fehlt, so unsere These, ist eine Konzeptualisierung, die eine empirisch fundierte Analyse dieser transformativen Ereignisse und ihrer affektiven, räumlichen und zeitlichen Register ermöglicht. Um diese komplexen Dynamiken zu erfassen, wird in diesem Kapitel das Konzept des „Midān-Moments" eingeführt, das die räumlichen und zeitlichen Dimensionen von Affekt und Emotion mit der Frage nach politischer Partizipation verknüpft.[3]

Wir beginnen mit einer Vorstellung unseres Konzeptes Midan-Moment als analytischer Perspektive. Anschließend konkretisieren wir am Beispiel des Tahrir-Platzes die Bedeutung affektiver Räume und affektiver Arrangements für politischen Protest. Dabei betten wir die Proteste historisch-räumlich ein und beschreiben den Tahrir-Platz als materiellen und affektiven Raum. Am Beispiel der 18 Tage der Besetzung des Platzes in Kairo verfolgen wir dann, wie die Materialität des Platzes und die intensiven Gefühle von Freude, Angst und Befreiung regelmäßig in ein affektives Arrangement mündeten, das es auch antagonistischen Akteuren ermöglichte, gemeinsam zu protestieren. Midān-Momente sind Umbruchphasen, in denen festgefügte Emotionen wie etwa Angst vor Repression destabilisiert und so neue Formen des Miteinander möglich werden. Sie sind allerdings auch gekennzeichnet von Ambivalenz. Die längerfristige Besetzung öffentlicher Räume und der kontinuierliche Protest bergen Potenzial für neue politische Praktiken, die darauf abzielen, soziale, wirtschaftliche, religiöse oder ethnische Spaltungen – zumindest vorübergehend – zu überwinden. Zugleich evozieren Midān-Momente auch große Erwartungshorizonte, deren Grenzen an Konflikten und Reibungen schon auf den Plätzen erkennbar sind und sich im Anschluss daran verfestigen bzw. fortdauern.

Unmittelbar nach dem Sturz von Mubarak begann ein intensiver Machtkampf zwischen – grob gesprochen – drei Lagern: den etablierten Machteliten einschließlich des Militärs, den „Revolutionären" und den islamistischen Kräften (Harders 2013). Die Fakten können kaum die intensive Politisierung, Mobilisierung, Pluralisierung und aber auch Polarisierung, die sozialen und wirtschaftlichen Umwälzungen, die seit 2011 das Leben von mehr als 88 Millionen Ägypterinnen und Ägyptern geprägt ha-

---

3 Dieses Kapitel basiert auf Feldforschungen, die im Rahmen des Forschungsprojekts „Politische Partizipation, Emotion und Affekt im Kontext sozio-politischer Transformationen" im Sonderforschungsbereich *Affective Societies* (SFB 1171) der FU Berlin durchgeführt wurden. Der Großteil der Feldforschung in Ägypten und der Türkei wurde von den Forschungsteammitgliedern Dina Wahba und Derya Özkaya durchgeführt. In Ägypten wurden mehr als 30 halbstrukturierte Tiefeninterviews sowie Fokusgruppendiskussionen mit unterschiedlichen Aktivist:innen aus NGOs, Parteien, unabhängigen Gruppen und Nachbarschaftskomitees durchgeführt. Dazu gehören sowohl Personen, die heute noch aktiv sind, als auch solche, die inzwischen – meist nach dem Sommer 2013 – ausgestiegen sind. Zur Sicherheit unserer Gesprächspartner:innen wurden ihre Namen und zum Teil auch weitere Informationen anonymisiert. Wir sind unseren Gesprächspartner:innen in Ägypten, die großzügig ihre Zeit und ihre Ideen mit uns teilten, zutiefst dankbar.

ben, erfassen. Dem großen Aufbegehren nach Freiheit und Demokratie folgten Repression und autoritäre Regression. In den letzten zehn Jahren erlebte Ägypten einen raschen Wechsel von zivilen und militärisch dominierten Regierungen, Parlamentswahlen (2011/12, 2015), Parlamentsauflösung (2012), Präsidentschaftswahlen (2012, 2014, 2018), während drei Referenden zur Verfassung abgehalten wurden (2011, 2012, 2014). Der Ausnahmezustand wurde 2011 kurzzeitig aufgehoben – und trat, wie in den vielen Jahrzehnten seit 1967, rasch wieder in Kraft. Als das Militär 2013 eingriff und Präsident Mohamed Morsi nach Massenprotesten stürzte, wurden zwei Plätze in Kairo, die 45 Tage lang von Morsi-Unterstützer:innen besetzt wurden, blutig angegriffen. Diese brutale Staatsgewalt gegen Zivilist:innen kostete nach offiziellen Angaben 630, nach Schätzungen von NGOs und Medienberichten über 1.000 Menschenleben (Grimm/Harders 2017). Seitdem ist eine Welle der Repression über das Land hinweggeschwemmt, in der schwerwiegende Menschenrechtsverletzungen wie Folter, „Verschwindenlassen", Schauprozesse und Inhaftierung ohne Anklage die Regel sind. Zugleich gibt sich die seit 2014 herrschende Al-Sisi-Regierung über ein Arsenal neuer restriktiver Gesetze den Anschein des Gesetzmäßigen, bei anhaltender Verfolgung und Einschüchterung von Aktivist:innen und Journalist:innen (Hamzawy 2017). Zehn Jahre nach der Besetzung des Tahrir-Platzes ist das politische System in Ägypten noch autoritärer und gewalttätiger als vor 2011. Diese Einschätzung, die auch für Entwicklungen in anderen Ländern der Region gilt, wird oft zum Anlass genommen, das Aufbegehren auf den Plätzen 2011 als gescheitert anzusehen. Dem widersprechen wir aus zwei Gründen. Erstens mindert die aktuelle Situation nicht die historische und politische Bedeutung der Besetzung des Tahrir-Platzes in Ägypten. Die revolutionäre Situation von 2011 bleibt ein anti-autokratischer Meilenstein der Geschichte Ägyptens und der Region insgesamt, und sie ist ein wichtiger Wendepunkt für die Wissensproduktion (Dabashi 2012). Zweitens zeigt unsere Forschung zu den Langzeitwirkungen von Platzbesetzungen über Zeit und auf der lokalen Ebene, dass die Auswirkungen von 2011 komplex, dynamisch und vielschichtig sind (Ayata/Harders 2019; Wahba 2020; Özkaya 2020). Solche Auswirkungen jenseits der Regimeebene werden insbesondere dann zugänglich, wenn die affektiven und emotionalen Dimensionen von Massenprotesten und deren Folgen für politische Partizipation in den Mittelpunkt der Analyse gerückt werden.

Das Konzept des Midān-Moments

Unser Konzept des Midān-Moments ist von einem relationalen und situierten Verständnis von Affekt und Emotion geprägt, das Emotion und Affekt nicht scharf voneinander trennt. Wir verstehen „Affekt" als relationale Dynamiken, die sich in der Interaktion entfalten. Es geht um Prozesse des körperlich vermittelten Affizierens und des Affiziertwerdens, die Emotionen grundieren und in Momenten der Intensität auch überschreiten. Emotionen sind Realisierungen und Konzeptualisierungen affektiver Zustände; sie sind gerichtet, kulturell konstruiert und als konkrete Zustände wie Angst, Glück, Trauer, Neid oder Stolz benennbar (Slaby/Mühlhoff 2019; von Scheve/Slaby 2019). In diesem Sinne beziehen sich Midān Momente auf außergewöhnliche Zeiten auf abgegrenztem Raum, der durch intensive affektive Relationalität gekennzeichnet ist, die durch die körperliche Nähe der Protestierenden und durch ihre politischen Praktiken in diesem Raum entsteht. Es sind Momente des (Zusammen)Bruchs, die etablierte emotionale und politische Konstellationen destabilisieren und somit neue Partizipationspraktiken und Formen kollektiver Zusammengehörigkeit ermöglichen. Midān Momente unterliegen einer besonderen Temporalität, sie sind eine „time out of time", wie die Anthropologin Hanan Sabea (2013; 2014, 47) es treffend nannte. Die kontinuierlichen Protest- und Besatzungspraktiken auf dem öffentlichen Platz sind eingebettet in ein komplexes Geflecht von „affektiven Arrangements" (Slaby et al. 2017), die durch Kapazität und Potenzialität gekennzeichnet sind, die es den Menschen – zumindest situativ – ermöglichen, tief verwurzelte geschlechtsspezifische, politische, ökonomische, religiöse oder ethnische Gräben zu überwinden. Und obgleich die Midān-Momente das Potenzial politischer Transformation in sich bergen, so sind sie doch auch von den Mehrdeutigkeiten und Widersprüchen affektiver Politik geprägt.

Unsere Wahl des arabischen Wortes midān – was wörtlich aus dem Arabischen übersetzt Platz bedeutet – spiegelt diese konzeptionellen Überlegungen wider. Ein midān ist ein klar definierter Ort, ein Ort alltäglicher Praktiken, die sich wiederum in das städtische Gefüge des Ortes einschreiben und ihn strukturieren.[4] Der midān ist als multi-skalarer Ort in eine Stadt eingebettet, die – im lefebvrischen Sinne – ein gesellschaftlich produ

---

4 Der Ort (*place*), so der kritische Geograph Neil Brenner, sei gekennzeichnet durch „geographical proximity, local embedding of social relations as well as patterns of horizontal spatial differentiation" (Brenner 2008, 60). Der Ort ist spezifisch. Raum (*space*) als allgemeiner Begriff wird „continually constructed, deconstructed and reconstructed through a historically specific, multi-scalar dialectic of de- and re-terri

zierter Ort ist und damit ebenso ein Produkt von Machtstrukturen wie ein Ort des Widerstands (Brenner et al. 2012; Lefebvre 1991). Etymologisch deutet das Wort midān im Arabischen auch auf ein intellektuelles oder politisches „Schlachtfeld" hin und akzentuiert damit die Idee des Platzes als Ort des Machtkampfes und des Konfliktes (Viré 2012).

Um die Unmittelbarkeit des relationalen Affekts hervorzuheben, verwenden wir den Begriff „Momente" als ein zeitliches Register und nicht etwa Situation, Ereignisse, Stunden oder Tage. Midān-Momente bestehen aus unterschiedlichen Begegnungen in einer bestimmten Zeit. Sie verbinden zwei temporale Register: erstens die Unmittelbarkeit einer plötzlich entstehenden affektiven Atmosphäre, die sich in Sekundenschnelle aufdrängt und zu einem sofortigen Bruch mit dem Bekannten führen kann. Zweitens umfasst der Moment längerfristige Prozesse wie etwa die Entstehung neuer Arten des Fühlens und eine Hinterfragung etablierter Emotionsrepertoires (Röttger-Rössler 2019). In diesem Sinne ist ein Midān-Moment ein transformatives Ereignis, wie es McAdam und Sewell formuliert haben: „transformative events come to be interpreted as *significantly disrupting, altering, or violating the taken-for-granted assumptions governing routine political and social relations*" (McAdam/Sewell 2001, 110, Hervorhebung im Original). Schwedler (2016) verwies darauf, dass solche Ereignisse eine neue Zeitrechnung initiieren – es gibt ein Davor und ein Danach. Gleichzeitig können Momente aufgrund der affektiven Bindungen, die sie tragen, wiederholt, gelernt und wieder er- und gelebt werden. Das längerfristige Zeitregister umfasst die langanhaltende Wirkung dieser Erfahrungen im Sinne sich verändernder (politischer) Subjektivitäten und neuer Praktiken (Reckwitz 2012, 54). Wir schließen damit an frühere Überlegungen von Sholkamy (2012), Bayat (2013), Hanafi (2012), Bamyeh (2013), Ismail (2013) und Sabea (2014) an, die über die Bedeutung der Ereignisse des Jahres 2011 für die Transformation politischer Subjektivtäten in Ägypten reflektierten.

Wir werden nun das Konzept der Midān-Momente am Beispiel des Tahrir-Platzes und seiner Besetzung näher ausführen. Wir beginnen zunächst mit einer „Tour" des Tahrir-Platzes als affektivem Raum vor und während der Besetzung. Im Weiteren werden wir dann die sich entfalten-

---

torialization" (Brenner 1999, 43). Unter Skala wird die vertikale Ausdifferenzierung sozialer Beziehungen verstanden, zum Beispiel entlang der supranationalen, nationalen, regionalen, städtischen und/oder lokalen, einschließlich der daraus abgeleiteten Machthierarchien (Brenner 1999, 43). Für eine vertiefte Diskussion über die Rolle lokaler Räume und Praktiken in der arabischen Welt siehe Hoffmann (et al. 2013).

den „affektiven Arrangements" der Midān-Moments während der Besetzung beschreiben und den Resonanzen und Dissonanzen der politischen Praxis auf dem Platz nachspüren.

Raum, Affekt und Midan-Moment – der Tahrir-Platz als „affektiver Raum"

Um die Verbindung von Affekt, Raum und Protest zu erfassen, ist zunächst ein genauerer Blick auf die wechselhafte politische Geschichte des Tahrir-Platzes vor der Besetzung im Jahr 2011 nötig. Wie wir im Folgenden zeigen werden, ist die wechselhafte Geschichte des Platzes stets eng mit Fragen von Macht und Herrschaft verbunden, wodurch er auch zu einem affektiven Archiv politischer Auseinandersetzungen wurde.

Der zentrale Platz der ägyptischen Hauptstadt heißt *Midān at-Taḥrīr im* Arabischen oder in deutscher Übersetzung „Platz der Befreiung".[5] Das moderne Stadtzentrum von Kairo wurde neben zwei mittelalterlichen Vierteln am Ostufer des Nils neu entworfen (Abu-Lughod 1971). Neben dem Platz befand sich am Ufer des Nils die Qasr-Al-Nil-Kaserne, die unter Khedive Said (1854-1863) als Kriegsministerium diente. Als die Briten 1882 die koloniale Kontrolle über Ägypten übernahmen, übernahmen sie auch die Kaserne, die in der Folge „zu einem verhassten Symbol der Besatzung wurde" (Farag 1999, 3).[6] Nachdem es Ende der 1940er Jahre immer häufiger zu antikolonialen Protesten kam, stürzten die „Freien Offiziere" 1952 auf dem Tahrir-Platz die Monarchie und erklärten die Unabhängigkeit Ägyptens von der britischen Kolonialherrschaft. Im gleichen Jahr wurde der Platz in Midān at-Tahrir – Platz der Befreiung – umbenannt.

Der Tahrir-Platz war auch nach der Unabhängigkeit immer wieder Schauplatz wichtiger politischer Auseinandersetzungen. So marschierten zum Beispiel am 24. Januar 1972 rund 20.000 Universitätsstudierenden auf

---

5 Aus Gründen der Zugänglichkeit verwenden wir etablierte deutsche Schreibweisen arabischer Namen und nicht die akademische Transliteration arabischer Buchstaben.

6 Offiziell war die ägyptische Monarchie damals noch Teil des Osmanischen Reiches, aber de facto regierte der britische Generalkonsul. Die britischen Streitkräfte übernahmen 1882 auch militärisch die Macht, nachdem ihre Position durch den nationalistischen Aufstand, die „Orabi-Revolution", angegriffen wurde. Bereits vorher hatten die europäischen Mächte die Verschuldung Ägyptens genutzt, um direkt in die politischen und ökonomischen Strukturen des Landes einzugreifen. 1920 wurde Ägypten offiziell zum Protektorat und mit der Revolution vom 23. Juli 1952 folgte die Unabhängigkeit. Die britischen Streitkräfte verließen das Land jedoch erst 1954 endgültig.

den Tahrir-Platz zu und veranstalteten einen Tag und eine Nacht lang ein *Sit-in*, das von den Anwohner:innen unterstützt wurde. Am Morgen wurde das *Sit-in* gewaltsam aufgelöst (Abdallah 1985). Fünf Jahre später wurde bei den Brotaufständen von 1977 der Tahrir-Platz erneut zum Kristallisationspunkt von Protesten und gewaltsamen Zusammenstößen. Auch 1986 kam es zu Unruhen der Zentralen Sicherheitskräfte, die den Platz tagelang unzugänglich machten (Singerman 1995). In den zehn Jahren vor der Revolution vom 25. Januar 2011 kam es zu einer zunehmenden öffentlichen Mobilisierung auf dem Tahrir-Platz, beginnend mit Solidaritätsdemonstrationen für die palästinensische Intifada von 2000. Im Jahr 2003 protestierten die Menschen in großer Zahl gegen den Irak-Krieg, gefolgt von der *Kifaya* (Genug)-Bewegung von 2005. Doch bis Januar 2011 konnten Oppositionskräfte den Tahrir-Platz nie für längere Zeit besetzen (Soudias 2014). Insofern stellten die Massenproteste und die Platzbesetzung von 2011 tatsächlich einen grundlegenden Bruch mit den räumlich-politischen Praktiken des herrschenden autoritären Regimes dar. Die Proteste verwandelten den Platz in einen besonderen affektiven Raum und legten damit eine weitere, neue Schicht relationaler Affekte über die Erinnerungen an koloniale Herrschaft, autoritäre Machtdemonstrationen und gewaltsame Niederlagen, die in die Materialität des Platzes eingeschrieben bleiben.

Während der Besetzung 2011 erstreckte sich der Tahrir-Platz über eine Fläche von mehr als 5,4 Hektar. Von oben betrachtet ähnelt er einem leicht unregelmäßigen Rechteck, das an seiner Ostseite von Gebäuden aus dem 19. Jahrhundert, dem Ägyptischen Museum im Norden, einem Fünf-Sterne-Hotel mit Blick auf den Nil im Westen und einem mehrstöckigen Verwaltungsgebäude im Süden umgeben ist. Etwas südlich des Zentrums des Platzes befindet sich ein großes Rondell, umgeben von einem Kreisverkehr, das in den Tagen der Besetzung Teile der Zeltstadt beherbergte. Räumliche Arrangements, so Reckwitz, „suggest and engender, via their sensual qualities, specific forms of affectivity relating to them, between intimidation and coziness, between conviviality and the sublime" (Reckwitz 2012, 254) und machen sie so zu „affektiven Räumen". Die spezifischen räumlichen Anordnungen des Platzes sind mehrschichtig und können ganz unterschiedliche Affektivitäten evozieren, wie etwa Mona Abaza (2020) in ihrer dichten Analyse revolutionärer und postrevolutionärer Neustrukturierungen Kairos zeigt. Sie spürt den immer unerträglicheren massiven Veränderungen des Stadtraumes nach, die sich im affektiven Raum von revolutionären Graffiti, Protesten, Militarisierung und Spekulation vollziehen, und kehrt dabei auch immer wieder auf den Tahrir-Platz und seine Umgebung zurück (Abaza 2020, insbes. Kapitel 1).

Ein Beispiel für die unterschiedlichen affektiven Qualitäten des Platzes und seiner Umgebung ist das mehrstöckige Mogamma-Gebäude – ein zentrales Verwaltungsgebäude am Südrand des Platzes, das für viele Ägypter:innen zum Symbol einer komplizierten, dysfunktionalen und feindseligen Bürokratie geworden ist. Im Schatten der hoch aufragenden Mogamma steht eine Moschee, die während der Besetzung des Platzes im Jahr 2011 als wichtiges Feldlazarett diente. Neben dem Mogamma-Gebäude liegt die Qasr el-Aini-Straße, ein zentraler Eingang zum Platz vom Süden her. Etwa 500 Meter weiter in dieser Straße steht das hoch aufragende Gebäude des Innenministeriums – ein Ort vieler gewaltsamer Zusammenstöße während der Besetzung im Jahr 2011 und in den folgenden Monaten. Unweit des Ministeriums befinden sich weitere Ministerialgebäude und das Parlamentsgebäude, die für die politische Zentralität des Tahrir-Platzes sprechen.

An der Westseite des Platzes befindet sich der 1964 erbaute Sitz der Arabischen Liga, der die Erinnerung an den postkolonialen Panarabismus und das postkoloniale Vermächtnis von Gamal Abdel Nasser, Ägyptens charismatischem zweiten Präsidenten, aufgreift. Direkt daneben befand sich das am Ufer des Nils gelegene *Nile Hilton Hotel*, das erste internationale Hotel Ägyptens nach der nationalen Unabhängigkeit. Es wechselte nach der Revolution 2011 Namen und Besitzer und verbindet den Platz mit der globalen politischen Ökonomie des Massentourismus, während es durch seine Architektur affektive Bezüge zu den 1960er Jahren und den Tagen Nassers herstellt (Farag 1999). Früher befanden sich hier die Militärbarracken der britischen Kolonialherren und gleich daneben befand sich das Hauptquartier der damals regierenden Nationaldemokratischen Partei (NDP). Das Gebäude wurde in den 1950er Jahren erbaut und diente als Hauptquartier der Arabischen Sozialistischen Union, der Regierungspartei von Präsident Nasser. Das imposante mehrstöckige Gebäude überblickte den Platz und damit drückte sich auch architektonisch die zentrale Stellung des Parteiapparats im autoritären System aus. Es wurde in der Nacht vom 28. Januar 2011 in Brand gesteckt, als der Tahrir-Platz von den Demonstrant:innen übernommen wurde. Viele politische Aktivist:innen erinnern sich noch heute mit tiefer Befriedigung und Stolz an diesen Anblick. Die Gebäuderuine wurde dann zu einem umstrittenen Symbol der Revolution, für das unterschiedliche museale Konzepte diskutiert wurden, doch 2017 wurde es von der Regierung Sisi abgerissen.

Im Jahr 2011 wurde der Raum vor der Arabischen Liga, dem Hilton, dem NDP-Gebäude und dem Museum von einer großen Baustelle für eine Tiefgarage belegt und war somit für die protestierenden Massen nicht zugänglich. Dieser profane Ort – mit seinen Steinen, Stacheldraht, Rohren,

Zement, Plastik und der lästigen Geräuschkulisse einer Großbaustelle diente während der Besetzung unterschiedlichen Zwecken: zur Abwehr und zur Neugestaltung des Platzes und seiner affektiven Arrangements. Denn ein Teil des Materials wurde in Barrikaden verbaut, um den Platz gegen die Angriffe der Sicherheitskräfte zu verteidigen. Ein anderer Teil wurde in Behelfskliniken oder Feldküchen verwandelt.

Die räumlichen Strukturen „affektiver Räume" umfassen nicht nur bebaute Räume und Objekte, sondern auch die Präsenz und Anordnung menschlicher Körper (Reckwitz 2012). Die Anzahl der Körper, ihre Nähe, damit verbundene Geräusche, Gerüche und Bewegungen erfüllen und schaffen den Raum als „affektiven Raum" (Reckwitz 2012, 254). So werden affektive Räume durch die Bewegungen der Körper in der architektonisch gestalteten Umwelt ständig neu geformt. Der Tahrir-Platz als affektiver Raum ist auch das überfüllte und stets geschäftige Zentrum des Ballungsraums Großkairo mit seinen mehr als 18 Millionen Einwohnern (UN Habitat 2016), die in der extremen Geräuschkulisse von Hunderten von hupenden Bussen, Autos und lauten Lastwagen im Dauerstau ertrinken. Der Platz ist zudem ein zentraler Verkehrsknotenpunkt mit den Zufahrten zu zwei Nilbrücken und zu zentralen Tangenten, mit seinen Bushaltestellen und der großen „Sadat" U-Bahn-Station. Dies ist das affektive Archiv der überlasteten, verschmutzten und chaotischen Megacity (Sims 2012; Abaza 2020). Während der 18-tägigen Proteste wurde die U-Bahn-Station geschlossen, und die Tatsache, dass der Tahrir-Platz mit dem Auto nicht erreichbar war, blockierte auch viele andere Teile der Stadt. Dies veränderte den affektiven Raum spürbar. Die Geräuschkulisse wandelte sich von Verkehrsgeräuschen zu den Geräuschen von Schüssen, Schreien und Rufen, niedrig kreisenden Hubschraubern, einschließlich der manchmal unheimlichen Stille, die durch die Verkehrsblockade verursacht wurde. Diese akustischen und physischen Veränderungen verstärkten das Gefühl von Besonderheit und des Bruchs mit dem vertrauten Alltag während der Besetzung des Platzes.

Der Midān-Moment auf dem Tahrir-Platz

Oben zeigten wir, wie der Tahrir-Platz als affektiver Raum durch die vielschichtige städtische und (trans-)nationale Geschichte und durch mehrdimensionale zeitlich-räumliche Arrangements mit sehr unterschiedlichen sinnlichen Qualitäten strukturiert ist, die von einer imposanten autoritären Architektur über die Erinnerung an gewalttätige Zusammenstöße bis hin zum Alltag in der Megacity reichen. Im Folgenden gehen wir auf die affektiven Dynamiken während der Platzbesetzung ein, die in vielfältiger Form die Protestpraktiken geprägt haben. Dabei beziehen wir uns auf Interviews mit ehemaligen Teilnehmenden der Proteste. Natürlich sind die individuellen Erinnerungen und Narrative der Erlebnisse auf dem Platz sehr unterschiedlich. Viele Bilder in den Medien zeigen die Besetzung des Platzes aus der Vogelperspektive, die eine einheitliche große Masse abbildet. In den Narrativen aber wird die Heterogenität der Protestierenden, die Konflikte, Reibungen und Dissonanzen auf dem Platz immer wieder deutlich. Auch weisen sie trotz der unterschiedlichen Erlebnisse auf dem Platz auf die Verbindung von Affekt, Raum und Protest hin, die die Intensität der Midān-Momente ausmachen. In diesen Midan-Momenten werden unterschiedliche affektive Erfahrungen, die in Verbindung mit gesellschaftlichen Konfliktlinien stehen, die durch Geschlecht, Sexualität, Klasse, Religion, und/oder ethnische Zuschreibungen in intersektionalen Überlagerungen produziert werden, manchmal durchbrochen und manchmal reproduziert. So sprach zum Beispiel ein junger christlich-koptischer Mann aus der unteren Mittelschicht im Interview die affektive Atmosphäre an, die für ihn unmittelbar beim Betreten des Platzes körperlich spürbar wurde.

> When I went to Tahrir I was surprised and astonished. There was a huge number of people. I really felt that the air there is different. I felt scared, happy and worried at the same time.

Die Überlappung von augenscheinlich widersprüchlichen Gefühlen, also etwa gleichzeitig Glück, Angst und Sorge zu spüren, kehrt in vielen Narrativen der Teilnehmenden wieder. Midān-Momente, so scheint es, zeichnen sich durch gemischte Gefühle aus. In diesem konkreten Fall stehen sie im Zusammenhang mit der gesellschaftlichen Stellung von koptisch-orthodoxen Christen in Ägypten als wichtiger religiöser Minderheit. Auch wenn im öffentlichen Diskurs die nationale Einheit der beiden Glaubensbekenntnisse betont wird, erfahren Kopt:innen soziale, ökonomische und politische Diskriminierung. Immer wieder kommt es zu religiös motivierter Gewalt gegen Kirchen und Gläubige; und diese Gewalt hatte vor allem zwischen 2011 und 2013 massiv zugenommen (Tadros 2013). In diesem Zusammenhang war es für einige Teilnehmer:innen eine ganz neue Erfahrung, mit Muslim:innen oder Christ:innen auf dem Platz im engen Kontakt zu sein.

Die räumliche Nähe durch das gemeinsame Protestieren scheint auch eine fast unwiderstehliche physische Anziehungskraft zu erzeugen. Die Teilnehmenden beschreiben, wie in den 18 Tagen oft das ganze Stadtzentrum summte und eine kollektive Aufregung spürbar in der Luft lag. Die schiere Anzahl der Menschen machte eindeutige räumliche Grenzziehungen schwer, aber dennoch scheint das Betreten des Platzes die Überschreitung einer Schwelle in eine andere Zone der Intensität zu bedeuten. Das Gefühl, zusammen mit Tausenden anderen auf dem Platz zu sein, ihre körperliche Nähe zu spüren, den Geruch von Tränengas in der Nase zu haben und über sich die Geräusche von Hubschraubern und Schüssen prägten das räumlich-affektive Erlebnis auf dem Platz.

Die Befragten verwiesen oft auf eine fast unwiderstehliche physische Anziehungskraft, die der besetzte Platz in bestimmten Momenten entwickelte, wie sich ein Gesprächspartner aus einer Provinzstadt erinnert. Er ist Jugendaktivist und war einer der Hauptorganisatoren der Proteste, die am 25. und 28. Januar in seiner Stadt stattfanden. Er sprach von dem Drang, den er und seine Freunde verspürten:

> Part of me felt that I had to go to Tahrir, I didn't want to miss out! Something historical was happening and the day Mubarak left I was so happy because everyone was happy. We couldn't believe it actually happened.

Er und viele andere Aktivist:innen ebenso wie eher zufällige Besucher:innen unternahmen große Anstrengungen, um Kairo zu erreichen und auf dem Platz, der in diesen Erzählungen oft synonym für „die Revolution" stand, physisch anwesend zu sein. Dies bestätigt Slaby's These zur Anziehungskraft affektiver Arrangements: „Affective arrangements often exert a 'pull', a kind of active allure, potentially drawing individuals into their ambit by offering them occasions for immersion within a sphere of resonance and intensity" (Slaby et al. 2017, 3). In den 18 Tagen summte oft das ganze Stadtzentrum, kollektive Aufregung lag in der Luft. Die schiere Anzahl der Menschen machte eindeutige Grenzziehungen schwierig, aber dennoch bedeutete das Betreten des Platzes die Überschreitung einer Schwelle in eine andere Zone der Intensität: zusammen mit Tausenden anderen auf dem Platz zu sein, ihre körperliche Nähe zu spüren, den Geruch von Tränengas in der Nase zu haben und über sich die Geräusche von Hubschraubern und Schüssen hören, besonders in den ersten Tagen.

Diese besondere Atmosphäre und ihre affektiven Intensitäten konnten sich von Minute zu Minute ändern, von einem entspannten und euphorischen Gefühl des möglichen Sieges über das Regime, über die angespannte Atmosphäre des Wartens auf einen polizeilichen Angriff bis hin zu Unsicherheit und Angst um Freunde oder Verwandte, die verletzt worden sein könnten. Intensive Gefühle waren eng mit den dynamischen affektiven Arrangements auf dem Platz verbunden, zum Beispiel, wenn er sich von einem Schlachtfeld zu einem karnevalesken Fest und zurück verwandelte.

Karitin und Mehrez schlagen vor, die Tage der Besatzung als einen *Mulid* zu lesen, ein traditionelles ägyptisches Fest zum Gedenken an die Geburt wichtiger religiöser Figuren:

> the mulid (birth) of Tahrir (liberation) therefore became a translation of the profound social, political, and cultural transformations the country was undergoing. But it was simultaneously clear that for this "birth" to be sustained, for the sit-ins to continue en masse, for the revolutionary demands to be met, and for millions to be mobilized daily, Tahrir would have to be a mulid, an ongoing platform for celebration, commemoration, protest, solidarity, and festivity (Keraitim/Mehrez 2012, 36).

Sie verweisen auf die intensiven Gefühle, die die Präsenz auf dem Platz ermöglichte: eine fast spirituelle Transformationserfahrung, Kampfatmosphäre und Festivalstimmung zugleich.

Diese affektiven Bindungen wirken über den Raum und das unmittelbare körperliche Empfinden; der Affekt, der sich bei vielen Aktivist:innen quasi automatisch einstellt, verwandelte den Tahrir-Platz in einen öffentlichen Raum, der von „Gläubigen" unterschiedlicher Glaubensrichtungen, Ideologien und Vorstellungen genutzt wurde, die alle gemeinsam protestierten, um einen Diktator zu stürzen.

Der Platz als Schlachtfeld und als utopischer Raum

In unserer Lesart der Besetzung gibt es mindestens zwei wichtige, überlappende Dimensionen des Midan-Moments, die die affektive und emotionale Dynamik auf dem Platz kennzeichnen: Die eine bezieht sich auf den Midān als Schlachtfeld, und die andere bezieht sich auf die politischen Praktiken, die Tahrir als utopischen Raum schaffen und erhalten, die „unabhängige Republik Tahrir", wie sie 2011 genannt wurde. Judith Butler hat – neben anderen – vor allem diesen Aspekt hervorgehoben, als sie schrieb: „The revolution happened because everyone refused to go home, cleaving to the pavement, acting in concert" (Butler 2011, 20). Die kollektiven Praktiken auf dem Platz (re)strukturieren die vielfältige affektive Atmosphäre auf dem Tahrir-Platz und verändern dadurch etablierte affektive Arrangements und schaffen neue. Der Midān-Moment wandelte den Platz sowohl in einen utopischen Ort UND ein soziopolitisches Schlachtfeld, auf dem Klassen-, Geschlechts-, religiöse und politische Unterschiede jedoch zeitweise weniger relevant oder offen für Neuverhandlungen waren. Gleichzeitig waren diese Unterschiede nach wie vor vorhanden, tauchten sichtbar und/oder subtil wieder auf, manchmal offen gewalttätig, manchmal friedlich. Das Nebeneinander dieser widersprüchlichen Emotionen und Affekte zog dem utopischen Moment des Neuanfangs wichtige Grenzen.

Auch wenn vor allem in den westlichen Medien oft von „friedlichen Protesten" die Rede war, so kam es tatsächlich zu intensiver Gewalt durch die Sicherheitskräfte. Insgesamt kamen in den 18 Tagen nach offiziellen Angaben in ganz Ägypten mehr als 840 Menschen ums Leben, und 6.400 wurden durch scharfe Munition, Scharfschützen, Lastwagen und Schläge verletzt. Die meisten Demonstrant:innen starben in den ersten Tagen; allein zwischen dem 25. und 28. Januar gab es über 500 Todesopfer, die meist durch Schüsse getötet wurden. Die anhaltende Gewalt und eine massive Gegenkampagne des etablierten Regimes in den Medien schürten bei vielen Bürger:innen Angst und Unsicherheit. Aus Sorge vor chaotischen Zuständen blieben sie zu Hause, während andere durch die Gewalt zum Protest bewegt wurden: „When I saw the violence and the injustice, I just had to go and stand side by side with those who were suffering. I could not stand the injustice", erzählt ein älterer Mann aus einem Armenviertel, der noch nie zuvor (und auch danach nicht wieder) protestiert hatte. Sein Haus zu verlassen, um sich dem offenen Kampf gegen schwer bewaffneten Sicherheitskräften anzuschließen, erforderte Mut, den dieser Teilnehmer durch das Anzapfen von Wut angesichts von Ungerechtigkeit und Ausbeutung aufbrachte. Die unmittelbare Gefahr war für die meisten Teilnehmenden klar und trug zur Intensität der Gefühle bei. Furcht, Wut, Verzweiflung und Zorn flossen in ein „dichtes" affektives Arrangement ein, das aus dem allgemeinen Gefühl von Chaos und Gefahr, dem Geruch von Tränengas, den Geräuschen von Schüssen, Hubschraubern, herumfahrenden Polizeiwagen, den Sprechchören der Demonstranten und den Schreien der Verletzten bestand. In dieser Atmosphäre handelten die Menschen gemeinsam, brachten Steine zu den Werfer:innen in der ersten Reihe, bauten Barrikaden aus allen möglichen Materialien, versorgten die Verletzten – alles ohne große Koordination und doch in einem gemeinsamen Rhythmus. Es ist diese Intensität und Dichte, die unerwartete und noch nie dagewesene Gefühlsausbrüche ermöglichten, wie sich dieser erfahrene linke Aktivist von Anfang Fünfzig erinnert:

> I could not believe that I am fighting next to a member of the Muslim Brotherhood. I am a leftist and I don't like them. They are reactionary and I could not really understand how we as leftists could work with them. But then, on the square, suddenly all the youth was there (...) The young brothers and the ultras were the best fighters. They were re-

ally willing to die and they knew how to fight (...) This touched my heart. We were all ready to die for the same cause. A Muslim brother was willing to die for my revolution and I was willing to die for him.

Dieses Zitat spricht auf den ersten Blick für die Überwindung antagonistischer Differenzen, zugleich ist der Moment rückblickend bereits von Ambivalenz durchdrungen. Sein politischer Gegner wäre bereit für „meine Revolution" zu sterben, so der Aktivist, der selbst jedoch nur „für ihn" zu sterben bereit ist, nicht für seine Revolution. Dieser subtile Unterschied weist auf die Fragilität und Verwundbarkeit der Bündnisse auf dem Platz als utopisches affektives Arrangement hin. In der Tat kam es schon bald in Ägypten zu massiver Polarisierung derjenigen, die einst gemeinsam protestierten; später sogar zu offenem Hass (Schielke 2015).

Nachdem der Platz erobert war, mussten die Aktivist:innen ihn sich zu eigen machen. Zu diesem Zeitpunkt verwandelte sich der Midān von einem Schlachtfeld in ein Labor für neue Formen der Politik und des Seins, während es immer wieder zu Kämpfen kam. So wurden Barrikaden und Kontrollpunkte errichtet, um den Platz vor Polizeiangriffen oder gewalttätigen Übergriffen von Mubarak-Anhängern zu schützen, wie es zum Beispiel in der berüchtigten „Kamelschlacht" am 3. Februar geschah. In der Zwischenzeit entwickelten die Teilnehmer:innen neue politische Praktiken und experimentierten mit neuen Formen des Umgangs miteinander. Der Midān als materieller Raum wurde von den Demonstrant:innen durch verschiedene räumliche Praktiken des Säuberns, und Kehrens, des Baus von Feldlazaretten, des Baus einer Zeltstadt oder der Markierung von Wänden mit Graffiti angeeignet (Keraitim/Mehrez 2012; Sabea 2014). Der Platz musste buchstäblich von seiner auch räumlich vermittelten autoritären Vergangenheit gesäubert werden, um sich in einen Raum der Transformation zu verwandeln. Es strömten ständig Spenden von Lebensmitteln, Medikamenten, Decken, Töpfen, Pfannen, Getränken und Kleidung auf den Platz, während Menschen an öffentlichen politischen Diskussionen teilnahmen und Gruppen die Morgenzeitungen gemeinsam lasen und kommentierten. Singen, Tanzen und Scherzen gingen Hand in Hand mit der Erfindung humorvoller neuer Slogans und Taktiken.

„Verschrobene/Cranky" affektive Arrangements auf dem Platz

Auf der einen Seite wurde das gemeinsame Rufen der Parole von „Brot, Freiheit, Würde und sozialer Gerechtigkeit" als Moment tiefer Resonanz zwischen Männern und Frauen, Alten und Jungen, Christen und Muslimen, Säkularen und Religiösen, Linken und Konservativen, reichen und armen Ägypter:innen erlebt. Andererseits verweisen unsere Interviews auf Momente der Dissonanz, eingebettet in widersprüchliche Emotionen und unterschiedliche affektive Arrangements. Im Gegensatz zu den Annahmen der Sozialen Bewegungsforschung, erinnern sich die Teilnehmer:innen oft nicht an eine bestimmte mobilisierende Emotion. Während zum Beispiel die karnevaleske Atmosphäre des Platzes von einigen als euphorisierend empfunden wurde, empfanden andere sie als störend. Aktivistinnen und Aktivisten, die die Besetzung strategisch mit Bezug auf Nahrung, Medikamente, Kommunikation und Sicherheit organisierten, waren zuweilen unglücklich und besorgt über die Festival-Stimmung, wie dieser junge Mann erzählt:

> Of course not all the people who came to Tahrir came because of a political conviction. They also came to have a look "at the revolution", they were like tourists. Some brought their kids, and came to take pictures. They did not want to miss the historical moment. They just wanted to enjoy.

Diejenigen, die von dieser entspannten, fröhlichen Stimmung angezogen wurden, schienen sich der anhaltenden gewalttätigen Kämpfe und der grundlegenden Unsicherheit der politischen Situation nicht bewusst zu sein. Dieser damals 19-jährige Besucher des Tahrir-Platzes, der später Feminist und Queer-Aktivist wurde, erinnert sich mit einem Lächeln an seinen ersten Besuch:

> It was so nice, it was the nicest thing I ever saw. I was very young and I could not imagine all the beautiful and exciting things I saw on the Square. Like a big and never-ending party. And so many other people felt just like I did.

Diese beiden Erzählungen zeichnen das Bild eines Platzes als verwobenem Komplex verschiedener affektiver Arrangements, die, je nach individueller Erfahrung, gleichzeitig dissonant und resonant sein können. In Momenten intensiver Resonanz, während man mit Tausenden anderen „*Irhal* (Verschwinde)" schreit, verschwinden religiöse, ethnische, Klassen- und Geschlechterunterschiede vielleicht, in anderen Momenten werden sie sehr greifbar und brisant.

Dies zeigt sich besonders an der Geschlechterdynamik auf dem Tahrir-Platz. Auf der einen Seite agierten weibliche und männliche Körper gemeinsam, um den Platz auf die neuen politischen Realitäten und die utopischen Möglichkeiten der Veränderung einzustimmen. Gleichzeitig waren die Alltagspraktiken von traditionellen Geschlechterrollen geprägt, etwa wenn Essen von den Müttern der Teilnehmer:innen gebracht wurde. Dies ist einerseits Ausdruck einer konventionellen patriarchalen Arbeitsteilung und andererseits war dies für diese älteren Damen der Mittelschicht eine Möglichkeit, sich auf eine revolutionäre Situation und einen utopischen Raum zu beziehen. Auch wenn das Zelten auf dem Platz für sie keine Option war, war die Versorgung der Revolutionär:innen mit Essen eine Art, Teil des affektiven Raums des Tahrir-Platzes zu sein. Die Aktivistinnen, die wir befragten, unterstrichen die unterschiedlichen Geschlechterdynamiken auf dem Platz und betonten die Momente affektiver Resonanz. Aber es gab auch Momente intensiver Dissonanz, etwas, das eine Gesprächspartnerin als „männliche Atmosphäre" bezeichnete. Dies zeigt sich etwa darin, dass in einigen unserer Interviews Männer ihre Narrative als Heldengeschichten gestalteten, eingebettet in die ganz konventionelle Vorstellung, dass der Platz und die Frauen von Männern beschützt werden müssten. Eine junge Aktivistin erinnert sich daran, dass der Platz sowohl einen Moment höchster Intensität und Euphorie als auch eine politische Enttäuschung bot:

> I can't believe that this really happened. I had constant struggles with my mum and dad. They were so afraid and did not want me to go. But I did. I just did it. But then, at one point, my male comrades, my political allies, my friends told me to stay at home because things would go violent. That they could not protect me. And that the need to protect me would keep them from the real fight. And I obeyed. I stayed at home. It still hurts my heart.

Diese Aktivistin fühlte sich durch die konservative Haltung ihrer männlichen Begleiter entmachtet und an ihren Platz verwiesen. Sie kämpfte immer noch damit, dass sie dem Tahrir-Platz ferngeblieben ist, um keine „Last" zu sein. Andere Frauen, die sich mit der gleichen Haltung konfrontiert sahen, wehrten sich gegen solche Narrative und beanspruchten einen Platz an vorderster Front im gewalttätigen Kampf. Wieder andere fügten sich in diese Form des traditionellen männlichen Schutzes ein. Ein weiterer Fall von affektiver Dissonanz wird von dieser Frau aus der unteren Mittelschicht beschrieben, als ein fremder Mann sie nach Wasser fragt:

> You know, the guy did not say "please", he said: "I need water, give it to me" and then he took it and just drank from it, his mouth touching the bottle. I was taken aback. As if we were relatives or else close to each other. He told me: "This is Tahrir, here we share everything". It took me a while to accept it.

Die Frau, die ihre ersten intensiven politischen Erfahrungen auf dem Tahrir-Platz machte, drückt ihr Unbehagen über einen Mann aus, der sich nicht an die klassenspezifische soziale Hierarchie hielt. Unsere Interviewpartnerin erwartete, dass der ärmere Mann, der um Wasser bat, sie im Lichte der für sie offenkundigen Klassenunterschiede höflich ansprechen würde. Außerdem ist das direkte Trinken aus der Flasche gegenüber Frauen ihres Status unhöflich und unhygienisch. Er verhielt sich so, als stünden er und unsere Gesprächspartnerin auf der gleichen Ebene und übertrat somit eine Klassen- und Geschlechtergrenze. Diese Situation irritierte sie, ein Unbehagen entstand, aber auch einen Reflexionsprozess. Solche Momente der Unzufriedenheit und Destabilisierung waren eingebettet in das allgemeine Gefühl euphorischer affektiver Resonanz, die aber eben auch Risse, Entfremdung und Fehlpassungen einschloss. Slaby (et al. 2017) spricht von einer gewissen „crankyness" (Verschrobenheit) der affektiven Arrangements, um hervorzuheben, dass solche Arrangements selten ohne Dysfunktionalitäten auskommen. Die obigen Beispiele veranschaulichen die Brüche affektiver Arrangements auch in den utopischen Momenten. Sie verweisen auf die Mehrdeutigkeiten und die affektiven Dissonanzen, die mit Momenten intensiver Resonanz und Empathie einhergingen.

Fazit

Lange ging man davon aus, dass arabische autoritäre Regime zu stabil und zu repressiv seien, um Reformen, geschweige denn eine Revolution zu ermöglichen. Doch nicht nur die tief verwurzelten negativen Vorstellungen über die politische Handlungsfähigkeit der Menschen in der Region wurden durch die Aufstände im Jahr 2011 in Frage gestellt. In dem Moment, als die Soziale Bewegungsforschung sich auf virtuelle Protestnetzwerke und de-territorialisierte Mobilisierungsformen konzentrierte, brachten die arabischen Aufstände den kollektiven Protest auf öffentlichen Plätzen mit Macht wieder auf die Agenda. Die Besetzung des Tahrir-Platzes in Ägypten für 15 Tage war ein kritischer Wendepunkt in der jüngeren Geschichte des Landes und darüber hinaus. Die Macht der Protestierenden, ihre Widerstandsfähigkeit und Kreativität, ihr Humor und ihre Selbstorganisation wurden tagelang in der ganzen Welt im Fernsehen übertragen und kommentiert. Durch den Sturz von Ägyptens langjährigem Diktator wurde die Besetzung des Tahrir-Platzes zum Symbol für erfolgreiche politische Mobilisierung und dafür, dass eine andere Welt möglich war – auch unter unmöglichen Bedingungen.

Während der Besetzung war der Tahrir-Platz in vielschichtige affektive Arrangements eingebettet, die sich je nach Intensität und Mischung von affektiver Resonanz und Dissonanz unterschieden. Wir haben zwei wichtige Arrangements detaillierter ausgearbeitet – den Platz als Schlachtfeld und den Platz als utopischen Raum – und dabei auf die Ambivalenzen, Mehrdeutigkeiten und Brüchigkeit dieser Arrangements geachtet. Die politische Praxis auf dem Platz war von diesen Ambivalenzen durchdrungen, während die Protestierenden gleichzeitig ständig darum kämpften, Klassen- und Geschlechtergrenzen sowie politische oder religiöse Spaltungen zu überwinden. Dabei veränderten sie die materielle Beschaffenheit des Platzes, um dem Ort selbst neue Subjektivitäten einzuschreiben. Indem wir die Ambivalenzen und Beschränkungen in das Konzept des Midān-Moments integrieren, nuancieren wir die Perspektive auf Affekt, Raum und politische Partizipation. Wir entwickeln eine Perspektive, die weit über romantisierende Vorstellungen vom „Geist von Tahrir" hinausgeht. Das Konzept des Midān-Moments ermöglicht eine Analyse politischer Transformation nach Massenprotesten, die die nichtlinearen, multidirektionalen und manchmal widersprüchlichen Entwicklungen nach solchen Kämpfen systematisch mit einbezieht.

Den Tahrir-Platz durch die Brille von Affekt und Emotion zu betrachten, verkompliziert sowohl das Narrativ des utopischen Platzes als auch das Narrativ der „gescheiterten Revolution". Eine solche Analyse jenseits von „Erfolg" oder „Misserfolg", die den Fokus auf die affektiven Dynamiken außerordentlicher Phasen kollektiver Proteste legt, verrät ebenso viel über die vergangenen wie über die zukünftigen Spannungen innerhalb einer Gesellschaft. Während sie gemeinsam den Platz besetzten, gelang es den Protestierenden zeitweise, die tiefen sozialen und politischen Gräben zu destabilisieren, die die ägyptische Gesellschaft und auch die Opposition spalten. Auf dem Platz kam es zu neuen Begegnungen und Bündnissen. Doch nach dem Ende der Besetzung verstärkten sich die alten Gräben wieder. Die politische Pluralisierung im Land ging mit einer intensiven Polarisierung einher, die durch die anhaltende politische und auch religiöse Gewalt angeheizt wurde und von den Kräften der Konterrevolution ermöglicht und tatkräftig unterstützt wurde. Der überwältigende Moment des Sieges, als Mubarak am 11. Februar 2011 gestürzt wurde, wird nun von den Jahren einer immer stärkeren Polarisierung und Repression überschattet.

Dies spiegelt sich auch in der räumlichen Materialität des Tahrir-Platzes wider. Von den räumlichen Veränderungen, die sich in der revolutionären Situation und danach vollzogen, ist nichts mehr geblieben. Dort, wo im Januar 2011 die Zeltstadt stand, erhebt sich nun ein riesiger Sockel mit einer monumentalen ägyptischen Flagge, anstatt etwa einer Gedenkstätte für die Opfer des Aufstands. Unterdessen ist die Regierung damit beschäftigt, etwa 45 Kilometer östlich von Kairo, auf dem Weg nach Suez, eine „neue administrative Hauptstadt" zu errichten. Nach der Fertigstellung sollen nach offiziellen Plänen alle Ministerien in diese neue Stadt und auch die umliegenden Wohneinheiten der Mittelschicht verlegt werden. Die Symbole der politischen Macht wie Parlament und Ministerien sollen vom Tahrir-Platz entfernt und weit in die Peripherie verlegt werden. Das geschäftige ärmere Viertel in der Nähe des Platzes, dessen Bewohner eine so entscheidende Rolle bei den Protesten im Jahr 2011 spielten, wurde 2018 vollständig abgerissen, um einer neuen Bebauung im Rahmen eines neoliberalen Stadtentwicklungsplans namens „Kairo 2050", der bereits unter Mubarak konzipiert wurde, Platz zu machen. Die Bewohner:innen haben bis zu ihrer Räumung einen mutigen und zähen Kampf um ihr Bleiberecht geführt (Wahba 2020). Ihr Kampf zeigt, dass sich der Midān-Moment und sein transformatives Potenzial auch unter schwierigsten Umständen nicht in Luft aufgelöst haben.

Danksagung

Die vorliegende Arbeit basiert auf Forschungsarbeiten, die von der Deutschen Forschungsgemeinschaft (DFG) im Rahmen des Projekts „Politische Partizipation, Emotion, Affekt und Transformation" am Sonderforschungsbereich *Affektive Gesellschaften* (SFB 1171) gefördert wurden. Wir sind unseren Teammitgliedern Dina Wahba und Derya Özkaya zu Dank verpflichtet, die ein wichtiger Teil dieser intellektuellen Anstrengung sind.

Literatur

Abaza, Mona 2020. Cairo Collages. Every Day Life Practices After the Event. Manchester: Manchester University Press

Abdallah, Ahmed 1985: The Student Movement and National Politics in Egypt. London: El Saqi.

Abu-Lughod Lila 1971: Cairo: 1001 years of the city victorious. Princeton NJ: Princeton University Press.

Achcar, Gilbert 2016: Morbid Symptoms, Relapse in the Arab Uprising. Stanford: Stanford University Press.

Allegra, Marco/ Bono, Irene/ Rokem, Jonathan/ Casaglia, Anna/ Marzorati, Roberta/ Yacobi, Haim 2013: Rethinking Cities in Contentious Times: The Mobilisation of Urban Dissent in the 'Arab Spring.', in: Urban Studies, 50: 9, 1675–88.

Ayata, Bilgin 2017: Migration und das europäische Grenzregime nach den arabischen Revolutionen, in: Leviathan. Berliner Zeitschrift für Sozialwissenschaft, Sonderheft vol. 31, 114–133.

Ayata, Bilgin 2019: Affective citizenship. In: Slaby, Jan/ von Scheve, Christian (Hrsg.). Affective Societies: Key Concepts. New York: Routledge, 330-339.

Ayata, Bilgin/ Harders, Cilja 2019: Midān moments. In: Slaby, Jan/ von Scheve, Christian (Hrsg.). Affective Societies: Key Concepts. New York: Routledge, 279-288.

Bamyeh, Mohammed A. 2013: Anarchist Method, Liberal Intention, Authoritarian Lesson: The Arab Spring Between Three Enlightenments, in: Constellations, 20:2, 188–202. Available from: ProQuest. [11 October 2017].

Bayat, Asef 2013: Revolution in bad times, in: New Left Review, 80, 47–60.

Butler, Judith 2011: Bodies in alliance and the politics of the street. European Institute for Progressive Cultural Politics (eipcp). Available from: http://eipcp.net/transversal/1011/butler/en. [11 October 2017].

Benski, Tova/ Langman, Laura 2013: The effects of affects: The place of emotions in the mobilizations of 2011, in: Current Sociology, 61:4, 525–540. Available from: ProQuest. [11 October 2017].

Brenner, Neil 1999: Beyond State-centrism? Space, Territoriality, and Geographical Scale in Globalization Studies, in: Theory and Society, 28:39, 39–78.

Brenner, Neil 2008: Tausend Blätter. Bemerkungen zu den Geographien ungleicher räumlicher Entwicklung. In: Wissen, Markus/ Röttger, Bernd/ Heeg, Susanne (eds.). Politics of scale. Räume der Globalisierung und Perspektiven emanzipatorischer Politik. Münster: Westfälisches Dampfboot, 57-84.

Brenner, Neil/ Marcuse, Peter/ Mayer, Margit 2012: Cities for people, not for profit. London: Routledge.

Dabashi, Hamid 2012: The Arab Spring: The End of Postcolonialism. London: Zed Books.

Farag, Farah 1999, "Centre of the Centre", Al Ahram weekly, 2–8 September, no. 445. Available from: http://weekly.ahram.org.eg/Archive/1999/445/feature.htm.

Gould, Deborah (2009): *Emotions and Act Up's Fight against AIDS*. Chicago, London: The University of Chicago Press

Grimm, Jannis/ Harders, Cilja 2017: Unpacking the effects of Repression: the evolution of Islamist Repertoires of Contention in Egypt after the Fall of president Morsi, in: Social Movement Studies, Available from: http://dx.doi.org/10.1080/14742837.2017.1344547.

Hamzawy, Amr (2017): Legislating authoritarianism: Egypt's new era of repression. Washington: Carnegie Endowment for International Peace

Hanafi, Sari 2012: The Arab revolutions, the emergence of a new political subjectivity, in: Contemporary Arab Affairs, 5:2, 198–213.

Harders, Cilja/ Wahba, Dina 2017: New Neighborhood Power: Informal Popular Committees and Changing Local Governance in Egypt. In: Cambanis, Thanassis/ Hanna, Michael Wahid (eds.). Arab Politics Beyond the Uprisings. Experiments in an Era of Resurgent Authoritarianism. New York: The Century Foundation Press, 400–419. Available from: https://tcf.org/content/report/new-neighborhood-power/. [11 October 2017].

Hoffmann, Anja/ Bouziane, Malika/ Harders, Cilja 2013: Analyzing Politics beyond the Center in an Age of Transformation. In: Bouziane, Malika/ Harders, Cilja/ Hoffmann, Anja (eds.). Local Politics and Contemporary Transformations in the Arab World. Basingstoke: Palgrave Macmillan UK, 3–21.

Houri, Walid El 2018: Beyond failure and Success, in: Radical Philosophy, 2:2, 72-78.

Ismail, Salwa 2012: The Egyptian Revolution Against the Police. In: Social research 79 (2): 435-462

Ismail, Salwa 2013: Urban Subalterns in the Arab Revolutions: Cairo and Damascus in Comparative Perspective, in: Comparative Studies in Society and History, 55:4, 865-894.

Lefebvre, Henri 1991: The Production of Space. Oxford: Blackwell Publishers.

McAdam, Doug/ Tarrow, Sidney/ Tilly, Charles 1996: To Map Contentious Politics, in: Mobilization: An International Journal, 1:1, 17–34.

McAdam, Doug/ Sewell, William H. 2001: It's About Time: Temporality in the Study of Social Movements and Revolutions. In: Aminzade, Ronald R./ Goldstone, Jack A./ McAdam, Doug/ Perry, Elisabeth J./ Sewell, William H./ Tarrow, Sidney/ Tilly, Charles (eds), Silence and Voice in the Study of Contentious Politics. New York: Cambridge University Press, 89–125.

Mühlhoff, Rainer/ Slaby, Jan 2018: Immersion at work: Affect and power in post-Fordist work cultures. In: Röttger-Rössler Birgitt/ Slaby, Jan (eds.). Affect in Relation. Families, Places, Technologies. New York: Routledge.

Özkaya, Derya 2020: The Affective and Emotional Dynamics of Collective Action in Turkey's Gezi Uprisings and their Aftermath, Dissertation, Fachbereich Politik und Sozialwissenschaften, FU Berlin

Pearlman, Wendy 2013: Emotions and the microfoundations of the Arab Uprisings, in: Perspectives in Politics, 11:2, 387–409.

Reckwitz, Andreas 2012: Affective Spaces: A praxeological Outlook, in: Rethinking History: The Journal of Theory and Practice, 16:2, 241–258.

Röttger-Rössler 2019: Gefühlsbildung (the formation of feeling), in: Slaby, Jan/von Scheve, Christian (ed.) 2019: Affective Societies. Key Concepts, Oxon, New York: Routledge, pp. 61-72.

Sabea, Hanan 2013: A "time out of time": Tahrir, the political and the imaginary in the context of January 25th revolution in Egypt, in: Cultural Anthropology, Virtual Issue, 9 May. Available from: https://culanth.org/fieldsights/211-a-time-out-of-time-tahrir-the-political-and-the-imaginary-in-the-context-of-the-january-25th-revolution-in-egypt.

Sabea, Hanan 2014: "I Dreamed of Being a People" Egypt's revolution, the people and critical imagination. In: Werbner, Pnina/ Webb, Martin/ Spellman-Poots, Kathryn (eds.). The Political Aesthetics of Global Protest: The Arab Spring and Beyond. Edinburgh: Edinburgh University Press, 67–92.

Schielke, Samuli 2014: There will be blood: Expecting violence in Egypt, 2011–2013, in: ZMO Working Papers, 11, Berlin.

Schielke, Samuli 2015: Egypt in the Future Tense. Hope, Frustration and Ambivalence before and after 2011, Bloomington: Indiana University Press.

Schielke, Samuli 2019: Wie, es gab eine Revolution? Niederlage, Mythenbildung und Kontinuität in Ägypten nach 2011, in: Sabrow, Martin (Hg.) 2019: Revolution! Verehrt -verhasst -vergessen. Helmstedter Colloquien, Heft 21, S. 107-128.

Schwedler, Jillian 2016: Taking Time Seriously: Temporality and the Arab Uprisings. Available from: https://pomeps.org/2016/06/10/taking-time-seriously-temporality-and-the-arab-uprisings/. [11 October 2017].

Sholkamy, Hania 2012: Women Are Also Part of This Revolution. In: Korany, Bahgat/ El-Mahdi, Rabab (eds.). Arab Spring in Egypt: Revolution and Beyond. New York & Cairo: American University in Cairo Press, 153–74.

Singerman, Diane (1995). *Avenues of participation: family, politics, and networks in urban quarters of Cairo*. Princeton, NJ: Princeton University Press.

Slaby, Jan/ Mühlhoff, Rainer/ Wüschner, Philipp 2017: Affective Arrangements, in: Emotion Review, 20 October. DOI: 10.1177/1754073917722214.

Slaby, Jan/ Mühlhoff, Rainer 2019: Affect, in: Slaby, Jan, von Scheve, Christian (ed.) 2019: Affective Societies. Key Concepts, Oxon, New York: Routledge, pp. 27-41.

Sims, David 2012: Understanding Cairo: The Logic of a City out of Control. Cairo: The American University in Cairo Press.

Soudias, Dimitris 2014: Negotiating space: the evolution of the Egyptian street, 2000–2011. Cairo & New York: The American University in Cairo Press.

Soudias, Dimitris 2018: On the spatiality of square occupations: Lessons from Syntagma and Tahrir. In: Starodub, Alissa/ Robinson, Andrew (eds.). Riots and militant occupations: Smashing a system, building a world – A critical introduction. Lanham: Rowman & Littlefield, 75-95.

Tadros, Mariz 2013: Copts at the Crossroads: The Challenges of Building Inclusive Democracy in Egypt. Cairo & New York: The American University in Cairo Press.

UN Habitat 2016: Country Profile Egypt, Cairo: United Nations Human Settlement Programme, Cairo Office. Available from: https://unhabitat.org/egypt/egypt-documents/. [11 October 2017].

Viré, F. 2012: Maydān. In: Bearman, Peri/Bianquis, Thierry/ Bosworth, Charles/ van Donzel, Emeri/ Heinrichs, Wolfhard P. (Eds.): Encyclopaedia of Islam (2nd ed.). https://doi.org/10.1163/1573-3912_islam_SIM_5067

Von Scheve, Christian/ Slaby, Jan 2019: Emotion, emotion concept, in: Slaby, Jan/von Scheve, Christian (ed.) 2019: Affective Societies. Key Concepts, Oxon, New York: Routledge, pp. 42-51.

Wahba, Dina 2020: Affect, Emotions and political Participation in (Counter)revolutionary Egypt. Dissertation, angenommen am Fachbereich Politik und Sozialwissenschaften, FU Berlin

Der Wut auf der Spur.
Zur Rolle von Emotionen in Russlands Politik gegenüber dem Westen

Regina Heller

Trotz anhaltend schwacher Wirtschaftsleistung zeigt Russland größte Entschlossenheit, seinen globalen Einfluss zu vergrößern. Dabei ist Russlands Politik hochgradig konfliktträchtig: Zum einen spielen *hard power* und der Rückgriff auf Gewalt als Mittel der Außenpolitik eine deutlich größere Rolle als noch vor einigen Jahren. Eine Verschlechterung der Beziehungen mit dem Westen und dauerhafte Verwerfungen scheinen russische Entscheidungsträger dabei bewusst in Kauf zu nehmen. Die völkerrechtswidrige Angliederung der Krim durch Moskau im April 2014 und die verdeckte militärische Operation in der Ostukraine haben eine veritable Krise in den Beziehungen herbeigeführt. Zur ganzen Wahrheit gehört allerdings auch, dass sich diese negative Entwicklung schon seit längerem angekündigt hat. Erste handfeste Verwerfungen folgten nach Russlands militärischer Intervention in Georgien 2008. Irritationen im Verhältnis gab es zudem auch vorher immer wieder. Dabei findet sich im offiziellen russischen Diskurs stets ein ähnlicher Sub-Text, der deutliche Gefühle der Wut transportiert, insbesondere über die Erfahrung von Missachtung Russlands in den internationalen Beziehungen durch den Westen.[1]

Welche Funktion hat diese Wut? Und vor allem: Gibt es einen Zusammenhang zwischen diesem vorgebrachten Gefühl und Russlands neuer Großmachtpolitik, und wenn ja, welchen? Inhaltlich suggerieren die aus Russland vorgebrachten rhetorischen Wut-Figuren, dass hier der moralische Vorwurf einer Geringschätzung der selbst-definierten Rolle, Relevanz und Position – kurz: des sozialen Status Russlands in den internationalen Beziehungen – zum Ausdruck kommt. In diesem Sinne ist in der Forschung zunehmend darauf hingewiesen worden, dass Russlands Verhalten in den internationalen Beziehungen nicht zu verstehen sei, ohne dabei die Sorge seiner politischen Eliten um den sozialen Status des Landes als ein-

---

1 Erstmals explizit geworden ist dieser Vorwurf in der mittlerweile berühmt gewordenen Rede Präsident Putins auf der Münchner Sicherheitskonferenz 2007.

flussreiche Großmacht in den internationalen Beziehungen mit zu berücksichtigen.[2] Wenn, wie in der Forschung vielfach behauptet wird, sozial konstruierte Macht- und Statusdifferenzierungen emotional eingebettet sind,[3] dann steht der emotionale Sub-Text womöglich in Verbindung mit Russlands Sorge um seinen Großmachtstatus.

In diesem Beitrag versuche ich, mich der russischen Außenpolitik gegenüber dem Westen[4] und der sukzessiven Verschlechterung des Beziehungsverhältnisses über die Analyse von Emotionen anzunähern. Ich nehme an, dass Emotionen, hier insbesondere Gefühle der Wut, Enttäuschung und Unzufriedenheit über vermeintliche Geringschätzung und Missachtung der selbst-definierten Großmachtidentität durch westliche Akteure in den internationalen Beziehungen, diese negative Dynamik wesentlich mit beeinflusst haben. Ich verstehe Wut als Container-Kategorie für unterschiedliche emotionale Zustands- und Erscheinungsformen, die sich aus der Perspektive der Psychologie alle unter dem Konzept der Wut subsummieren und in einen logischen Zusammenhang mit sozialen Statusanliegen bringen lassen. Dieser Zusammenhang wird auf der Basis einer qualitativen Inhaltsanalyse sprachlicher Wut-Marker im offiziellen Regierungsdiskurs zwischen 1994 und 2015 über sechs verschiedene Konfliktfelder hinweg herausgearbeitet und in den Kontext der Entwicklung der Beziehungen gestellt. Wut verändert die Art und Weise, wie wir unsere politische Umwelt wahrnehmen und produziert Impulse, die sowohl kurz- als auch langfristig neue Handlungsoptionen eröffnen (können). Insofern versuche ich, (1) Spuren der Wut in Russlands außenpolitischem Diskurs zu identifizieren, (2) Aussagen darüber zu treffen, wie sich diese Emotion und die konkrete Politik Russlands zueinander verhalten haben, und (3) Interpretationen dahingehend anzubieten, wie dieser Zusammenhang die sozialen Beziehungen des Landes mit dem Westen nicht nur kurz-, sondern auch langfristig verändert hat.

---

2 Hier zum Beispiel: Larson/Shevchenko 2010; Tsygankov 2012; Forsberg et al. 2014; Ward 2014.

3 Vgl. etwa die Arbeiten von Lindemann 2000; Tiedens 2001; Gould 2003; Rosen 2005; Wolf 2008, 2011.

4 Unter „Westen" werden jene Staaten zusammengefasst, die Teil jenes Netzes aus liberal-demokratischen Werten, Normen und Institutionen sind, das sich nach dem Ende des Zweiten Weltkriegs unter Führung der USA und unter dem Eindruck eines sich verschärfenden Systemantagonismus zwischen den USA und der Sowjetunion herausgebildet hat. Institutionell spiegelt sich diese Ordnung insbesondere im Sicherheitsbündnis der NATO wider, aber auch in den genuin europäischen Organisationen wie dem Europarat und der Europäischen Union. Russland gehört seit 1996 selbst auch dem Europarat an.

Wut als Analysekategorie in Russlands Statuskonflikten mit dem Westen

Wut ist eine starke Emotion. Sie erschüttert uns bis ins Mark, sie „kocht" in uns, sie wühlt uns auf. Sie ist laut; sie poltert und sie schreit, um sich Gehör zu verschaffen. Sie ist unnachgiebig, will Rache, sie greift an und fordert Gerechtigkeit. Doch die Wut kann auch anders: Sie ist manchmal leise, sie verbittert uns, nötigt uns zum Rückzug, zur gespielten Gleichgültigkeit, während sie sich am Schaden anderer erfreut und selbst Nadelstiche austeilt. Dies ist – kurz umrissen – unser Alltagswissen über Wut und Zorn (Lehmann 2012). Auch die Individualpsychologie identifiziert sehr unterschiedliche und vielschichtige Dynamiken und Ausdrucksformen der Wut. In ihrer einfachsten psychologischen Definition stellt sie eine negative, emotionale Reaktion auf externe Reize dar. Kassinove (1995, 7) etwa definiert Wut als:

> "negative phenomenological (or internal) feeling state associated with specific cognitive and perceptual distortions and deficiencies (for example misappraisals, errors, and attributions of blame, injustice, preventability, and/or intentionality), subjective labelling, physiological changes, and action tendencies to engage in socially constructed and reinforced organized behavioural scripts."

Inwiefern eignet sich nun dieses vielschichtige Konstrukt der Wut als Kategorie zur Analyse und zur Erfassung der emotionalen Triebfedern von Statuspolitik in der russischen Außenpolitik und den damit verbundenen Handlungslogiken?

Wut in internationalen Statuskonflikten

Sozialpsychologen wie Mackie (et al. 2008), Stets/Burke (2000) oder Tajfel (1978) haben der hier angeführten allgemeinen Definition von Wut weitere Merkmale hinzugefügt, die insbesondere für soziale Beziehungen relevant sind. Wut entsteht dieser Lesart nach vor allem aus einem Gefühl der Frustration über die Ablehnung der eigenen, positiv belegten Identität. Die Emotion Wut ist eine reaktive Haltung zur Verteidigung des eigenen Ichs, etwa, wenn diesem absichtlich Schaden zugefügt wird oder auch nur die Wahrnehmung unfairer Behandlung oder von Respektlosigkeit gegenüber diesem Ich oder der damit verbundenen Identität vorherrscht (Tiedens 2001; Gould 2003; Rosen 2005; Kelman 1965). Auch sozialpsychologisch inspirierte Arbeiten in den IB haben mehrfach hervorgehoben, dass der Respekt gegenüber einer selbstdefinierten Identität sozial und emotional wichtig ist, da dieser Respekt zeigt, dass andere jemandem in einer sozialen Beziehung einen bestimmten Rang und eine bestimmte Rolle – Status – zuweisen (Lindemann 2000, 3; Wolf 2008, 5; 2011, 106). Wut in sozialen Beziehungen ist somit immer auch Ausdruck der Sorge um den eigenen Status (Rosen 2005, 50).

Inwiefern lässt sich nun der Befund aus der Sozialpsychologie auf die internationalen Beziehungen übertragen? Van Kleef et al. (2008, 13-14) argumentieren, dass Wut „die vielleicht auffälligste und allgegenwärtigste" Emotion ist, die in sozialen Konflikten auftritt, sei es zwischen Individuen, Gruppen, Organisationen oder eben auch Staaten. Tatsächlich wissen wir etwa aus der Power Transition Theory (PTT), dass insbesondere Großmächte (*major powers*), die ihren Status in Frage gestellt oder nicht ausreichend anerkannt sehen, versuchen, ihn auf ein Niveau zu heben, welches sie für ihre eigene Rollendefinition als angemessen erachten. Dies macht sie gefährlicher, da sie tendenziell eher bereit sind, die Unsicherheit um ihren Status durch aggressiveres Verhalten in den internationalen Beziehungen aufzulösen (Volgy et al. 2011, 11). Die Statuszuschreibung (Anerkennung) durch andere scheint dabei ebenso wichtig zu sein, wie die Aneignung und der Besitz materieller Fähigkeiten, um selbst diesen Status produzieren zu können (Volgy et al. 2011, 11).

Die Forschung spricht hier von Dynamiken der sozialen Differenzierung, in denen die Stellung eines Akteurs innerhalb einer spezifischen sozialen Gruppe oder innerhalb der Gesellschaft neu definiert oder verhandelt wird (Tammen et al. 2000). Dabei besteht ein enger Zusammenhang zwischen materiellen und sozialen Faktoren: Denn mit der Veränderung materieller Ressourcen, die einem Akteur zur Verfügung stehen, verändert sich auch das Bedürfnis nach sozialer Differenzierung innerhalb der Hierarchie der internationalen Beziehungen (Danilovic/Clare 2007). Insbesondere aufstrebende Mächte verändern ihre Selbstbilder in der Form, dass sie entsprechend ihren Fähigkeiten und Ambitionen auch mehr Anerkennung (*attribution*) durch die internationale Gemeinschaft einfordern (Murray Young 2018). Nicht nur, weil ein höherer sozialer Rang mehr sozialen Einfluss mit sich bringt und damit auch Zugang zu allen Arten von sozial verteilten Gütern garantiert (extrinsischer Wert), sondern auch weil ein höheres soziales Ansehen und mehr Reputation den Selbstwert eines Akteurs verbessert und stabilisiert (intrinsischer Wert) (Honneth 1996; Lebow 2008; Wolf 2011). Der intrinsische Wert von Status tangiert also auch in den internationalen Beziehungen die Frage nach der eigenen (nationalen) Identität und damit nach den tiefer liegenden gesellschaftlich sedimentierten Überzeugungen und Werthaltungen, und er ist eng mit Emotionen verknüpft. Insofern lassen sich die Erkenntnisse aus der Individual-

und Gruppenpsychologie durchaus auch auf größere Kollektive – auf Institutionen und ganze Staaten – übertragen, wenn man Emotionen nicht nur als körperlich rückgebundene Phänomene versteht, sondern auch als soziale Phänomene, die in gesellschaftlichen Diskursen produziert und reproduziert werden (Koschut 2015).

Aber welche Prozesse und Mechanismen führen dazu, dass Emotionen zu sozialen Phänomenen werden? Hier sind verschiedene Zusammenhänge denkbar. Zum einen setzen sich staatliche Regierungen aus Individuen zusammen, die sich mit ihrem Staat „identifizieren" und dabei authentische Gefühle erleben (können). Staatliche Repräsentanten handeln „im Namen eines Staates" und können mit diesem Konstrukt bestimmte Gefühle verbinden, die von den Gruppenmitgliedern als prototypisch erachtet werden (Bloom 1993). Zum anderen können staatliche AkteurInnen als „Identitätsmanager" in Erscheinung treten, d.h. sie beteiligen sich an der sozialen Konstruktion identitätsstiftender Narrative. Diese Narrative entstehen wiederum auf der Grundlage der Interaktion mit der realen Welt, der Interpretation des Selbst und der Erfahrung mit dem „Anderen" (Bandura 2006). Schließlich ist auch die Möglichkeit denkbar, dass in stark hierarchisch organisierten Strukturen Führungspersonen Emotionen vorgeben, die die ihr untergeordneten Entscheidungsträger fühlen „sollen". Welcher dieser Mechanismen im Einzelfall wirkmächtig wird, ist im Rahmen dieser Studie nicht zu klären. Ausschlaggebend bleibt: auch wenn Staaten nicht wirklich „fühlen" können, so sind doch unterschiedliche Wege denkbar, wie Emotionen über Akteure gesellschaftlich und politisch wirkmächtig werden.

Die Sprache der Wut

Kassinoves Definition von Wut weist auf mindestens zwei Dimensionen hin, in denen sich diese Emotion manifestiert: Die erste Dimension bezieht sich auf die emotionale Erfahrung (*input*), das heißt das Gefühl der Wut über wahrgenommene ungerechte Behandlung, Beleidigung, Provokation oder verbale oder physische Aggression durch andere. Die zweite Dimension bezieht sich auf die durch diese Gefühle ausgelösten emotionalen Reaktionen, das heißt die Wutreaktionen (*output*). Wut löst eine Reihe typischer Reaktionen – sogenannte „action tendencies" – aus, die alle die Funktion haben, mit der Emotion Wut umzugehen, sie zu bewältigen (Averill 1983; Novaco 1986) und, in der sozialpsychologischen Variante, den sozialen Status wiederherzustellen. Wie bereits angesprochen, sind die möglichen Handlungstendenzen bei Wut sehr vielfältig: von offener Wut mit (aber auch ohne) aggressiven oder obstruktiven Tendenzen bis hin zur Herausbildung verdeckter Ressentiments. Aber auch ein wutbasierter Rückzug aus der sozialen Interaktion und/oder die überzeichnete Darstellung von Autonomie ist denkbar. So hat die Forschung gezeigt, dass die Emotion Wut in sozialen Konflikten den Wunsch nach Zusammenarbeit abschwächt (Allred et al. 1997) und mehr Konkurrenz in der sozialen Interaktion anregt (Butt et al. 2005).

Kassinoves Definition zeigt darüber hinaus, dass wutinduzierte Reaktionen auf drei verschiedenen Ebenen verortet werden können: einer affektiven, einer kognitiven und einer verhaltenspsychologischen. Die affektive Dimension der Wut wird ausgelöst durch die inneren Spannungen, die die Emotion auslöst, und meist nicht kontrollierbare Erregungszustände produziert. Auf der kognitiven Ebene verändert Wut das innere Bewertungssystem und produziert neue moralische Werturteile – über die Situation, den Verursacher, seine Absichten, aber auch über mögliche Reaktionen und deren Folgen. Auf der Verhaltensebene schließlich führt Wut die affektiven und kognitiven Dynamiken zusammen und kanalisiert sie in die oben beschriebenen spezifischen, aber sehr unterschiedlichen Handlungstendenzen (Novaco 1986).

Je länger die Emotion Wut andauert, umso unklarer wird der Zusammenhang zwischen den drei Ebenen. Als spontane Reaktion auf einen Stimulus ist sie meist kurzlebig und episodisch (Scherer 2005), das heißt sie geht in der Regel mit Veränderungen auf allen drei Ebenen einher, wobei unter Abflauen der Emotion sich Bewertungen und Verhalten meist wieder dem ursprünglichen Zustand anpassen. Anders gesagt: die akute Wut unterbricht kognitive Prozesse und Verhaltensabläufe für eine kurze Zeit. Verwandelt sich die Wut in Ressentiment, das heißt kommt es zu einer permanenten Aktualisierung der Emotion und dauert sie längerfristig an, bildet sich eine negative „affektive Disposition" (Frijda 1986, 73), die fortbesteht, auch wenn es keinen akuten Grund gibt, wütend zu sein (Deonna/ Teroni 2012, 8). Affektive Dispositionen unterbrechen die kognitiven Prozesse und Verhaltensabläufe nicht mehr (Fries 2008, 297); sie stellen vielmehr die moralisch-emotionale Grundlage für dauerhafte Bewertungs- und Handlungsmodi dar (Feather 2009). Objektive Informationen werden tendenziell ignoriert, während die Aufmerksamkeit eher auf die Ursachen und Erfahrungen früherer Frustrationen gelenkt wird (Bushman 2002). Eine kathartische Loslösung von der Wut wird unmöglich. Moralische Argumente werden wichtiger und der Wunsch nach Rache impliziter und verdeckter.

Zusammenführend lässt sich aus der obigen Diskussion die Annahme ableiten, dass sich unter dem Einfluss von Wut – sei es in ihrer spontanen

Ausformung oder als affektive Disposition – Verhalten verändert. Wie aber lässt sich dieses veränderte Verhalten klar auf die Emotion Wut zurückführen? Emotionen, und hier insbesondere Wut, manifestieren sich immer auch sprachlich. Aus der Psycholinguistik sind einige Studien und sogar Analysemodelle bekannt, die die wutindizierten Gefühlszustände in der Sprache – Wut-Marker – aufdecken können. Diese Modelle beziehen sich zwar in erster Linie auf gesprochene Sprache, betrachten und systematisieren aber auch Rechtfertigungsnarrative für emotionales Verhalten – zum Beispiel Wierzbicka's (1995) Modell „emotionaler Szenen". Durch die Sprache liefert eine Sprecherin nicht nur introspektive emotionale Informationen über Veränderungen in seiner Einschätzung der Situation oder seiner Haltung gegenüber dem Verursacher der Emotion und die dadurch ausgelösten Gefühle, sondern sie präsentiert auch Rechtfertigungen für ein spezifisches Verhalten, das auf die Virulenz von Wut hindeutet (Fries 2008). Insofern eignen sich diese psycholinguistischen Analysemodelle nicht nur zur Erfassung von einzelnen semantischen Wut-Markern in bestimmten historischen Kontexten, sondern auch für eine Zusammenführung unterschiedlicher, über die Zeit gelagerter Kontexte und die Identifizierung konstanter oder sich dynamisch verändernder Wut-Spuren in Russlands außenpolitischer Praxis.

Wut-Marker

Um die Annahme zu überprüfen, dass wahrgenommene Statusverweigerung das außenpolitische Verhalten Russlands in seinen Beziehungen zum Westen beeinflusst hat oder noch beeinflusst, wurden sechs Fallstudien durchgeführt, die sich über einen Zeitraum zwischen 1994 und 2015 erstrecken und in denen es zu Konflikten mit dem Westen gekommen ist: (1) die NATO-Intervention im Kosovo 1999, (2) Die NATO-Osterweiterung (seit 1993), (3) die US-amerikanische Raketenabwehr in Europa, (4) der georgisch-russische Krieg 2008, (5) die internationale Konfliktbearbeitung in Libyen und Syrien (ab 2011) und (6) der Konflikt in und um die Ukraine (ab 2013). In jedem der Fälle wurde die offizielle Rhetorik politisch relevanter SprecherInnen inhaltlich erfasst und nach einem einheitlichen Analyseschema codiert.[5] Für den vorliegenden Fall Russland wurde

---

5 Hierzu zählt: die Exekutive (der russische Präsident und die Präsidialverwaltung, das Außen- und das Verteidigungsministerium sowie der russische Ministerpräsi-

die Gruppe relevanter SprecherInnen auf die außenpolitischen Entscheidungsträger und ihre öffentlichen Reden reduziert.

Tabelle 1: Analysekategorien zur Identifizierung von Wut-Markern

Analyseebene	Beschreibung	Operationalisierung
Kognitiv-evaluativ	Reflektierte Dimension der Wut, ausgedrückt in den sprachlichen Repräsentationen der Sprechenden, die deren implizite moralische Werturteile über den westlichen Interaktionspartner und dessen Politik/Haltung transportieren	• Welches Problem identifiziert der Sprechende? • Wer hat nach Auffassung des Sprechenden das Problem verursacht? • Welcher Schaden ist nach Auffassung des Sprechenden Russland entstanden? • Welche grundsätzlichen Vorstellungend darüber, wie die Dinge sein sollten, werden formuliert?
Handlungsorientiert	Alle sprachlichen Repräsentationen, die sich auf konkrete oder mögliche politische Reaktionen Russlands beziehen	• Ausdruck von Enttäuschung, Verärgerung und Verurteilung einschließlich expliziter (Wut-) Lexik • Aufforderungen an den Interaktionspartner, seine Politik zu ändern • Rechtfertigung möglicher oder konkreter politischer Reaktionen • Positive Selbst-Repräsentationen
Sprachlich-affektiv	Spontane emotionale Subjektivität in den Äußerungen der Sprechenden; Lexik, die das Gefühl der Wut transportiert, semantisch einbetten oder indirekt anzeigen, welche emotionale Einstellung der/die Redende hat	• Intensivierungen, Interjektionen, Modalwörter • Metaphern und Metonyme • Negative Konnotationen (Stereotype)

Spuren der Wut in Russlands Außenpolitik gegenüber dem Westen

Wie und wo manifestiert sich die Emotion Wut über wahrgenommene Statusverweigerung im offiziellen russischen Diskurs und auf welche Weise hat diese Emotion die Bewertungsmaßstäbe und Handlungsoptionen der russischen Entscheidungsträger verändert? Die folgende chronologisch

---

dent), die Legislative (das russische Parlament – Duma und Föderationsrat) und andere Persönlichkeiten des außenpolitischen Establishments (Außenpolitiker oder herausragende Persönlichkeiten), soweit sie sich zu statusrelevanten Fragen äußern.

strukturierte Darstellung zeigt, wie Statuskonflikte mit dem Westen im offiziellen russischen Diskurs emotional eingebettet wurden und welche Schlussfolgerungen daraus hinsichtlich des Einflusses von Emotionen gezogen werden können.

Die 1990er Jahre: Entzauberung der russischen Großmachtidentität

Das unabhängige Russland startete seine politische und wirtschaftliche Transformation und damit auch die Integration in die westlich-liberale Staatengemeinschaft in der Haltung, dass es als gleichwertiges Mitglied zu behandeln und in keinster Weise verpflichtet sei, sich in Fragen der internationalen Sicherheitspolitik den USA, seinen Verbündeten und seinen Interessen zu unterwerfen (Sakwa 2011, 953). Diese Wahrnehmung von Russlands historisch gewachsener und damit auch rechtmäßig zentraler und eigenständiger Rolle in der globalen Friedens- und Sicherheitsordnung nach 1991 wurde materiell zum einen durch die Übernahme des Ständigen Sitzes der UdSSR im VN-Sicherheitsrat bestärkt, der Russland eine wichtige Rolle und unabhängige Machtressourcen in den internationalen Beziehungen sicherte. Schließlich hatte die Sowjetunion der regelgeleiteten Nachkriegsordnung der VN nach 1945 nur im Austausch gegen ein garantiertes Veto im Sicherheitsrat zugestimmt. Mit diesem Fokus auf Pluralität und Gleichheit der Staaten fußte der Status der Sowjetunion also weniger auf der liberalen Idee der Unterwerfung von Staaten unter internationale Regeln denn auf der Idee der stabilitätsorientierten Interessensaushandlung zwischen souveränen Großmächten. Während das erste Prinzip die Souveränität von Staaten teilweise oder vollständig beschneidet, bleibt das zweite Prinzip dem klassischen westfälischen, das heißt staatszentrierten Modell internationaler Ordnung verhaftet, in der Großmächte durch Aushandlung von Interessen als Garanten für Sicherheit, Frieden und Ordnung auftreten. zum anderen positionierte auch das von der UdSSR übernommene Atomwaffenarsenal Russland im Rahmen der geltenden Rüstungskontrollverträge für Nuklearwaffen weiterhin auf einer Stufe mit der verbleibenden Supermacht USA. Hieraus wurde das Recht auf Mitsprache insbesondere in Fragen der europäischen Sicherheit abgeleitet. In diesem Sinne wurde von russischer Seite stets darauf hingewiesen, dass Russland den Kalten Krieg nicht verloren, sondern dessen friedliches Ende durch die Politik der Öffnung und Annäherung Gorbatschows erst ermöglicht hatte. In dieser Selbstwahrnehmung dominierte bezogen auf den europäischen Kontext die Einschätzung, dass mit der Auflösung des Warschauer Paktes nun auch die NATO ihre Existenzgrundlage verloren hatte und der Weg für ein System gesamteuropäischer Sicherheit unter Einschluss Russlands frei geworden sei (Sakwa 2011, 953).

Mehrere Umstände führten dazu, dass sich diese Vorstellungen nicht wie erwartet realisierten: Erstens gewann die NATO mit dem Beitrittsgesuch der mittelosteuropäischen Staaten und der Ausweitung ihres Aufgabenspektrums auf die militärische Krisenintervention und Friedenssicherung jenseits des Bündnisgebietes an regionaler, aber auch an globaler Bedeutung. Damit schrumpfte auch Russlands Hoffnung auf eine inklusive Sicherheitsarchitektur in Europa. Gleichzeitig verloren Institutionen wie die OSZE, in denen Russland de-facto eine einflussreiche Position besaß, an Relevanz. Zweitens verschob sich das allgemein akzeptierte Verständnis von internationaler Ordnung weg von einem insbesondere von Russland befürworteten staatszentrierten, westfälischen hin zu einem stärker an Multilateralismus und Prinzipien der menschlichen Sicherheit sowie „guten" und „demokratischen" Regierungsführung ausgerichteten System, welches vor allem durch westlich-liberale Staaten vorangetrieben und unterstützt wurde.[6] Insbesondere in Fragen der Demokratieentwicklung, des Rechtsstaatsniveaus und der Durchsetzung internationaler Menschenrechtsnormen war Russland ein „Newcomer" und damit in seinem sozialen Status dem der etablierten Demokratien nachgeordnet (Krickovic 2018, 4).

Die Entscheidung der NATO von 1994, die Staaten Mittelosteuropas aufzunehmen, traf in Russland auf Unverständnis, Enttäuschung und rhetorischen Widerstand, wurde allerdings von der russischen Regierung hingenommen. Auch die Entscheidung, die drei baltischen Staaten aufzunehmen, wurde nicht verhindert, obwohl sich im offiziellen Diskurs zur NATO-Osterweiterung schon früh die Wahrnehmung einer Status-Asymmetrie zum Westen herausgebildet hatte. Hier überwog die Einschätzung, dass Russlands Verhandlungsspielraum aufgrund seiner ökonomischen Schwäche, Folge des Transformationsprozesses, nicht groß genug sei, um das nationale Interesse durchzusetzen. In diesem Zusammenhang wurde auch die Konditionalität finanzieller Hilfen als Bevormundung westlicher Geberinstitutionen und Zurücksetzung Russlands zum Bittsteller kritisiert (Simes 2007, 12). Zumindest hoffte die Regierung in Moskau, dass mit einer vertieften Zusammenarbeit mit der NATO im Rahmen der NATO-Russland-Grundakte Russland eine gleichberechtigte Stimme gegenüber dem Nordatlantischen Bündnis erhalten würde und damit auf partner-

---

6 Auslöser waren die Völkermorde in Ruanda und in Ex-Jugoslawien Mitte der 1990er Jahre und das Unvermögen der Vereinten Nationen sie zu verhindern.

schaftlicher Basis die Dominanz des Westens im Bereich der europäischen Sicherheit in Zukunft begrenzen konnte.

Eine erste grundlegende Ernüchterung hinsichtlich der Status-Erwartungen erfolgte mit der militärischen Intervention der NATO 1999 im Kosovo. Der Konflikt wurde 1998 internationalisiert, nachdem serbische Truppen die Gewalt gegen die Bevölkerung im Kosovo intensivierten. Russland war von Anfang an Teil des internationalen Konfliktmanagements, betrieb allerdings eine eigene Agenda. So behinderte Russland beispielsweise im März 1998 die Annahme einer VN-Resolution über ein Handelsembargo gegen Serbien, woraufhin der Westen einseitig Handels- und Visabeschränkungen gegen Serbien aussprach. Ab Herbst wurde in westlichen Kreisen die Möglichkeit einer NATO-Militärintervention diskutiert. Während Russland 1995 noch die erste Out-of-Area-Mission der NATO unterstützt hatte, lehnte Moskau nun – insbesondere auch aufgrund des starken innenpolitischen Drucks seitens nationalistischer Kräfte – eine Intervention des Bündnisses kategorisch ab. Russland blieb bei seiner Haltung, selbst als die eigenen Bemühungen um eine diplomatische Lösung fehlschlugen und auch die Friedensgespräche von Rambouillet keine Lösung brachten. Schließlich reagierte die NATO in der Nacht vom 24. auf den 25. März 1999 auf ihre wiederholten Warnungen und startete ohne Mandat der Vereinten Nationen und gegen den erklärten Willen Russlands eine als humanitäre Intervention ausgewiesene Luftkampagne gegen Serbien.

Die Reaktionen aus Russland zeigen ein sehr hohes Maß an Emotionalität und dabei typische Muster spontaner Wut. Zwischen März und August 1999 herrscht im offiziellen Diskurs eine ausgeprägte Empörungsrhetorik, die über alle politischen Lager hinweg sichtbar wird und trotz großer politischer Unterschiede zwischen diesen Lagern eine gemeinsame semantische Struktur aufweist. Die Empörung bezieht sich vor allem auf einen manifesten nationalen Statusverlust und das Gefühl einer „Erniedrigung" Russlands, das russische Entscheider wie auch Oppositionelle und die Öffentlichkeit in Gestalt der russischen Medien durch das westliche Umgehen des VN-Sicherheitsrates vorbringen. Der Westen wird wiederholt aufgefordert, sich an das im Völkerrecht verankerte Gewaltverbot zu halten. Auf der Verhaltensebene lassen sich eine Reihe von ungewöhnlichen bis riskanten politischen Aktionen beobachten, die in ihrer Summe den Versuch zeigen, Russlands selbstdefinierten Status als gleichberechtigter Akteur neben den westlich-liberalen Staaten wiederherzustellen. Zum einen richtete sich Russlands politische Energie darauf, symbolischen Protest auszudrücken, etwa durch Primakows Kehrtwende auf seinem Flug nach Washington unmittelbar nach Bekanntwerden der Entscheidung der

NATO für die Luftangriffe, zum anderen darauf, unter den veränderten Bedingungen der NATO-Intervention Russland wieder eine wichtige Rolle im internationale Konfliktmanagement zu verschaffen. Mit der Besetzung des Flughafens in Priština durch russische Fallschirmjäger konnte man einer erneuten Marginalisierung Russlands durch den Westen vorbeugen und eine gleichberechtigte Rolle in der multinationalen Kosovo Force (KFOR) erwirken (hierzu ausführlich: Heller 2014).

Die emotionalen Muster zeigen zwei Dinge deutlich: Erstens wirkte sich die NATO-Intervention kurzfristig nicht wesentlich auf die damals grundsätzlich positive Haltung der russischen Entscheidungsträger gegenüber dem Westen und deren Verankerung im westlich-liberalen Ordnungssystem aus. Zwischenzeitliche Unterbrechungen kooperativer Strukturen wirkten sich nicht unmittelbar auf das grundsätzliche Bedürfnis nach Zusammenarbeit mit dem Westen und Integration in die westlich-liberale Ordnung aus – dies, obwohl der innenpolitische Druck auf die Regierung in Moskau durch erstarkende ultra-nationalistische Kräfte weiter anstieg. Die emotionalen Bewertungen im innerrussischen Diskurs ab September 1999 zeigen zweitens, dass mit Russlands Beteiligung an der KFOR und seiner Einbindung in die G8 die kollektiven Status-Erwartungen als erfüllt angesehen wurden.

2000-2008: *Das Jahrzehnt des Protests und des Ringens um Anerkennung*

In dieser scheinbar versöhnlichen Atmosphäre starteten die Beziehungen zwischen Russland unter Präsident Putin und dem Westen, insbesondere mit den USA, zu Beginn des Millenniums recht hoffnungsvoll. Neben einer aktiveren Politik gegenüber der Nachbarschaft vollzog Russland ab dem Jahr 2000 eine neue, pragmatisch-strategisch ausgerichtete Hinwendung zum Westen: Während man die bislang verfolgte Politik der umfassenden demokratischen Transformation mit dem Argument beschränkte, diese schade der inneren Stabilität des Landes, bemühte man sich um eine Vertiefung der wirtschaftlichen und sicherheitspolitischen Beziehungen. Nach den Anschlägen vom 11. September 2001 nahmen die USA vor allem im Bereich der gemeinsamen Terrorismusbekämpfung dieses Kooperationsangebot an. Im gegenseitigen Einvernehmen wurde Russlands Rechtfertigung des zweiten Tschetschenienkriegs als „Kampf gegen den internationalen Terrorismus" akzeptiert. Die persönlichen Beziehungen zwischen Präsident Wladimir Putin und Präsident George W. Bush schienen so gut, dass weder die einseitige Aufkündigung des ABM-Vertrags durch Washington (2001) noch der von Georgien und Ukraine geäußerte Aufnahmewunsch in die NATO in russischen Führungskreisen Zweifel an der soliden und gleichberechtigten Partnerschaft zwischen den USA und Russland auslösen konnten. Zwar wurde die Aufkündigung des ABM-Vertrags im Lichte der strategischen Stabilität von Putin als „Fehler" kritisiert, doch ebenso die Zuversicht geäußert, dass diese Entscheidung die bilateralen Beziehungen nicht untergraben könne und man sich auf ein neues Abkommen einigen werde (Woolf 2002, 21). Ebenso wurde die Entscheidung, die NATO ein weiteres Mal gen Osten auszuweiten, als Fehler bezeichnet, doch „Russland werde die Situation nicht überdramatisieren", insbesondere da man davon ausging, dass das Bündnis sich – nicht zuletzt unter dem Einfluss Russlands im NATO-Russland-Rat – langfristig in eine politische Organisation umwandeln würde (Pouliot 2010, 216).

Diese Einschätzungen veränderten sich fundamental angesichts mehrerer, nahezu parallel verlaufender Entwicklungen, durch die Russlands Selbstwahrnehmung als gleichberechtigte Großmacht in Frage gestellt wurde. Im Sommer 2002 begannen die USA mit der Implementierung des europäischen Raketenabwehrsystems (EMDS). Dieses sah ein landgestütztes Abfangsystem in Polen sowie eine Radaranlage in der Tschechischen Republik vor. Moskau protestierte heftig gegen die Stationierung, insbesondere unter Verweis auf die technischen Möglichkeiten, die das System bereithalte, Russlands strategisches Abschreckungssystem zu unterminieren und damit perspektivisch russische Sicherheitsinteressen zu verletzten (Wilkening 2012, 32). Im März 2003 intervenierten die USA gemeinsam mit einer „Koalition der Willigen" ohne VN-Mandat im Irak mit dem Ziel, den damaligen Staatschef Saddam Hussein zu entmachten. Wie auch eine Reihe westlicher Staaten kritisierte Moskau die Intervention. 2003 und 2004 wurden Georgien und die Ukraine von den sogenannten „Farbrevolutionen" erfasst, in deren Zuge diese Länder begannen, ihre Politik nun noch stärker am Westen auszurichten. In Moskau wurde die intensivierte westliche Unterstützung für demokratische Reformen in diesen Ländern argwöhnisch betrachtet, insbesondere auch, weil man einen Spillover der dortigen revolutionären Tendenzen auf Russland fürchtete. Hierauf folgte ab 2005 eine nicht zuletzt von den USA angeregte Diskussion innerhalb der NATO über die Frage, ob Georgien und der Ukraine eine NATO-Perspektive gegeben werden sollte. Im gleichen Jahr starteten die internationalen Verhandlungen über den zukünftigen Status des Kosovo. Während westliche Regierungen die Unabhängigkeit des Kosovo favorisierten, dabei aber eine entsprechende Lösung als „einmaligen Sonderfall" im Völkerrecht behandelt sehen wollten, warnte Russland mit Verweis auf ähnlich gelagerte Fälle im postsowjetischen Raum vor der präjudizierenden Wirkung einer internationalen Anerkennung (Brzoska 2009, 11).

Angesichts dieser Interessensgegensätze und der Wahrnehmung, dass die Bedenken Moskaus in den Positionen und Entscheidungen westlicher Staaten so gut wie keine Resonanz erfuhren, der Westen „Russland nicht zuhöre", emotionalisierte sich der offizielle Diskurs erneut. Vor allem im Themenfeld EMDS wurden wieder Missachtungsvorwürfe laut, aber auch andere Interaktionsbereiche wurden nun von dieser Rhetorik erfasst. Russische Entscheidungsträger warfen den USA „Arroganz", „Ignoranz" und „dominierendes Gehabe" sowie eine „unfaire" Behandlung Russlands vor. In den Jahren 2006 und 2007 wurden die Themen EMDS und NATO-Osterweiterung im Diskurs emotional immer mehr vermischt und verknüpft, wobei dem Westen nun vorgeworfen wurde, er mische sich unrechtmäßig in die inneren Angelegenheiten der Ukraine (und anderer Staaten) ein und „diktiere" nicht nur ihnen, sondern auch Russland seine Politik. Er provoziere eine „Militarisierung der osteuropäischen Staaten gegen den Willen der dortigen Bevölkerungen" (Itar-Tass 2007). Der Westen agiere damit „undemokratisch" und „unehrlich", wie auch schon im Kontext der ersten NATO-Erweiterung (Press-služba Prezident RF 2007). Weitere Versuche vonseiten Moskaus, politische Lösungen in Zusammenarbeit mit dem Westen zu finden, um den drohenden Statusverlust abzuwenden, wie etwa der Vorschlag eines gemeinsamen europäischen Abwehrsystemsystems (Press-centr MID RF 2007), oder Präsident Medwedews Vorschlag für eine neue gesamteuropäische Sicherheitsarchitektur (Prezident RF 2008), verhallten. Und auch Drohungen, im Falle der Weiterentwicklung von EMDS Iskander-Raketen an der Grenze zum Baltikum zu stationieren, blieben wirkungslos.

Mit dem Fünf-Tage-Krieg zwischen Russland und Georgien 2008 folgte ein für die Beziehungen Russlands zum Westen einschneidendes Jahr. Die Analyse der emotionalen Einbettung des Georgienkriegs im Diskurs sowie der Handlungs- und Reaktionsmuster bringt dieses Ereignis in einen direkten Zusammenhang mit den empfundenen Statusmissachtungen der Jahre zuvor. Unter dem Eindruck der Gewalteskalation in Georgien im Sommer 2008 und den gewaltsamen Versuchen Präsident Saakaschwilis, das abtrünnige Südossetien wieder unter die Kontrolle der Zentralregierung zu bringen, startete Russland in der Nacht zum 8. August eine groß angelegte Militärintervention in Georgien. Während Russland sich zunächst nur auf die Rückeroberung der Provinzhauptstadt Zchinwali konzentrierte, wurde die Offensive nach einem Tag auf das georgische Territorium sowie auf die zweite abgespaltene Provinz Abchasien ausgeweitet. Kurze Zeit später sprach Russland den beiden abtrünnigen Gebieten die internationale Anerkennung aus.

Im Westen wurde Russlands Vorgehen als „unverhältnismäßig" und die Anerkennungspolitik als nicht akzeptabel verurteilt, der NATO-Russland-Rat ausgesetzt und die Verhandlungen über ein neues Partnerschaftsabkommen mit Russland von der EU suspendiert. Moskau hingegen rechtfertigte sein Vorgehen als legitime Reaktion auf einen drohenden „Völkermord" in Südossetien. Die genauere Untersuchung des offiziellen Diskurses zeigt eine enge emotionale Verknüpfung zwischen den Rechtfertigungen Moskaus einerseits und dem Gefühl der Statusmissachtung durch den Westen andererseits. Mehrere Verknüpfungen im Framing und in der Argumentation werden hier sichtbar: Während Moskau sein Handeln mit Verweis auf das Völkerrecht rechtfertigt, wird gleichzeitig wiederholt betont, der Westen habe in der Vergangenheit – insbesondere im Kosovo, aber nicht nur, – eine willkürliche Anwendung des Völkerrechts betrieben. Desweiteren wird der Westen beschuldigt, an Russlands Grenzen Unsicherheit und Instabilität zu schüren (Press-služba Prezident RF 2008), wobei vor allem auf die destabilisierende Wirkung einer möglichen NATO-Mitgliedschaft Georgiens und der Ukraine bzw. auf die EMDS-Pläne Bezug genommen wird. Insgesamt zeigt das Verhalten eine größere emotionale Disposition der politischen Akteure, die Kosten und negativen Folgen der Konfrontation mit dem Westen auch längerfristig zu tragen. Folgendes Statement des damaligen russischen NATO-Botschafters Dmitri Rogozins (Russian Mission to NATO 2008) kurz nach dem Ende des Fünf-Tage-Kriegs verdeutlicht den Wunsch nach sozialer Status-Anerkennung: „Brüssel (der Westen, Anmerkung der Autorin) schaut nun anders auf Russland – nämlich mit Respekt – und ich halte dies für die wichtigste diplomatische Errungenschaft Russlands".

2008-2015: Unerfüllte Erwartungen als emotionale Grundlage für eine neue Ressentiment-getriebene Außenpolitik

Schon unmittelbar nach dem Georgienkrieg begann Moskau eine Politik zu konsolidieren, die im Wesentlichen auf dem von Rogozin formulierten Ziel der Anerkennung Russlands als gleichwertiger Großmacht im Beziehungsverhältnis mit dem Westen aufgebaut war. Im offiziellen Diskurs werden mindestens drei Grundüberzeugungen formuliert: (1) Der Westen muss die „roten" Linien Russlands akzeptieren, insbesondere wenn es um Praktiken westlicher Interventionen in der internationalen Politik und die – aus russischer Sicht – Verletzung des Prinzips der staatlichen Souveränität zugunsten von extern forcierten Regimewechseln geht. Damit eng verknüpft sind die Positionen, dass (2) Russland ein „exklusives" Einflussrecht in seiner Nachbarschaft besitzt, und (3) dass Russland mit dem Westen nur auf Augenhöhe kooperiert. Diese Positionen verstärkten sich noch einmal nach den gegen das Regime gerichteten Massenprotesten in Russland 2011/12 und der steigenden Angst des Kremls vor einem gesellschaftlich erzwungenen Machtwechsel.

Welche konkrete Politik ging mit dieser Haltung einher? Im Bereich EMDS erneuerte Moskau 2011 zunächst seine Vorschläge für ein gemeinsames Raketenabwehrsystem mit der NATO, betonte aber im Gegensatz zu früheren Vorschlägen sehr viel stärker die gleichberechtigte Rolle Russlands in einem gemeinsamen System (Zadra 2014, 54). Nachdem die NATO wiederholt auf das Angebot nicht einging, wurde der Tonfall in Moskau rauer und die emotionalen Bewertungen pessimistischer. Mehrfach stellte Putin in dieser Zeit fest, die USA wollten Russland nicht als Partner in Fragen der Raketenabwehr, während andere Offizielle aus der fehlenden Bereitschaft der NATO zur Zusammenarbeit schlussfolgerten, EMDS könne nur „gegen Russland gerichtet" sein. Wenn dem nicht so sei, müsse der Westen Russland rechtlich bindende Garantien geben (MID RF 2011). Sollte auch dies verwehrt werden, so der damalige Präsident Medwedew, werde Russland die Option eines eigenen Abwehrsystems prüfen (Prezident RF 2011). Ähnlich verhärtete sich die Position im Fall Libyen. Der „Arabische Frühling" und der drohende Bürgerkrieg in Libyen brachten das Spannungsverhältnis zwischen den Prinzipien der staatlichen Souveränität und Nichteinmischung einerseits und der internationalen Schutzverantwortung andererseits auf die internationale Tagesordnung. Mit seiner Enthaltung bei der Abstimmung im VN-Sicherheitsrat über die Einrichtung einer Flugverbotszone über Libyen (UNSC 2011) zeigte Moskau, dass es die R2P-Norm politisch nicht grundsätzlich ablehnte, den Missbrauch der Norm zum Zwecke eines von außen herbeigeführten Regimewechsels aber nicht zu dulden bereit war (News.ru 2011). Tatsächlich führte die Dynamik der westlich geführten Intervention zum Sturz von Präsident Muammar al-Gaddafi. In Moskau wurde dies als „Demütigung" gewertet und als Beweis dafür, dass der Westen mit seiner internationalen Interventionspraxis das Ziel eines verdeckten Regimewechsel verfolge (Itar-Tass 2011).

Dies korrespondiert mit der Beobachtung, dass ab 2012 die emotionale Struktur des offiziellen russischen Diskurses immer untypischer und diffuser wird. War bis dahin etwa die Darstellung von Emotionen in der Regel an konkrete Ereignisse und Handlungen des Westens gekoppelt, so löst sich dieser Zusammenhang spätestens zu diesem Zeitpunkt auf. Stattdessen bildet sich ein Diskurs heraus, der durchgängig mit negativen Konnotationen und Ressentiments in Bezug auf den Westen operiert und dabei oft auch ereignisunabhängig geführt wird. Parallel dazu verhärtet sich die russische Position in verschiedenen Politikbereichen weiter. So blockierte Moskau 2013 bei der internationalen Konfliktvermittlung im syrischen Bürgerkrieg jeden Versuch, internationalen Druck auf das syrische Regime auszuüben. Gerechtfertigt wurde Russlands Blockadepolitik im Sicherheitsrat mit dem Argument, der Westen verfolge mit möglichen Sanktionen oder anderen Maßnahmen lediglich seine eigene Agenda sowie mit dem Verweis auf das Gebot der Nichteinmischung (Oficial'nyj sajt Edinaja Rossija 2012). Im Bereich Raketenabwehr suspendierte Russland zeitgleich die Gespräche mit der NATO mit folgender, 2013 vom russischen Verteidigungsminister Sergej Shoigu laut der Nachrichtenagentur RIA Novosti vorgebrachten Begründung: "The European missile defense programs are developing, and our concerns are not being taken into account" (Zadra 2014, 51).

Dass die unerfüllten Statuserwartungen an den Westen – und die damit einhergehenden negativen emotionalen Erfahrungen – zu einer identitätsbestimmenden Grundlage für die Neubestimmung der Beziehungen Russlands zum Westen geworden sind, zeigt schlussendlich das Fallbeispiel Ukraine. Die Annexion der Krim 2014 und die anschließende verdeckte Militärintervention in der Ukraine wurden ausgelöst durch Bürgerproteste auf dem Maidan in Kiew 2013/14 und die anschließende Entmachtung des damaligen ukrainischen Präsidenten Janukowitsch nach dessen Absage an ein Assoziierungsabkommen mit der EU. Während der Westen Russland aggressives Verhalten vorwarf, rechtfertigte Moskau seine Politik als moralisch richtig, und attestierte stattdessen dem Westen mit seiner Unterstützung für die neue Regierung in der Ukraine eine moralisch falsche Politik in den internationalen Beziehungen (Prezident RF 2014). Dabei wurden viele der Missachtungsnarrative reproduziert und reaktiviert, die schon in anderen und früheren Interaktionsfeldern zum Tragen gekommen waren. Mit dem Rückgriff auf Ressentiments und der moralischen Delegitimierung des Westens, insbesondere der USA als Führer der internationalen Weltordnung einerseits, und der Darstellung Russlands als verantwortungsvollem und regelkonformem internationalen Akteur andererseits, wird diskursiv der Versuch unternommen, die empfundene Statusasymmetrie mit dem Westen zu neutralisieren.

Auch über den Ukraine-Konflikt hinaus ist diese Tendenz zur von Ressentiments angetriebenen Moralisierung des Beziehungsverhältnisses zum Westen in der russischen Rhetorik weiterhin erkennbar. Dies zeigt, wie sehr die emotionalen Erfahrungen der vergangenen 25 Jahre bereits die Erwartungshaltungen und damit auch die Handlungsgrundlagen der russischen Entscheidungsträger verändert haben, und welche Rolle sie für das aktuelle Regime sowohl als Ressource zur Stabilisierung der eigenen Identität als auch zur Legitimierung der damit einhergehenden Großmachtpolitik spielen. Im derzeitigen diskursiven *blame game* mit dem Westen sind sie bestens eignet, um Russlands Selbstkonzept als Großmacht und die damit verbundenen ideellen, aber in zunehmendem Maße auch materiellen Statusansprüche durchzusetzen und zu verteidigen.

Zusammenfassung

Die Sorge um Russlands Status zeigt sich als Dauerthema in den Beziehungen des Landes zum Westen. Die Analyse der offiziellen russischen Rhetorik in den sechs Fallstudien zeigt, dass es in der Tat vor allem um Russlands sozialen Status in den internationalen Beziehungen geht, der aus der russischen Perspektive von westlichen Akteuren und deren Politik seit den 1990er Jahren zunehmend in Frage gestellt worden ist. Die empirische Untersuchung sprachlicher Wut-Marker in Verbindung mit dem tatsächlichen außenpolitischen Handeln zeigt, wie sich die Ende der 1990er Jahre herausgebildete Emotion der Wut über die letzten 20 Jahre hinweg in verschiedenen statusrelevanten Interaktionsfeldern immer wieder aktualisieren konnte und diffundiert ist. Sie zeigt auch, wie die ursprüngliche Bezugsemotion Wut heute zu einer identitätsrelevanten Bewertungsgrundlage für die Formulierung der *Self-Other*-Beziehungen zum Westen und damit auch zur emotionalen Grundlage für politische Entscheidungen gegenüber dem Westen geworden ist. Über den Betrachtungszeitraum hinweg hat sich in dieser Dynamik ein breites Repertoire an erfahrungsbasierten moralischen Werturteilen herausgebildet, das sowohl Ressource zur Identitätsstabilisierung ist als auch Rechtfertigungsmittel für die aktuelle russische Machtpolitik. Es wird deutlich, dass die Bezugsemotion Wut (über Statusmissachtung) zwar immer die gleiche geblieben ist, sich ihre Wirkungsweise und Wirkrichtung über die Jahre aber deutlich verändert hat. Aus einer hauptsächlich in den 1990er Jahren und zu Beginn der 2000er generierten, episodischen Emotion (Wut) sind dauerhafte Ressentiments entstanden, die vor allem seit 2012 ereignisunabhängig von den Entscheidungsträgern im Kreml in den institutionellen Diskurs eingespeist werden.

Das Konzept der Wut eignet sich als Analysekategorie, da es die unterschiedlichen Facetten der Emotion und die verschiedenen Ebenen negativer emotionaler Erfahrung integrieren kann und dabei gleichzeitig eine Verbindung zwischen Erfahrung und Erwartung herstellt. Die Studie ist theoretisch aufschlussreich, denn sie zeigt neue Wege auf, Kausalität insbesondere über das Hilfsmittel der Emotionen neu, komplexer und in längeren Zeithorizonten zu denken. Sie zeigt auch, dass Emotionen mitnichten ephemere Phänomene sind, sondern dass sie sich – wie im vorliegenden Fall – als ausgesprochen langlebig, raumgreifend und für die Entwicklung eines Beziehungsverhältnisses folgenschwer erweisen können. Methodisch bietet sich im vorliegenden Fall eine Analyse mit größeren Datenmengen – hier über einen längeren Zeitraum und mehrere Interaktionsfelder – an, um die Verbundenheit von Emotionen in Zeit und Raum sichtbar machen und die diffuse und komplexe Wirkung von Emotionen auf das Beziehungsverhältnis zwischen Russland und dem Westen aufzeigen zu können. Durch den dialektischen Prozess der Aggregation und Disaggregation der systematisch gewonnenen Daten kann untersucht werden, wann charakteristische Elemente der Wut über vermeintliche Geringschätzung und Missachtung durch westliche Akteure in den internationalen Beziehungen im institutionellen Diskurs Russlands auftauchen und wie ausgeprägt sie sind. Zweitens können mithilfe des Vergleichs der jeweiligen Kontextbedingungen robustere Aussagen dahingehend gemacht werden, warum dies so ist, das heißt daraus abgeleitet weiterführende Annahmen über die Wirkungsweise und Wirkrichtung der im Diskurs nachgewiesenen Emotion(en) angestellt werden.

Literatur

Allred, Keith G./Mallozzi, John S./Matsui, Fusako/Raia, Christopher P. 1997: The Influence of Anger and Compassion on Negotiation Performance, in: Organizational Behavior and Human Decision Processes, 70:3, 175-187.

Averill, James 1983: Studies on Anger and Aggression, in: American Psychologist, 38:11, 1145-1160.

Bandura, Albert 2006: Toward an Psychology of Human Agency, in: Perpectives on Psychological Science, 1:2, 164-180.

Bloom, William 1993: Personal Identity, National Identity and International Relations. Cambridge: Cambridge University Press.

Brzoska, Michael/Heller, Regina /König, Marietta/Kreikemeyer, Anna/Kropatcheva, Elena/Mutz, Reinhard/Schlichting, Ursel/Zellner, Wolfgang 2009: Der Kaukasuskrieg 2008. Ein regionaler Konflikt mit internationalen Folgen. Hamburger Informationen 45. Hamburg: Institut für Friedensforschung und Sicherheitspolitik.

Bushman, Brad 2002: Does Venting Anger Feed or Extinguish the Flame? Catharsis, Rumination, Distraction, Anger, and Aggressive Responding, in: Personality and Social Psychology Bulletin, 28:6, 724-731.

Butt, Arif Nazir/Choi, Jin Nam /Jaeger, Alfred M. 2005: The Effects of Self-Emotion, Counterpart Emotion, and Counterpart Behavior on Negotiator Behavior: A Comparison of Individual-level and Dyad-level Dynamics, in: Journal of Organizational Behavior, 26:6, 681-704.

Danilovic, Vesna/Clare, Joe 2007: Global Power Transitions and Regional Interests, in: International Interactions, 33:3, 289-304.

Deonna, Julien A./Teroni, Fabrice 2012: The Emotions. A Philosophical Introduction. Abingdon/New York: Routledge.

Feather, Norman T. 2009: Effects of Observer's Own Status on Reactions to a High Achiever's Failure: Deservingness, Resentment, Schadenfreude, and Sympathy, in: Australian Journal of Psychology, 60:1, 31-43.

Forsberg, Tuomas/Heller, Regina/Wolf, Reinhard 2014: Introduction: Russia and the Quest for Status, in: Communist and Post-Communist Studies, 47:3-4, 261-268.

Fries, Norbert 2008: Die Kodierung von Emotionen in Texten. Part 1: Grundlagen, in: Journal of Literary Theory, 1:2, 293-337.

Frijda, Nico 1986: The Emotions. Cambridge: Cambridge University Press.

Gould, Roger 2003: Collision of Wills: How Ambiguity About Social Rank Breeds Conflict. Chicago: University of Chicago Press.

Heller, Regina 2014: Russia's Quest for Respect in the International Conflict Management in Kosovo, in: Communist and Post-Communist Studies, 47:3-4, 333-343.

Honneth, Axel 1996: The Struggle for Recognition: The Moral Grammar of Social Conflicts. Cambridge: MIT Press.

Itar-Tass 2007: Po PRO i DOWSE. Rossija rukovodstvuetsja nacional'nymi interesami, no ne vtjagivaetsja v gonku vooruženija – Igor Ivanov, Itar-Tass, 26.11.2007 (Zugriff über: Integrum Worldwide).

Itar-Tass 2011: Lavrov nadeetsja, čto v OON bol'že ne budet "neponjatnych" dokumentov, "opravdyvajuščich", v častnosti, postavki oružija liviiskim povstancam, Itar-Tass, 1.9.2011 (Zugriff über Integrum Worldwide).

Kassinove, Howard 1995: Anger Disorders. Definition, Diagnosis and Treatment. London: Routledge.

Kelman, Herbert C. 1965: International Behaviour. A Socio-Psychological Analysis. New York: Holt, Rinehart & Winston.

Koschut, Simon 2015: Macht der Gefühle. Zur Bedeutung von Emotionen für die sozialkonstruktivistische Diskursforschung in den IB, in: Zeitschrift für Internationale Beziehungen, 22:2, 7-33.

Krickovic, Andrej 2018: Russia's Challenge: Declining Power's Quest for Status. Ponars Eurasia Policy Memo 543. Washington, DC: Ponars Eurasia.

Larson, Deborah Welch/Shevchenko, Alexei 2010: Status Seekers. Chinese and Russian Responses to U.S. Primacy, in: International Security, 34:4, 63-95.

Lebow, Richard N. 2008: A Cultural Theory of International Relations. Cambridge: Cambridge University Press.

Lehmann, Johannes 2012: Im Abgrund der Wut: Zur Kultur- und Literaturgeschichte des Zorns. Freiburg: Rombach.

Lindemann, Thomas 2000: Die Macht der Perzeptionen und Perzeptionen von Mächten. Berlin: Duncker und Humblot.

Mackie, Diane M./Smith, Eliot R./Ray, Devin G. 2008: Intergroup Emotions and Intergroup Relations in: Social and Personalitiy Compass, 2:5, 1866-1880.

MID RF 2011: Lavrov – Interview po Vesti 24 TV Channel, 1.7.2011 (Zugriff über Integrum Worldwide).

Murray Young, Michelle 2018: The Struggle for Recognition in International Relations: Status, Revisionism, and Rising Powers, Oxford: Oxford University Press.

News.ru 2011: SB OON odobril rezoljutsiju po Livii. Rossija i ešče četyre strany vozderžalis' pri golosovanii', News.ru, 18.3.2011: https://www.newsru.com/world/18mar2011/majorityrules.html (Zugriff: 28.7.2018).

Novaco, Raymond W. 1986: Anger as a Clinical and Social Problem. Advances in the Study of Aggression. New York: Academic Press.

Oficial'nyj sajt Edinaja Rossija 2012: Putin: Rossija i menjajuščijsja mir, 27.2.2012 (Zugriff über Integrum Worldwide).

Pouliot, Vincent 2010: International Security in Practice: The Politics of NATO-Russia Diplomacy. New York: Cambrige University Press.

Press-centr MID RF 2007: Press-konferencija Prezidenty Rossii V.V. Putina po zajavlenii vstreč glav gosudarstv i pravitelstv "Gruppy vos'mi", Chajligendamm, 8 ijunja 2007 goda, 9.6.2007 (Zugriff über Integrum Worldwide).

Press-služba Prezident RF 2007: Zajavlenie dlja pressy i otvety na voprosy v chode sovmestnoj press-konferencii s Federal'nom prezidentom Avstrii Chajncem Fišerom, Vena, 23.5.2007 (Zugriff über Integrum Worldwide).

Press-služba Prezident RF 2008: Stenogramma video-press-konferencii Postojannogo predstavitelja Rossii pri NATO Dmitrija Rogozina na temu "Kak izmenjatsja otnošenija Rossija-NATO posle provozglašenii nezavisimosti Kosovo", 22.2.2008 (Zugriff über Integrum Worldwide).

Prezident RF 2008: Proekt Dogovora o evropejskoj bezopasnosti, Moskva, Kreml', 29 nojabrja 2009 goda: http://kremlin.ru/events/president/news/6152 (Zugriff: 10.4.2014).

Prezident RF 2011: Zajavlenie Prezidenta v svjazi situaciej, kotoraja složilas' vokrug sistemy PRO stran NATO v Evrope, Moskva, Kreml', 23.11.2011: http://kremlin.ru/events/president/news/13637 (Zugriff: 8.2.2018).

Prezident RF 2014: Obraščenije prezidenta Rossijskoj Federacii o situacii v Krymu, 18.3.2014: http://kremlin.ru/events/president/news/20603 (Zugriff: 20.7.2014).

Rosen, Stephen Peter 2005: War and Human Nature. Princeton: Princeton University Press.

Russian Mission to NATO 2008: Dmitrij Rogozin: Ja predstavljayu sil'nuyu Rossi-ju!,, 20.8.2008: http://natomission.ru/society/article/society/artpublication/25 (Zugriff: 17.3.2010).

Sakwa, Richard 2011: Russia's Identity: Between the "Domestic" and the "International", in: Europe-Asia Studies, 63:6, 957-975.

Scherer, Klaus R. 2005: What Are Emotions? And How Can They Be Measured?, in: Social Science Information, 44:4, 695-729.

Simes, Dmitri K. 2007: Losing Russia, in: Foreign Affairs, 86:6, 36-52.

Stets, Jan/Burke, Peter J. 2000: Identity Theory and Social Identity Theory, in: Social Psychology Quarterly, 63:3, 224-237.

Tajfel, Henri 1978: The Psychological Structure of Intergroup Relations. In: Tajfel, Henri (Hrsg.): Differentiation Between Social Groups: Studies in the Social Psychology of Intergroup Relations. London: Academic, 27-98.

Tammen, Ronald L./Lemke, Douglas/Kugler, Jacek/Alsharabati, Carole/Stamm, Allan C. III/Abdolahian, Mark Andrew/Efird, Brian/Organski, A.F.K. 2000: Power Transitions. Strategies for the 21st Century. New York: CQ Press.

Tiedens, Larissa 2001: Anger and Advancement Versus Sadness and Subjugation: The Effect of Negative Emotion Expressions on Social Status Conferral, in: Journal of Personality and Social Psychology, 80:1, 86-94.

Tsygankov, Andrei P. 2012: Russia and the West from Alexander to Putin. Cambridge: Cambridge University Press.

UNSC 2011: Resolution 1973 (2011), adopted by the Security Council at its 6498th meeting, on 17 March 2011: https://www.un.org/sc/suborg/en/s/res/1973-%282011%29 (Zugriff: 29.7.2018).

Van Kleef, Gerben/Van Dijk, Eric/Steinel, Wolfgang/Harinck, Fieke/van Beest, Ilja 2008: Anger in Social Conflict: Cross-Situational Comparisons and Suggestions for the Future, in: Group Decision and Negotiations, 17:1, 13-30.

Volgy, Thomas J./Corbetta, Renato/Grant, Keith A/Baird, Ryan G. 2011: Major Power Status in International Politics. In: Volgy, Thomas J./Corbetta, Renato/Grant, Keith A/Baird, Ryan G. (Hrsg.). Major Powers and the Quest for Status in International Politics: Global and Regional Perspectives. New York: Palgrave, 1-26.

Ward, Steven 2014: How Putin's Desire to Restore Russia to Great Power Status Matters, in: Washington Post, 6.3.2014, https://www.washingtonpost.com/gdpr-consent/?next_url=https%3a%2f%2fwww.washingtonpost.com%2fnews%2f-monkey-cage%2fwp%2f2014%2f03%2f06%2fhow-putins-desire-to-restore-russia-to-great-power-status-matters%2f (Zugriff: 3.11.2020).

Wierzbicka, Anna 1995: The Relevance of Language to the Study of Emotions, in: Psychological Inquiry, 6:3, 248-252.

Wilkening, Dean A. 2012: Does Missile Defence in Europe Threaten Russia?, in: Survival, 54:1, 31-52.

Wolf, Reinhard 2008: Respekt. Ein unterschätzter Faktor in den Internationalen Beziehungen, in: Zeitschrift für Internationale Beziehungen, 15:1, 5-37.

Wolf, Reinhard 2011: Respect and Disrespect in International Politics. The Significance of Status Recognition, in: International Theory, 3:1, 104-142.

Woolf, Amy F. 2002: National Missile Defense: Russia's Reaction. Report for Congress. Washington, DC: The Library of Congress.

Zadra, Roberto 2014: NATO, Russia and Missile Defence, in: Survival, 56:4, 51-51.

Gerechtigkeit und die internationalen Beziehungen. Lehren aus der Revolution in den Humanwissenschaften für die Friedensforschung

Harald Müller

Dass Emotionen in der Politik eine gewichtige Rolle spielen, kann im Jahre 2020 als gesicherte Erkenntnis gelten (Hutchison/Bleiker 2014; Koschut 2017; Koschut 2020). Erstaunlich ist weniger diese Tatsache selbst, sondern dass es dem aus der Wirtschaftswissenschaft importierten rationalistischen Vorurteil in unserem Fach so lange gelungen ist, diese Einsicht so lange zu unterdrücken. Es handelt sich um einen weiteren Hinweis darauf, dass Wissenschaft und der sogenannte gesunde Menschenverstand nicht zwangsläufig deshalb häufig auseinanderklaffen, weil letzterer zu einfältig ist, um erstere zu verstehen, sondern weil manche Perturbanzen der Wissenschaft weder gesund noch sonderlich verständig sind.

Emotionen sind ein fundamentaler Bestandteil des evolutionären Erbes des Homo sapiens, also ein Kernbestand des Überlebensdispositivs unserer Gattung und ihrer Individuen. Sie dienen nicht nur der unmittelbaren Reaktion und Orientierung in den rasch wechselnden und häufig überraschenden Situationen des Lebens, sondern sind auch fester Bestandteil unserer Entscheidungsprozesse von der Wahrnehmung über die Situationsdefinition und die Deliberation von Handlungsoptionen bis zur finalen Auswahl der Option, die schließlich in Handeln umgesetzt wird. Dieser Befund gilt unabhängig davon, ob der jeweilige Entscheidungsprozess schnell und mehr oder weniger „spontan" oder aber deliberativ und extensiv vonstatten geht (Kahnemann 2011).

Bei der behutsamen Einführung dieser Erkenntnisse in unsere Forschung – Empirie ebenso wie Theorie – sind wir Politikwissenschaftler zu einem hohen Anteil Anleihenehmer bei anderen Fakultäten, die traditionell nicht eben im Beobachtungsfokus unseres Faches lagen: Neurowissenschaft, evolutionäre Biologie und Anthropologie, Primatenforschung, Entwicklungspsychologie, experimentelle Soziologie und Ökonomie (für einen Überblick Müller 2019). Das Problem besteht dabei nicht nur im Aufsaugen und Selektieren einer letztlich unüberschaubaren Fülle von Literaturen, sondern auch in der rapiden Entwicklung dieser Wissenschaften, die uns mit immer neuen Erkenntnissen überhäufen. Nicht zuletzt gilt das von der Hirnforschung, die uns in weniger als einer Generation wenigstens drei Modelle des biologischen Substrats von Emotion vorgestellt hat: Erstens ein relativ deterministisches Modell, das den „Sitz" spezifischer Emotionen in bestimmten Teilen des menschlichen Hirns zu identifizieren sucht (Pinker 2011). Zweitens ein „funktional kooperatives Modell", das darauf abzielt, Emotionen als Ergebnis des Zusammenwirkens verschiedener Hirnbestandteile zu verstehen, wobei dieselbe Hirnregion an der Erzeugung verschiedener Emotionen beteiligt sein kann (Sapolsky 2018) Und drittens ein konstruktivistisches Modell, bei dem das biologische Substrat nur gröbste Unterscheidungen vorgibt (angenehm-unangenehm, virulent sediert), während die Definition bestimmter Emotionen wie „Furcht", „Ekel", „Wut" Ergebnis der Aktivierung ganz verschiedener Hirnregions-Schaltkreise darstellen kann und erst durch die erlernte, kulturell begründete Bildung von Emotionsbegriffe definiert und geordnet wird; demnach gibt es keine Emotionen als rein biologisches Produkt ohne die Mithilfe von Sprache und Kultur (Barrett 2018).

Welches dieser Modelle als der wissenschaftliche Standard gelten soll, ist umstritten. Die Entscheidung darüber kann natürlich nicht das Geschäft der Politikwissenschaft sein, da dies nicht in ihren Kompetenzbereich fällt. Glücklicherweise können wir die für unsere Arbeit wichtigen Erkenntnisse zur Anwendung bringen, ohne auf die Ergebnisse der neurowissenschaftlichen Grundsatzdebatten warten zu müssen. Für unsere Belange ist zunächst einmal maßgeblich, dass der Zusammenhang zwischen „Emotion" und „Rationalität" in humanen Entscheidungsprozessen eng und untrennbar ist.

Dass Handlungsmotivationen und Handlungen menschlicher Akteure ein biologisches Substrat haben, ist ebenso trivial wie kontrovers. Natürlich geht es hier nicht um einen biologistischen Determinismus. Das „hard wiring" unseres Gehirns ist in seinen Operationen erstaunlich flexibel. Es ist selbst das Ergebnis des evolutionären Spiels zwischen Natur und sich entwickelnder Kultur und erlaubt sowohl individuell (Neuroplastizität) (Druckman 2008) als auch kollektiv (Kulturelle Differenzierung) eine Vielfalt von Charakteren und Systemen, die jeder Determinismus-Idee spotten. Unser evolutionäres Erbe gibt uns Dispositionen mit auf den Weg (sofern nicht genetische Besonderheiten oder erfahrene Traumata bestimmte Dispositionen im Übermaß bestärken oder aber verkümmern lassen). Deshalb wird die Neurowissenschaft auch nicht die Königsdisziplin der Sozialwissenschaft werden. Einen Blick darauf zu halten ist gleichwohl unverzichtbar, um eine fehlerhafte Anthropologie zu vermeiden und beispielsweise einen Idealtypus wie „economic man" mit einem empirischen Realmodell zu verwechseln.

Dabei ist mit dem obsoleten Einwand aufzuräumen, Emotionen seien ein strikt individuelles Phänomen und könnte daher auf Gemeinschaften nicht übertragen werden, wodurch die Behandlung von Emotionen in der Politik, die zu großen Teilen ein kollektives Phänomen sei, von zweifelhaftem Nutzen sei. Auch das physisch-biologische Substrat von Ideologien findet sich schließlich nur in je individuellen Gehirnen auf, dennoch kommt niemand auf die absurde Idee, Ideologie sei ein rein individuelles Phänomen. Emotionen können ebenso geteilt werden wie Gedanken. Tatsächlich gibt es in der sozialen und politischen Praxis rituelle Techniken, um solch geteilte Emotionen herzustellen und zu verstärken, wie Chorgesang, Marschieren, rhythmisches Klatschen, Sprechchöre und dergleichen mehr; die „Echokammern" der „sozialen Netzwerke" zeigen, dass derlei Techniken nicht auf archaische Praktiken beschränkt sind.

Die Gerechtigkeitsproblematik in der Politik

Das Thema dieses Kapitel dreht sich um eine uralte Kategorie der Beschäftigung mit Politik, die freilich durch den rationalistischen Kahlschlag in den Sozialwissenschaften aus dem Zentrum politikwissenschaftlicher Empirie an die Ränder verdrängt worden ist (Welch 2014) und lange Zeit eigentlich nur in der politischen Theorie und Philosophie eine sichere Heimat behalten hat: die Gerechtigkeit. Genauer gesagt geht es hier um Gerechtigkeit in den Internationalen Beziehungen, namentlich deren Kernproblematik von Krieg und Frieden; das ist eine besonders heikle Kombination, da just in dieser Sparte unserer Wissenschaft die rationalistischen Grundbegriffe Macht und Interesse die Debatte prägen und ihre Dominanz bis in die scheinbar kritischen Arbeiten des Konstruktivismus, des Poststrukturalismus und der kritischen Theorie hinein ausdehnen.

Die Debatte über Gerechtigkeit und Politik ist überwiegend in politischer Theorie und Philosophie geführt worden und kann der Suche nach der guten Ordnung subsumiert werden. Das macht insofern Sinn, als jeder politischen Ordnung ein gewisses Maß und eine Vorstellung von Gerechtigkeitsnormen innewohnen, die sich auf Konflikte und Stabilität innerhalb dieser Ordnung auswirken. Der politisch-moralische Blick riskiert allerdings, die Verankerung dieser Perspektive in grundlegenden Dispositionen des Homo Sapiens zu übersehen und damit die Gerechtigkeitsproblematik mehr aus theoretisch-deontologischer denn aus empirischer Perspektive zu behandeln. Die erstere interessiert sich für die Frage, wie welche Art von Gerechtigkeit in einer politischen Ordnung herzustellen sei. Sie führt die Debatte darüber, was überhaupt unter gerecht zu verstehen sei, mit dem Ziel, eine verbindliche, weil unkontestierbare universale Vorstellung von Gerechtigkeit zu schaffen. Sie scheitert – selbst im eigenen Kulturkreis und in der eigenen Fakultät – am Pluralismus der Gerechtigkeitsideen. Universale Verbindlichkeit ist deduktiv oder durch wie auch immer phantasiereiche Plausibilisierungen der eigenen Gerechtigkeitsidee nicht zu erreichen (Müller 2008, Kap. 4).

Stattdessen muss man sich der Praxis gerechtigkeitsmotivierten Handelns zuwenden und prüfen, ob sich dort Wege finden lassen, den genannten Pluralismus soweit einzuhegen, dass sich sein gewaltsames Potential nicht entfaltet. Die empirische Perspektive schaut darauf, welche Vorstellungen von Gerechtigkeit die handelnden Menschen und ihre Koalitionen und Gemeinschaften entwickeln und wie diese Vorstellungen ihre Wünsche, Forderungen, Handlungen und Konflikte beeinflussen. Sie sucht nach den Konfrontationen real existierender Gerechtigkeitsansprüche und dahinterstehender Prinzipien und den resultierenden Konfliktverläufen. Dazu bedarf sie eines operationalisierten Konzepts von Gerechtigkeit, das sich in empirischen Untersuchungen nachvollziehbar anwenden lässt.

Im Anschluss an Melvin Lerner (1977) hat David Welch den Gerechtigkeitsbegriff so operationalisiert, dass er für die empirische Forschung in den Internationalen Beziehungen nutzbar und für die Ermittlung der Gerechtigkeitsansprüche konkreter Akteure einsetzbar wurde (Welch 1993, 2014). Welch definiert Gerechtigkeit aus Sicht eines Akteurs als Einlösung eines gerechtfertigten Anspruchs. Das handlungsmotiviernde „Gerechtigkeitsmotiv" entspringt folgerichtig der Differenz zwischen einer auf gerechtfertigten Ansprüchen begründeten Erwartung und der gegebenen Realität, in der dieser Anspruch nicht verwirklicht (und seine Verwirklichung womöglich verweigert und behindert) wird. Da Rechtfertigungsgründe und ihre Anwendung auf konkrete Situationen umstritten und daher potentiell widersprüchlich sind, kann die Verfolgung solcher Ansprüche, die in den Augen des Anspruchs stellenden Akteurs richtig und geboten ist, zu Konflikten bis hin zur gewaltsamen Auseinandersetzung führen. Die Lösung eines Gerechtigkeitskonfliktes ergibt sich dann nicht durch Subsumtion einer Forderung unter ein unbestrittenes Prinzip, sondern aus der praktischen Auseinandersetzung zwischen widerstreitenden Standpunkten bis zu einer Einigung oder zur Niederlage einer der beiden Seiten.

Gerechtigkeitsstreben als evolutionäres Erbe mit ambivalenten Folgen

Soziale Spezies zeigen quer durch die evolutionären Stufen, von Krähen über Wölfe, Elefanten, Delphine bis zu Primaten Regelverhalten, das sich auf die Verteilung von Nahrung, Fortpflanzungschancen, Statuspositionen und Strafe für die Verletzung von Normen erstreckt. Für die Kohäsion und Funktionen der sozialen Gruppe als Schutzraum – nicht zuletzt für die Aufzucht des Nachwuchses und Versorgung sind diese Regeln essentiell und daher für den evolutionären Erfolg der Spezies und ihrer Individuen wichtig (Boehm 2012; Skyrms 2014). Die Disposition zum regelgeleiteten Verhalten und zur Gegenreaktion gegen Regelverletzungen ist daher im „Hard Wiring" dieser sozialen Spezies verankert (Bekoff/Pierce 2009) und dient der Balance „gemeinwohlorientierten" Verhaltens einerseits, der Disposition der individuellen und Ingroup-orientierten Selbsterhaltung und Statusmaximierung andererseits. Diese Regeln konstituieren die Plattform, auf denen Individuen und Gruppen ihre Gerechtigkeitsansprüche aufbauen.

Politische Philosophen und Theoretiker haben typologische Arbeit für die Handhabung der Gerechtigkeitsproblematik geleistet, die auch für die Politikwissenschaft von Gewinn ist. Die Bereiche von Verteilung – wer hat unter welchen Umständen Anspruch auf welche Güter? –, Partizipation – wer ist unter welchen Umständen an welchen Entscheidungen zu beteiligen? – und Retribution – wer ist unter welchen Umständen für Regelverletzung zu bestrafen? – haben von jeher ihren Platz in der Gerechtigkeitsdebatte gefunden. Weniger offensichtlich war hingegen der Platz der Anerkennung in der Gerechtigkeitsordnung. Im Einklang mit Honneths Hervorhebung der Anerkennung als zentralen Fokus des Sozialen und Politischen (Honneth 2010) hat Nancy Fraser „Anerkennungsgerechtigkeit" als gleichberechtigten Bereich von Gerechtigkeit herausgearbeitet (Fraser 2008). Es mag sogar sein, dass es sich um deren ursprünglichsten Kern handelt, denn sowohl die Berechtigung als Subjekt von Verteilungsregeln, als auch die Zubilligung von Mitspracherechten sowie der Anspruch, für erlittenes Unrecht Ausgleich und Genugtuung einzufordern, hängen allererst davon ab, dass das betreffende Subjekt als berechtigter Anspruchsträger in der Gemeinschaft anerkannt ist. Diese Anerkennung – die Verleihung von „Status" – schafft erst die Lebensbedingung für das Individuum in der Gruppe und für die Gruppe in der weiteren sozialen Umwelt. Diese fundamentale Bedeutung hat sich evolutionär in der Disposition niedergeschlagen, auf Anerkennung positiv (glücklich) und auf deren Verweigerung oder Entzug negativ (Wut, Aggression, Depression, Verzweiflung) zu reagieren (Bauer 2010). Distributive, partizipatorische, retributive und anerkennungsbezogene Gerechtigkeitsansprüche generieren zahlreiche Konflikte, um die sich praktische Politik dreht, und enthalten häufig einen Schlüssel zu ihrer Lösung, der sich purem rationalistischen Bargaining entzieht. Auch kann der Blick auf die Tiefe und Schärfe der involvierten Gerechtigkeitskonflikte verstehen helfen, warum Lösungen nicht in Sicht sind, wenn die emotional aufgeheizte Konfrontation über für legitim gehaltene, aber konträre Ansprüche der Konfliktparteien „vernünftige" Lösungen aus dem Möglichkeitshorizont schiebt. Rationalistische Analysen dieser Probleme leiden häufig unter dem sozialwissenschaftlichen Äquivalent der Heisenberg'schen Unschärferelation: das Beobachtungsinstrument verstellt den Blick für jene Aspekte des zu analysierenden Sachverhalts, für deren Beobachtung es nicht geschaffen worden ist.

Das ist umso bedauerlicher, als die Etikettierung von politischen Ansprüchen mit dem Signifikanten „gerecht" Folgen nach sich zieht. Ein als gerecht eingestufter Anspruch kann nicht einfach aufgegeben werden, weil ein solcher Verzicht die Gerechtigkeit selbst, also ein hochwertiges soziales Gut, beschädigen würde. Gerechtigkeitsansprüche sind emotional besetzt und deshalb schwer verzichtbar. Noch unverrückbarer werden sie, wenn sie nicht individuell, sondern kollektiv verankert sind. Zwischen vielen Menschen geteilte Emotionen sind ein zäher Leim, der die Forderungen der vielen Gleichgesinnten miteinander verbindet. Das hochwertige Gut „Gerechtigkeit" macht in seiner Inkarnation als parteilicher Gerechtigkeitsanspruch Kompromisse schwerer und Barrieren gegen Gewaltanwendung niedriger (Ross 2014).

Die internationale Dimension: Krieg und Frieden

Die internationale Sphäre wird oft für die Arena gehalten, in der der Rationalismus – in seiner Spielart des Realismus – sein Heimspiel hat. Kühles Kalkül mit nationaler Sicherheit und der Vermehrung von Macht als Leitplanken beherrscht vorgeblich den internationalen Raum, für Gerechtigkeit und die an ihr klebenden Emotionen scheint da kein Platz zu sein. Dieses Image war nie überzeugend, quillt doch das internationale Geschehen von Rufen nach Gerechtigkeit und emotionalen Aufwallungen geradezu über; man braucht nur den täglichen Nachrichten zu folgen und die Begründungen für die von Staatslenkern vorgetragenen „nationalen Interessen" und die häufig hochemotionalisierte Sprache, mit der ihre Erfüllung eingefordert wird, sorgfältig zu lesen. Wer nicht im Echoraum seiner Theorie-Sekte sitzt, wird sich schnell in diese Dimension internationaler Politik hineinfinden und das Ganze nicht lediglich als „rhetorisches Handeln" (Schimmelfennig 2001) abtun wollen – denn wofür wäre Rhetorik gut, wenn gerechtigkeitsgetränkte und emotionalisierte Sprache im innenpolitischen Raum und in der internationalen Gesellschaft keine Resonanz fänden?

Es ist daher eine intuitiv gerechtfertigte Hypothese, dass Gerechtigkeit im internationalen Geschehen eine erhebliche Rolle bei der Strukturierung von Konfliktkonstellationen und in ihnen stattfindenden Interaktionen spielt, und zwar an beiden Enden des Konfliktprozesses: am Eingang, als widerstreitenden Gerechtigkeitsansprüche der Akteure, und am Ende, als Lösung (für empirische Belege Druckman/Müller 2014; Fehl/Peters/Wisotzki/Wolff 2019). Eine Lösung muss diese Ansprüche so weit befriedigen, dass konflikthaftes Handeln aufhört. Die Alternativen sind unerfreulich: Am extremen Pol steht die Vernichtung eines der Kontrahenten, wie es die Hutu-Elite gegen die herrschenden Tutsis in Ruanda anstrebte, um den Streit darüber, welche der beiden (konstruierten) Ethnien ihren Anspruch auf die Herrschaft in Ruanda verwirklichen könnte. In der Mitte zwischen Lösung und Vernichtung steht die Repression des Gerechtigkeitsanspruchs einer Partei (wie in Jugoslawien unter der die Ansprüche sämtlicher „Ethnien" unterdrückenden Herrschaft der Tito-Partei). Ein solchermaßen der Repression unterworfener Anspruch kann indes in Zukunft aus der Latenz wieder in den manifesten Modus treten, so dass der Gerechtigkeitskonflikt nicht beendet ist, sondern als „frozen conflict" zwischen den Perioden seiner beobachtbaren Manifestationen weiter besteht. Die Vernichtung des Gegners als „Ausweg" aus der Unvereinbarkeit von Gerechtigkeitsansprüchen gibt übrigens einen düsteren Hinweis auf die Urgewalt der Emotionen, mit denen derartige Ansprüche unterlegt sind und die sich durch politisches Unternehmertum bis in unmenschliches Ausmaß steigern lassen (Ross 2014).

Für beides, die konflikthaftes Verhalten anheizende Wirkung von Gerechtigkeitsansprüchen und die pazifizierende Wirkung ihrer wenigstens teilweisen Befriedigung gibt es gute Evidenz aus der empirischen Forschung. Für den erstgenannten Zusammenhang steht seit nunmehr fast dreißig Jahren der Klassiker von David Welch über die Entstehung von großen Kriegen (Welch 1993). Welch stellte durch eine umfangreiche, detaillierte Studie der Kriegsgründe der bedeutendsten Großmachtkriege seit der napoleonischen Ära fest, dass in der überwiegenden Mehrzahl der Fälle Gerechtigkeitsansprüche im oben definierten Sinne eine entscheidende Rolle spielten; die unmittelbaren Auslöser – etwa das Attentat von Sarajewo im Juni 1914 – hatten katalytische Funktion, sie waren der Funke, nicht das Pulverfass.

Dass die Berücksichtigung von Gerechtigkeitsansprüchen der Akteure für die erfolgreiche und nachhaltige Konfliktlösung unerlässlich ist, zeigen die Arbeiten von Cecilia Albin und Dan Druckman (zum Beispiel Albin/ Druckman 2008). Der vielleicht wichtigste Befund besagt, dass diejenigen Konfliktlösungen am langlebigsten und inklusivsten wirken, in denen möglichst viele unterschiedliche Gerechtigkeitsprinzipien miteinander verkoppelt werden. Albins und Druckmans Studien arbeiten mit einer Typologie deduzierter Gerechtigkeitskonzepte, nicht mit einem induktiv-gewonnenen Befund über die Gerechtigkeitsansprüche der Akteure und die dahinter liegenden Gerechtigkeitsprinzipien. Wegen des Pluralismus der verwendeten Typologie lassen sich dennoch Schlüsse aus ihren Ergebnissen daraus ziehen, unter welchen Umständen bei Konflikten zwischen widersprüchlichen Gerechtigkeitsansprüchen eine schiedliche Konfliktlösung möglich ist. Denn sehr häufig leiten sich unterschiedliche Ansprüche der Akteure von unterschiedlichen Gerechtigkeitsprinzipien ab (zum Beispiel historisch versus legal; Gleichheit versus Status versus Verdienst; religiös versus utilitaristisch usw.). Wenn es gelingt, mehrere oder gar alle für die Gerechtigkeitsansprüche in einem Konflikt mobilisierten Prinzipien in eine Synthese (am einfachsten in eine simple Addition) zu bringen, werden Kompromisse möglich. Dieser Befund verifiziert die ältere Einsicht von Bill Zartman, dass es zu Beginn der Ausarbeitung einer Konfliktlösung gelingen muss, eine einvernehmliche „Gerechtigkeitsformel" zu formulieren, in der sich alle streitenden Akteure wiederfinden können (Zartman 1997). Eine solche Formel muss stets den von Albin und Druckman gefundenen Prinzipienpluralismus aufweisen, um ihre segensreiche Wirkung in den Schlussverhandlungen einer Konfliktbereinigung zu entfalten.

Kriegsursachen und Gerechtigkeitsproblem

John Vasquez' Klassiker „What We Know About War" hat in den zwanzig Jahren seit seinem Erscheinen wenig Aktualität verloren, sondern ist durch das kriegerische Geschehen seither in seinen Grunderkenntnissen bestätigt worden. Die von Vasquez (2000) als dominierend notierten Kriegsursachen, territoriale Streitigkeiten, Herrschaftskonflikte, Statuskonflikte, Ideologie (Religion eingeschlossen), wirtschaftliche Rivalität oder Ausbeutungsverhältnisse tauchen auch in den zeitgenössischen gewaltsamen Auseinandersetzungen – innerstaatlich wie zwischenstaatlich – mit hoher Regelhaftigkeit auf. Es ist nicht prima facie einsichtig, dass zwischen diesen Faktoren und der Gerechtigkeitsproblematik ein Zusammenhang besteht.

Im Gegenteil, die rationalistisch geschulte Perspektive wird – vielleicht mit Ausnahme von Ideologie/Religion (wenn diese nicht unverzüglich unter die Kategorie Herrschafts- oder Statuskonflikt subsumiert werden) – in den genannten Kriegsursachen nur materielle „Interessen" erkennen; die in Gerechtigkeitsansprüchen enthaltene moralische Position wäre aus dieser Sichtweise irrelevant. Hier soll daher die Gerechtigkeitsdimension dieser Kriegsursachen rekonstruiert werden.

Distributive Konflikte

Territorialkonflikte und wirtschaftliche/Ausbeutungskonflikte sind Auseinandersetzungen um distributive Fragen. Distribution ist, wie oben notiert, eine der Fundamentaldimensionen von Gerechtigkeit. Zum Gerechtigkeitsproblem wird sie in der Konzeption von Lerner und Welch durch einen für gerecht gehaltenen eigenen Anspruch der miteinander streitenden Konfliktparteien. Die Tatsache, dass bei der Lösung territorialer Dispute Gerechtigkeitserwägungen explizit und häufig im Vordergrund stehen, untermauert diese Hypothese (Powell/Wiegand 2010).

Es ist also keineswegs so, dass das materialistische Besitzen-Wollen den „bösen Engeln" der menschlichen Natur, die aus dem Gerechtigkeitsstreben resultierenden Motivationen hingegen ihren „guten Engeln" zuzurechnen sei, um die metaphorische Terminologie Stephen Pinkers zu gebrauchen (Pinker 2011). Weder das eine noch das andere ist von Natur aus „gut" oder „böse". Materielle Ansprüche in distributiven Konflikten können emotions- und moralfrei verfochten werden; in purer Form geschieht das wohl sehr selten. Die emotional verankerte Moral im menschlichen Verhaltensdispositiv, zu der das Gerechtigkeitsstreben zählt, besetzt materielle Wünsche mit emotionaler Energie. Zu glauben, dass der eigenen Person oder Partei etwas zusteht, vermehrt die Stärke des jeweiligen „Commitment". Gewaltbereitschaft kommt in Konflikten wohl in den seltensten Fällen und bei den wenigsten Beteiligten ohne emotional verankerte Gerechtigkeitsansprüche zustande. Die Gerechtigkeit lebt in den „bösen" wie in den „guten Engeln", sie ist in ihren Konsequenzen unausweichlich ambivalent,

Eine fast schon kuriose Exemplifizierung dieses Verhältnisses stellen die von Ludwig dem Vierzehnten eingerichteten Reunionskammern dar. Diesen Sondergerichten war es aufgegeben, territoriale Ansprüche der französischen Krone gegenüber den Nachbarn rechtlich zu begründen, und zwar durch Heranziehung mittelalterlichen Lehnsrechts. Die militärische Überlegenheit Frankreichs erlaubte die Durchsetzung solcher Ansprüche gegenüber jedem einzelnen Nachbarn, und Krieg stellte im westfälischen System das Recht der Könige dar. Aber der französische König konnte und wollte nicht expansiv agieren, ohne einen berechtigten Anspruch vorweisen zu können. Blickt man heute auf die Streitigkeiten über territoriale Souveränität im Südchinesischen Meer, so scheinen die „neun Punkte", mit denen China seine angeblich historisch begründeten Ansprüche auf viel Meer mit ein paar kargen Felsen dazwischen als legal und gerecht zu begründen sucht, in dieselbe Kategorie.

Rationalisten subsumieren argumentative Konstruktionen dieser Art als „rhetorisches Handeln" abzutun: das Argument sei – vom Sprecher her gesehen – unauthentisch, ein rein strategisches Argument, um die Zuhörerschaft zu überzeugen, deren williges Mitwirken notwendig sei, um die Zwecke des Sprechers zu erreichen; diese Zuhörerschaft mögen zu mobilisierende Landsleute sein, der Streitgegner, dessen Einlenken erstrebt wird, oder ein neutrales Publikum, dessen Unterstützung (Schiedsspruch, Hilfe, Allianz) zur Entscheidung des Konflikts herbeigeführt werden soll. Das bedeutet natürlich auch, dass der Gerechtigkeitsbezug unauthentisch ist: es geht dem Sprecher nicht um Gerechtigkeit, sondern lediglich um die Durchsetzung seiner (zumeist materiellen) Interessen. Diese Hypothese lässt mehrere Fragen offen: wenn das Gerechtigkeitsargument die Aussichten auf den Erfolg des argumentativen Sprechakts erhöht, so bedeutet es ja, dass es für die Zuhörerschaft relevant und handlungsmotivierend wäre. Das setzt voraus, dass Gerechtigkeit in deren Motivationsdispositiv eine Rolle spielt, andernfalls könnte das Argument nicht greifen, und das „rhetorische Handeln" wäre nicht rational, sondern unsinnig. Wir haben es also in dieser Deutung mit zwei unterschiedlichen Akteurstypen zu tun, einem kühlen Strategen und einer Zahl moralischer Charaktere mit Gerechtigkeitsempfinden. Das führt zu der zweiten Frage, wie es kommt, dass sich der Sprecher von seinem Auditorium durch das Fehlen motivierender Moral unterscheidet. Eine politische Anthropologie, die diese Unterscheidung als gegeben setzen muss, um den Einschuss von Gerechtigkeitsforderungen und -begründungen in einen politischen Diskurs zu erklären, ist doch allzu widersprüchlich: die überzeugungsfähigen Moralisten kommen als Deus ex Machina auf die Szene gepurzelt, damit der Gerechtigkeit fordernde „Rhetoriker" seine rationalistische Aura behalten kann. In einer rationalistischen Welt sollten eigentlich Sprecher und Auditorium gleichermaßen Rationalisten sein.

An dieser Stelle hilft einmal mehr der Blick in die Empirie. In distributiven Disputen ist die „Gerechtigkeitsrhetorik" abundant. Sie findet sich auf allen Seiten des Konflikts, und sie ist von emotionaler Sprache beglei-

tet, die darauf hinweist, dass hier mehr involviert ist als simple Gewinn-
und Verlustrechnung.

Herrschafts- und Statuskonflikte

Herrschafts- und Statuskonflikte sind den Gerechtigkeitsproblemen der
Partizipation und der Anerkennung zuzurechnen. Herrschaftskonflikte
drehen sich um die Frage, wer in einem gegebenen Territorium herrschen
soll und in welcher Verfassungsform. Bekanntlich internationalisieren sich
derartige Konfliktlagen häufig, da das durch die Auseinandersetzung prä-
sentierte Vakuum die politische oder militärische Intervention anderer
Mächte anlockt, die durch das opportunistische oder ideologisch bedingte
Bündnis mit einer Konfliktpartei Einfluss anstreben. Solcher Einfluss
stärkt dann – so hoffen sie – ihre Wettbewerbsposition in der Großmächte-
konkurrenz. Während diese äußere Intervention strategisch-opportunis-
tisch dominiert sein mag, geht es bei den Kämpfen der inneren Streitpar-
teien um den Anspruch, an der Herrschaft teilzuhaben (häufig in multi-
ethnischen, multikulturellen oder sozial stark stratifizierten Gesellschaften). Ansprüche reichen von einer einfachen Mitbestimmungschance
(zum Beispiel föderaler Art) über eine Vetoposition und eine Herrschafts-
teilung bis zum Herrschaftsmonopol. Man stößt in den Manifesten der
zahlreichen Befreiungsbewegungen allenthalben auf die Forderung nach
Gerechtigkeit. Sie wird zumeist historisch begründet; eine frühere Periode
der Herrschaft über das umstrittene Territorium (bei dem es sich um einen
Teil oder das Ganze eines Territorialstaats handeln kann) begründet beispielsweise einen Anspruch. Ebenso wird eine lange Periode der Repression ins Feld geführt, in der über den ursprünglichen Anspruch hinaus noch
einer auf Retribution für erlittenes Unrecht tritt. Schließlich kann ein Anspruch auf der kollektiven Identität einer nie als staatsbildend aufgetrete-
nen und anerkannten Gruppierung innerhalb einer größeren politischen
Einheit beruhen, die endlich zur eigenen, selbstbestimmten Souveränität
drängt wie in Palästina.

Dabei ist nicht die Teilhabe allein Gegenstand des Streits, sondern auch
das Verlangen des Anspruchstellers, überhaupt als Akteur anerkannt zu
werden, der kollektive Identität besitzt, die zum Stellen von Gerechtig-
keitsanprüchen legitimiert. Anerkennung ist der fundamentale Gerechtigkeitsanspruch, dessen Erfüllung allein dazu ermächtigt, sich erfolgverspre-
chend an Verteilungs- und Partizipationsdisputen zu beteiligen. In den internationalen Beziehungen ist Anerkennung ja sogar ein formaler Akt,
durch den die internationale Gemeinschaft einen Akteur erst konstituiert.

Wo dieser konstitutive Akt einer Gruppe verweigert wird, deren Bewusstsein von kollektiver Identität bis zur Akteursqualität entwickelt ist, ergeben sich lange und blutige Konflikte, wie in der Kurden- oder der Palästinafrage.

Spielen in Herrschaftskonflikten Ansprüche auf Anerkennung und Partizipation zusammen, so gilt das gleichfalls für Statuskonflikte. Exemplarisch lässt sich das an dem wilhelminischen Anspruch auf einen „Platz an der Sonne" ablesen. Den Eliten des Deutschen Reiches ging es um die Gleichstellung mit den Weltmächten, namentlich Großbritannien, als Lohn für den steilen wirtschaftlichen und politischen Aufstieg in der zweiten Hälfte des 19. Jahrhunderts. Der deutsche Kolonialismus war viel weniger realem wirtschaftlichen Bedarf geschuldet (gewiss gab es in Deutschland auch Kolonialideologen und gierige Ausbeuter) als der Symbolik von Kolonien für die Position als Weltmacht. Und auch der deutsche Flottenbau, der sich so verhängnisvoll auf die deutsch-britischen Beziehungen auswirkte, hatte seinem Grund weniger in realen strategischen Notwendigkeiten als in dem Wunsch, auf dem symbolträchtigen Feld der Beherrschung der Weltmeere mit Britannien gleich zu ziehen.

Heute sehen wir in allen drei gegenwärtigen Großmächten und bei dem nächsten Aspiranten – Indien – unterschiedliche „Remakes" des Strebens nach dem „Platz an der Sonne". Die USA wollen unter der Parole „America First" den von ihnen beanspruchten Platz an der Spitze des internationalen Systems behaupten, der ihnen nach Auffassung ihrer Eliten moralisch, historisch und machtpolitisch zusteht, wobei Trump und sein Gefolge allerdings den bisherigen Preis dafür, die Bereitstellung von Gemeinschaftsgütern, nicht mehr zahlen wollen. Rußland möchte die mit so viel Mühe und Einsatz gewonnene und durch den Zerfall der Sowjetunion wieder verlorene Teilhabe am Großmächtegeschehen mit aller Macht behaupten. China will zurück in den Platz „der Mitte", den das chinesische Imperium nach eigenem Verständnis über Jahrtausende eingenommen hat und der ihm im „Zeitalter der Erniedrigung" von den westlichen Imperialisten geraubt wurde. Indien strebt aufgrund von jahrtausendealter Kultur, wirtschaftlicher Entwicklung und schierer Größe endlich dorthin, wo es noch nie war. Der angestrebte Status ist im jeweiligen Selbstverständnis „gerecht", er motiviert die Aktionsrichtungen der Akteure jenseits purer sicherheitspolitischer oder wirtschaftlicher Nutzenerwägungen, und eben das weist auf die emotionale Energie hin, welche diese Zielsetzungen bei den Eliten und häufig auch Bevölkerungen auszulösen vermögen.

Statusansprüche treiben indes nicht nur die großen Mächte an, sondern sind auch im „Fußvolk" der internationalen Politik virulent. Ein zeitgenössischer Beleg für dieses Phänomen ist der erstaunliche Erfolg des Projekts

„Atomwaffenverbotsvertrag" gegen Wunsch und Willen der Kernwaffenstaaten und ihrer Alliierten, d.h. gegen eine Minderheit der Staatenwelt,
die aber eben gegen eine überwältigende Mehrheit der Großmächte umfasst, die Mehrheit der Weltbevölkerung beinhaltet und den Hauptanteil
von Weltbruttosozialprodukt, Welthandel, Weltfinanz und der globalen
militärischen Macht repräsentiert. Die Befürworter des Verbotsvertrages
stützen sich auf eine humanitäre Argumentation, die auf die Folgen eines
Nuklearkrieges für seine Opfer abhebt. Besieht man indes die Entstehungsgeschichte des Vertrages, so erscheint als handlungstreibende Motivation
eine doppelte Statusunzufriedenheit: jene, die sich aus dem ungleichen
Status von Kernwaffenstaaten und Nichtkernwaffenstaaten im Nuklearen
Nichtverbreitungsvertrag (NVV) ergibt; und das von den Kernwaffenstaaten beanspruchte Privileg, Kernwaffen und deren Entwicklung, Kontrolle
und Abrüstung als ihre exklusive Arena zu betrachten, zu der sie den „Ha-
benichtsen" kein Zutrittsrecht zubilligen. Die Verhandlungen zum Ver-
botsvertrag und deren Abschluss ohne die Kernwaffenstaaten (und deren
Alliierte) stellten die Statusdifferenz aus dem NVV gewissermaßen auf den
Kopf und befriedigten bis zu einem gewissen Grade die durch sie ausgelös-
te Unzufriedenheit der beteiligten Akteure (Williams 2018; Müller/
Wunderlich 2020).

Der Anspruch auf Status hat es naturgemäß in der rationalistischen
Denkwelt schwer gehabt und hat nur eine Art katalytische Funktion erhalten, da Status partizipatorische und distributive Ansprüche mit sich bringen kann, die ihrerseits dem materialistisch-rationalistischen Denken greifbar sind. Tatsächlich ist Status als sozialer Ausdruck der einem Akteur von
seinen Peers zugesprochenen Anerkennung ein fundamentales Handlungs-
ziel für Individuen und Kollektive an sich. Er steht in engem Zusammenhang mit dem Respekt, der dem Akteur gezollt wird und der gleichfalls
handlungsorientierend wirkt (Wolf 2011). Denn Respekt ist nichts anderes
als eine signifizierende Form der Statusanerkennung.

Statuskonkurrenz und sich aus unerfüllten Statusansprüchen entwi-
ckelnde Konflikte sind in den internationalen Beziehungen gang und gäbe. Das Standardwerk über die Rolle des Status in der Weltpolitik (Paul/
Larson/Wohlfarth 2014) hat den Einfluss von Statusstreben in den internationalen Beziehungen in den Mittelpunkt gerückt. Sehr deutlich erhellt
aus diesem Band, dass Status ein soziales – interaktionistisches – Produkt
darstellt, welches eine ständige Spannung zwischen dem Anspruch des Sta-
tussuchenden und der Anerkennung durch die jeweilige Gemeinschaft bedingt. Er dokumentiert das Gewicht des Topos Anerkennungsgerechtigkeit in der rauhen Staatenwelt.

Staaten streben nach Anerkennung in ihrer näheren (regionalen) und ferneren Umwelt. Das Bedürfnis nach solcher Anerkennung ist in der individuellen Psyche ebenso verankert wie in den kollektiven Identitäten menschlicher Gruppierungen. Die Zubilligung von Anerkennung erschafft den Status, den die Gruppe – etwa der Staat – in der jeweiligen Peer Group bis hin zum internationalen System einnimmt. Eine Diskrepanz zwischen Aspiration und Status aufgrund fehlender Anerkennung führt zu dem Gefühl, dass ein essentieller Gerechtigkeitsanspruch verweigert wird. Die frustrierende Erfahrung schmerzhafter Ungerechtigkeit motiviert Versuche, die Differenz zwischen Aspiration und Erreichtem zu beseitigen, gegebenenfalls auch mit gewaltsamen Mitteln. Dieser essentielle Zusammenhang zwischen Statusdifferenzen und -dilemmata (Wohlforth 2014) und der Gerechtigkeitsproblematik ist von der wissenschaftlichen Diskussion weitgehend übersehen worden.

Dies unterstreicht einmal mehr die starke selektive Wirkung der rationalistischen Perspektive, denn ein Schlüsselbefund hinsichtlich der kriegsverursachenden Faktoren ist seit langem die Wichtigkeit der „Unzufriedenheit" einer oder mehrerer Konfliktbeteiligter. Diese bedeutende psychologische Variable erscheint bereits in den von Vasquez (2000) berichteten Resultaten: ob in territorialen Auseinandersetzungen, in Konstellationen von positionaler Konkurrenz, langandauernden Rivalitäten oder Machtübergängen (Statuswettbewerb), Akteursunzufriedenheit zeigt sich als die Schlüsselmotivation, die Akteure zu hohen Einsätzen und gelegentlich zum Griff nach der Gewalt veranlasst. Carsten Rauch hat in seiner differenzierten Analyse der Machtübergangstheorie und ihrer empirischen Anwendungen den Gegensatz Zufriedenheit/Unzufriedenheit als Schlüsselvariable herausgearbeitet, die darüber entscheidet, ob der Machtwechsel friedlich oder unfriedlich verläuft (Rauch 2014, Kap. 7). Die Differenz zwischen gefühltem Anspruch auf eine erwünschte Statuszuschreibung durch die Umwelt (*Peer Group* im Allgemeinen, „Significant Other" im Besonderen) und dem tatsächlich zugeschriebenen Status ist auch jenseits der spezifischen Konstellation des Machtübergangs der kausale Auslöser von Statuskonflikten. Sie konstituiert die handlungstreibende Unzufriedenheit des Anspruchstellers, die genau dem von Lerner und Welch definierten Gerechtigkeitsmotiv (s.o.) entspricht, das sich aus der Diskrepanz zwischen Gerechtigkeitsanspruch und realer Lage ergibt.

Eine Ausnahme von der rationalistischen Interpretation von Statuskonflikten bildet Ned Lebow. Er hat das psychologisch bedingte Streben nach Status zum Angelpunkt seiner in Anlehnung an die altgriechische Philosophie entwickelten „Kulturellen Theorie internationaler Beziehungen" gemacht (Lebow 2008). Im Mittelpunkt steht der Handlungstrieb des „Thymos", der Wille zum Wettbewerb mit dem Ziel, die Anerkennung der Peers und damit ein befriedigendes Selbstwertgefühl zu erreichen; auch Lebow geht von der Möglichkeit aus, dass diese ursprünglich individuelle Triebkraft in Kollektiven wirksam ist, also auch in Staaten. In der Anwendung der Theorie auf das Kriegsgeschehen (Lebow 2010) untersucht er alle Kriege mit mehr als 1000 Gefallenen von 1648 bis 2008, in denen wenigstens eine der Kriegsparteien eine Großmacht oder aufsteigende Macht war, auf die leitende Motivation für die Kriegsentscheidungen. Von diesen insgesamt 94 Kriegen ordnet er aufgrund von Quellenstudien und Sekundärliteratur 58% der Motivation „Spirit" und weitere 10% der Motivation „Rache" zu. Beide Motive konvergieren insofern, als sie Reaktionen auf die Verweigerung von Statusansprüchen beinhalten. Nur 25% schreibt er den Motiven Sicherheit und (territorialem oder ökonomischem) Interesse zu, die am Realismus orientierte Studien dominieren. 7%, die sich der Motivationstypologie nicht zuordnen ließen, landen in der Schublade „Restkategorie".

Dem relativ geringen Anteil einer puren "rationalistischen" Motivation für die Kriegsentscheidung entsprechen zwei Befunde Lebows zum Entscheidungsprozess: Staaten, die den Krieg beginnen, verlieren ihn zumeist. Dies geschieht nicht aufgrund einer falschen Kalkulation der Chancen oder eines Mangels an Information, sondern wegen der erstaunlich geringen Anstrengung der betreffenden Regierungen, überhaupt eine sorgfältige und umfassende Abwägung des Für und Wider vorzunehmen. Anscheinend wirkt das Motiv – sich den erwünschten Status zu erkämpfen und/oder sich für dessen Verweigerung zu rächen – so schwer, dass ein rationaler Entscheidungsgang gar nicht stattfindet.

Fazit

Gerechtigkeit ist nicht ohne Grund eines der ältesten Themen des Nachsinnens über Politik. Gerechtigkeitsansprüche zählen zu den wichtigsten Handlungsmotiven im Alltag und in der politischen Auseinandersetzung. Die Disposition dazu ist fest in unserem „hard wiring" verankert. Wir teilen sie mit anderen sozialen Spezies als Ergebnis der Evolution, in der die Mitglieder sozial lebender Gattungen die Fähigkeit zum regelgeleiteten Handeln in der Gemeinschaft, zur Selbstbehauptung in der Gruppe und zur Kooperation erwerben mussten. Die von Philosophen entwickelte Typologie der Gerechtigkeitsansprüche – Distribution, Partizipation, Retribution und Anerkennung (Status) – entspricht sehr genau den Anforderungen des sozialen Lebens und des Überlebens darin. Anerkennung (Status) ist dabei der fundamentalste Anspruch; denn die Anerkennung als Mitglied der Gruppe ist essentiell für das individuelle Überleben, nicht zuletzt weil es auch Rechte im distributiven und partizipatorischen Feld sichert und das Recht verleiht, für erlittenes Unrecht Wiedergutmachung einzufordern. Die Anerkennung des Status in der Gruppe positioniert das Individuum für die Zumessung der Ansprüche in der sozialen und politischen Hierarchie.

Die Disposition zum Gerechtigkeitsmotiv – der Einforderung des Ausgleichs zwischen Anspruch und Realität – ist im emotionalen System des Individuums verankert und operiert im Zusammenspiel zwischen neuronalen und biochemischen Prozessen und erlernten kulturellen Strukturen. Sie wirkt sowohl individuell – für das Individuum im Rahmen seiner Gruppe – als auch kollektiv – als geteilte Motivation mit geteilten Emotionen der Individuen der Gruppe gegenüber anderen konkurrierenden und kooperierenden Gruppen. Das Gerechtigkeitsmotiv ist als Handlungsmotivation in zahlreichen Konflikten präsent und insoweit ein Schlüssel zum Verständnis politischer Auseinandersetzungen und dem Grad ihrer Härte und Eskalationsfähigkeit ebenso wie zum Verständnis ihrer Lösung.

Rationalistische Analysen internationaler Politik arbeiten mit dem Konzept des Interesses (in neorationalistischer Terminologie „Präferenz") in klarer Abgrenzung von Moral (Gerechtigkeit) und Emotionalität. Die Erkenntnisse der Neurowissenschaft legen nahe, die in der westlichen Tradition fest verwurzelte kategoriale Trennung zwischen Denken und Fühlen, Rationalität und Emotion, Interesse und Moral aufzugeben. Ein lupenreines, rationalistisches „strategisches Interesse" und ein entsprechender Entscheidungsprozess ohne die Beimischung von (häufig moralisch motivierten) Emotionen ist ein klassischer Idealtypus, der von der empirischen Realität abstrahiert. Wenn empirische Wissenschaft ihn in der sozialen und politischen Realität so häufig aufzufinden glaubt, wie sie das realiter tut, ist Misstrauen angesagt. Die Abstraktion dürfte dazu geführt haben, dass die gewählten Analyseinstrumente bestimmte Verhaltensphänomene ausblenden, wodurch sich kein vollständiges Bild der Motivationen und Kausalprozesse ergeben kann.

In den meisten Konflikten und Konfliktlösungen dürften Gerechtigkeitsmotive und „strategische Interessen" nahezu untrennbar zusammen beteiligt sein. Was in der Präsentation von Gerechtigkeitsansprüchen authentisch geglaubt wird und was „rhetorisches Handeln" ist, kann in den meisten Fällen nicht trennungsscharf unterschieden werden. Das ist aus rationalistischer Perspektive gewiss unbefriedigend. Aber es entspricht eben den neurologischen, psychologischen und anthropologischen Gegebenheiten vollständiger als der abstrahierende Idealtyp, der unter der Hand zum Realtyp mutiert.

Literatur

Albin, Cecilia/Druckman, Daniel 2008: Distributive Justice and the Durability of Negotiated Agreements, Occasional Paper Series 10. Brisbane, Australia: Australian Centre for Peace and Conflict Studies, University of Queensland.

Barrett, Lisa Feldman 2018: How Emotions Are Made. The Secret Life of the Brain, London: Pan Books.

Bauer, Joachim 2010: Prinzip Menschlichkeit. Warum wir von Natur aus kooperieren. München: Heyne.

Bekoff, Mark/Pierce, Jessica 2009: Wild Justice: The Moral Life of Animals. Chicago: University of Chicago Press.

Bleiker, Roland/Hutchison, Emma (Hrsg.) 2014: Theorizing Emotions in World Politics, in: International Theory, 6:3, 491-514.

Boehm, Christopher 2012: Moral Origins: The Evolution of Virtue, Altruism, and Shame. New York: Basic Books.

Clunan, Anne L. 2014: Why Status Matters in World Politics. In: Paul, T.V./Larson, Deborah Welch/Wohlforth, William C. (Hrsg.). Status in World Politics. Cambridge: Cambridge University Press, 273–296

Druckman, Daniel 2008: Situations. In: Cheldelin, Sandra/Druckman, Daniel/Fast, Larissa (Hrsg.). Conflict: From Analysis to Intervention, 2nd Edition. New York: Continuum.

Druckman, Daniel/Müller, Harald (Hrsg.) 2014: Justice in Security Negotiations, in: International Negotiations, 19:3, 399-409.

Fehl, Caroline/Peters, Dirk/Wisotzki, Simone/Wolff, Jonas (Hrsg.) 2019: Justice and Peace. Heidelberg/New York: Springer,

Fraser, Nancy 2008: Scales of Justice: Reimagining Political Space in a Globalizing World. Cambridge: Polity Press.

Honneth, Axel 2010: Kampf um Anerkennung. Zur moralischen Grammatik sozialer Konflikte. Frankfurt/Main: Suhrkamp.

Kahnemann, Daniel 2011: Thinking, Fast and Slow. New York: Macmillan.

Koschut, Simon (Hrsg.) 2017: The Forum: Discourse and Emotions in International Relations, in: International Studies Review, 19:3, 481-508.

Koschut, Simon (Hrsg.) 2020: The Power of Emotions in World Politics. New York: Routledge.

Koschut, Simon 2014: Emotional (Security) Communities: The Significance of Emotion Norms in Inter-allied Conflict Management, in: Review of International Studies, 40:3, 533-558.

Larson, Deborah Welch/Shevchenko, Alexei 2014: Managing Rising Powers: The Role of Status Concerns. In: Paul, T.V./Larson, Deborah Welch/Wohlforth, William C. (Hrsg.). Status in World Politics. Cambridge: Cambridge University Press, 33–57

Lebow, Richard Ned 2008: A Cultural Theory of International Relations. Cambridge: Cambridge University Press.

Lebow, Richard Ned 2010: Why Nations Fight. Past and Future Motives for War. Cambridge, Cambridge University Press.

Müller, Harald 2008: Wie kann eine neue Weltordnung aussehen? Wege in eine nachhaltige Politik. Frankfurt/Main: Fischer.

Müller, Harald 2019: Justice from an Interdisciplinary Perspective: The Impact of the Revolution in Human Sciences on Peace Research and International Relations. In: Fehl, Caroline/Peters, Dirk/Wisotzki, Simone/Wolff, Jonas (Hrsg.). Justice and Peace. Heidelberg/New York: Springer, 29-64.

Müller, Harald/Wunderlich, Carmen 2020: Nuclear Disarmament without the Nuclear-Weapon States: The Nuclear Weapon Ban Treaty, in: Daedalus, 149:2, 171-189.

Paul, T.V./Larson, Deborah Welch/Wohlforth, William C. (Hrsg.) 2014: Status in World Politics. Cambridge: Cambridge University Press.

Pinker, Steven 2011: Gewalt. Eine neue Geschichte der Menschheit. Frankfurt/Main: Fischer.

Powell, Emilia Justyna/Wiegand, Krista E. 2010: Legal Systems and Peaceful Attempts to Resolve Territorial Disputes, in: Conflict Management and Peace Science, 27:2, 129-151.

Rauch, Carsten 2014: Das Konzept des friedlichen Machtübergangs. Die Machtübergangstheorie und der weltpolitische Aufstieg Indiens. Baden-Baden: Nomos.

Ross, Andrew A. G. 2014: Mixed Emotions. Beyond Fear and Hatred in International Conflict. Chicago: University of Chicago Press.

Sapolsky, Robert 2018: Behave. The Biology of Humans at our Best and Worst. London: Vintage.

Schimmelfennig, Frank 2001: The Community Trap: Liberal Norms, Rhetorical Action, and the Eastern Enlargement of the European Union. International Organization, 55:1, 47-80.

Skyrms, Brian 2014: Evolution of the Social Contract. 2nd Edition. Cambridge, Cambridge University Press.

Vasquez, John A. 2000: What Do We Know About War? In: Vasquez, John A. (Hrsg.). What Do We Know About War? Lanham: Rowman & Littlefield, 335-370.

Welch, David 2014: The Justice Motive in International Relations: Past, Present and Future, in: International Negotiation, 19:3, 410-425.

Welch, David 1993: Justice and the Genesis of War. Cambridge: Cambridge University Press.

Williams, Heather 2018: A Nuclear Babel: Narratives around the Treaty on the Prohibition of Nuclear Weapons, in: The Nonproliferation Review, 25:1/2, 51-63.

Wohlforth, William C. 2014: Status Dilemmas and Interstate Conflict. In: Paul, T.V./Larson, Deborah Welch/Wohlforth, William C. (Hrsg.). Status in World Politics. Cambridge: Cambridge University Press, 115-140.

Wolf, Reinhard 2011: Respect and Disrespect in International Politics: The Significance of Status Recognition, in: International Theory, 3:1, 105-142.

Zartman, I. William 1997: Conflict and Order: Justice in Negotiation, in: International Political Science Review, 18:2, 121-138.

Kollektive Emotionen und politische Gewalt: Konturen eines neuen Forschungsprogramms in der Terrorismusforschung

Maéva Clément

Kaum ein anderes Thema hat in den vergangenen zwanzig Jahren sozialwissenschaftliche Forschung so stark geprägt wie das Thema Terrorismus. Die affektive Dimension sowohl von Terrorismus als auch von Terrorismusbekämpfung jedoch hat dabei nur wenig Aufmerksamkeit erhalten. Trotz disziplinübergreifender Appelle zur Auseinandersetzung mit emotionalen Phänomenen (Wright-Neville/Smith 2009; Rice 2009; Ducol 2013) und der Erkenntnis, dass auch die Erforschung von Terrorismus und Terrorismusbekämpfung eine emotionale Angelegenheit ist (Toros 2017), spielen Emotionen in den theoretischen und empirischen Ansätzen von Terrorismusforscher*innen kaum eine Rolle. Zwar ist die Zahl der jüngeren Studien, die Emotionen erwähnen, sicherlich nicht gering. Es haben sich jedoch nur ausgesprochen wenige Studien damit befasst, ihre Bedeutungen in den Praktiken von oder Prozessen hin zu politischer Gewalt zu analysieren.

Dieser Beitrag erläutert am Beispiel der Terrorismusforschung, warum die Auseinandersetzung mit Emotionen relevant und vielversprechend ist und veranschaulicht, welche Wege emotionssensible Terrorismusforschung einschlagen kann. In einem ersten Schritt begründe ich, warum es eines epistemologischen Wandels bedarf, der einen Fokus auf kollektive Emotionen mit sich bringt, und was Terrorismusforschung dadurch konzeptionell, theoretisch und empirisch gewinnen würde. In einem zweiten Schritt nehme ich ausgewählte Zugänge in Augenschein und klopfe sie darauf ab, inwieweit Emotionen berücksichtigt werden. Dabei konzentriere ich mich auf drei Bereiche, die vielversprechend erscheinen, um Emotionen (wieder) in die Untersuchung von Terrorismus und seiner Bekämpfung einzubringen: Radikalisierungs- und Extremismusforschung, Interaktionen innerhalb von und zwischen Gruppen, und Narrative politischer Gewalt. Im Zuge dessen stelle ich einige der Annahmen in Frage, die die Terrorismusforschung über Emotionen vertritt und erörtere disziplinübergreifende Erkenntnisse, die sich auf die (kritische) Terrorismusforschung übertragen und darin weiterentwickeln lassen. Die Ausführungen stützen sich auf Studien über rechte und islamistische (militante) Akteure sowie

Studien über Praktiken der Terrorismusbekämpfung, jeweils im westeuropäischen Kontext. Abschließend diskutiere ich das theoretische und methodologische Innovationspotenzial dieses vielversprechenden Forschungsprogramms an der Schnittstelle von Terrorismusforschung und Emotionsforschung.

Terrorismus durch das Prisma der Emotionsforschung untersuchen

Ein epistemologischer Wandel ist notwendig, um Phänomene politischer Gewalt wie Terrorismus, als von Emotionsdynamiken angetrieben zu betrachten. Es bedeutet menschliche Interaktionen, materieller und immaterieller Art, in einer Weise zu konzipieren, die den meisten Ansätzen in diesem Forschungsfeld fremd ist. Ganz grundlegend heißt das über rationalistische Annahmen über politisches Handeln im Allgemeinen und kollektives Handeln im Besonderen hinauszugehen. Kollektive Emotionen[1] sind allgegenwärtige Phänomene im öffentlichen Raum (Klein/Nullmeier 1999; Marcus 2000; Ahmed 2004; Bleiker/Hutchison 2008; Heidenreich/Schaal 2012). In diesem Sinne ist Emotionsforschung auch von hoher Relevanz für die Erforschung von Diskursen und Praktiken der Phänomene Terrorismus und Terrorismusbekämpfung.

Bereits die individuelle Motivation politischen Handelns ist grundlegend mit Emotionen verbunden, sowohl im Sinne einer kognitiven Bewertung als auch einer physiologischen Reaktion. Letztere *bewegt* uns buchstäblich dazu, zu handeln oder nicht zu handeln. Emotionen bereiten uns darauf vor, zu reagieren (auf etwas, was die Emotion ausgelöst hat), sie geben den Antrieb. Die Überzeugung, dass etwas nicht ist, wie es sein sollte, dennoch beseitigt werden könnte, gewinnt nur durch Emotion(en) an Motivationskraft. In diesem Sinne sollten theoretische Zugänge zu individuellem und kollektivem Verhalten zumindest widerspiegeln, ob Emotionen bei den spezifischen Phänomenen, die sie zu verstehen versuchen, eine Rolle spielen. Ein ambitionierterer Ansatz würde darin bestehen, Einbli-

---

1 Kollektive Emotionen werden hier definiert als „intersubjektive Bewertungen, die innerhalb eines Kollektivs (sei es eine kleine Gruppe, wie eine terroristische Zelle, oder eine größere Gruppe, wie eine Gesellschaft) weitgehend geteilt werden und die als Reaktion auf ein Ereignis oder einen Gegenstand (vergangen oder gegenwärtig, real oder imaginiert) entstehen, die das Kollektiv als Ganzes oder einige seiner Mitglieder betreffen und die von den Gruppenmitgliedern empfunden und in Gruppendiskursen und Einstellungen artikuliert werden" (Clément 2019, 54; Übersetzung der Autorin).

cke in individuelles und kollektives Verhalten aus einer Vielzahl emotions-sensibler Perspektiven zu geben, die sich auf Forschungen beispielsweise zu Affekten, kognitiv-emotionale Phänomenen, und emotionalen Rationa-litäten beziehen.

In der Forschung zu politischer Gewalt besteht aus guten Gründen eine gewisse Skepsis gegenüber der Fokussierung auf Emotionen, die sich auf die Bedenken zurückführen lassen, dies könnte zur Pathologisierung von Individuen und Gruppen führen, die sich der Gewalt zuwenden. In der Terrorismusforschung spiegelt sich dies in der kritischen Auseinander-setzung mit frühen Forschungsarbeiten wider, die von einer „terroristi-schen Denkweise" oder einer „radikalen Persönlichkeit" ausgingen. Das unten skizzierte Programm läuft einem solchen psycho-pathologisierenden Ansatz jedoch letztlich entgegen. Emotionssensible Gewaltforschung zu betreiben ermöglicht gerade Ansätze zu entwickeln, die die Hinwendung zu politischer Gewalt nicht individualisieren, pathologisieren und entpoli-tisieren. Wenn Emotionen allgegenwärtige Aspekte sozio-politischen Le-bens darstellen, können es sich Terrorismusforscher*innen nicht leisten, sie zu ignorieren und somit Terrorismusforschung als ein von anderen so-zialwissenschaftlichen Disziplinen abgekoppeltes Forschungsfeld zu kon-stituieren.

Darüber hinaus bestehen (nicht nur) in der Terrorismusforschung nach wie vor Zweifel, ob Emotionen mit dem Instrumentarium der Sozial- und Geisteswissenschaften tatsächlich untersucht werden können. Doch gerade weil es nicht darum geht, in die Köpfe der Forschungsobjekte einzudrin-gen, können Sozial- und Geisteswissenschaftler*innen Emotionen erfor-schen. Eines der grundlegendsten Merkmale von Emotionen ist, dass sie Anderen mitgeteilt werden. Menschen drücken Emotionen aus, damit An-dere diese wahrnehmen können. Emotionen werden in intersubjektiv ver-ständlicher Weise geteilt und dabei direkt oder indirekt in Diskurs (im weitesten Sinne) und Handlung artikuliert (Fierke 2015; Clément/Sangar 2018a). Emotionen können also über ihre sprachliche Repräsentation, vi-suelle Darstellungen und weitere ästhetische Aufführungen und Praktiken untersucht werden. Diese bilden wertvolles Material, denn sie sind Versu-che von sozialen Akteuren, dass, was sie fühlen, zu artikulieren und somit Auswirkungen auf ihre soziale Realität zu erzeugen.

Insgesamt offenbart eine emotionssensible Terrorismusforschung das Potential, innovative konzeptuelle, theoretische und methodologische Zu-gänge zu relevanten Themen wie der Beziehung zwischen Extremismus und Gewalt, den Interaktionen zwischen feindlichen militanten Gruppen oder den intersektionalen Dynamiken kollektiver Hinwendung zur Ge-walt anzubieten. Ferner stellen derlei Perspektiven einen vielversprechenden Weg dar, die vergleichende Terrorismusforschung zu stärken. Erstens eignet sich dieses Programm gut, um Praktiken des Terrorismus und der Terrorismusbekämpfung transversal zu hinterfragen. Analysiert man die Handlungen und Interaktionen politischer Akteure in einer asymmetrischen Konfliktkonstellation (wie zum Beispiel einer militanten Organisation und einer Sicherheitsbehörde) hinsichtlich ihrer emotionalen Handlungsfähigkeit, so können sich ihre Handlungen und Interaktionen als viel ähnlicher erweisen, als ihre unterschiedliche Vergesellschaftungsform vermuten lässt. Zweitens sind kollektive emotionale Dynamiken nicht allein in Diskurs oder Praxis von gesellschaftlichen Minderheiten, Protestbewegungen oder extremistischen Gruppen zu verzeichnen (Van Troost/Van Stekelenburg/Klandermans 2013; Busher 2015; Johnston 2016; Van Stekelenburg 2017). Die Untersuchung der Emotionspraktiken sowohl staatlicher wie auch nichtstaatlicher Akteure jeglicher Couleur würde überdies dazu beitragen, den Fokus auf dschihadistische Individuen und Gruppen, der der Terrorismusforschung zu attestieren ist, zu überwinden. Schließlich eröffnet ein solches Forschungsprogramm die Möglichkeit Daten zu analysieren und Methoden anzuwenden, die in der Terrorismusforschung bisher noch wenig Anwendung finden.

Im Folgenden veranschauliche ich in der Form von Vignetten, wie ein solches Forschungsprogramm in Bezug auf drei Forschungsbereiche aussehen könnte: (1) Radikalisierungs- bzw. Extremismusforschung, (2) die Untersuchung gruppeninterner und gruppenübergreifender Interaktionen, (3) sowie Narrative politischer Gewalt. Auch wenn diese Bereiche natürlich Überschneidungen aufweisen, betrachte ich sie im Folgenden der Anschaulichkeit halber getrennt voneinander.

Vignette 1: Radikalisierungs- und Extremismusforschung

Die empirische Forschung zu Radikalisierung – hier im weitesten Sinne verstanden als intersubjektive, emergente Prozesse politischer Gewalt – hat im letzten Jahrzehnt einen quantitativen Sprung erfahren. Ein Großteil der Literatur wählt dabei nach wie vor individualistische Ansätze, um Radikalisierungsprozesse darzustellen und Ursachen für die individuelle Beteiligung an politischer Gewalt zu erklären (Malthaner 2017). Vor dem Hintergrund zunehmend militanter Aktivitäten islamistischer Akteure in Westeuropa in den 2000er Jahren hat dieser Fokus auf *Individuen* zur Produktion von hypersubjektiven Darstellungen von Radikalisierung geführt. In den Sozial- und Geisteswissenschaften sollte eine solche Fokussierung jedoch aus mindestens zwei Gründen problematisch sein. Erstens bergen

192

Studien, die die „individuellen Dispositionen" von „radikalen Akteuren" betonen, das oben bereits angesprochene Risiko zu pathologisieren und dadurch sowohl die Handlungsmächtigkeit der Akteure als auch die politische Dimension ihres Handelns zu disqualifizieren. Zweitens tendieren hypersubjektive Ansätze dazu, Gewalt in der Verantwortung einiger weniger Individuen zu verorten und so die Vorstellung zu reproduzieren, dass soziale Institutionen keine Verantwortung tragen, seien es staatliche Institutionen, das radikale Milieu oder radikale Netzwerke bzw. Organisationen. Die Forschung der späten 2000er Jahre zu sogenannten „einsamen Wölfen" ist symptomatisch für dieses Problem, in der vielen Arbeiten die Annahme zu Grunde zu liegen scheint, radikalisierte Individuen könnten ohne ihre Einbindungen in soziale Zusammenhänge betrachtet werden. Darüber hinaus spiegelt die Annahme von sich autonom radikalisierenden Individuen, die sich vermeintlich über den Konsum von Online-Inhalten auf eigene Faust einer gewaltfördernden Ideologie zuwenden und in ihrem Sinne handeln, ein mangelndes Verständnis des intersubjektiven und affektiven Charakters von Sprache wider[2]. Online-Kommunikation und Online-Aktivismus funktioniert über soziale Interaktionen, die mit kollektiv konstruierten ästhetischen und affektiven Bedeutungen durchsetzt sind.

Darüber hinaus hat das Gros der Radikalisierungsforschung lange Zeit die Rolle kognitiv-ideologischer Faktoren überbetont. Beispielhaft dafür stehen jene Ansätze, die darauf abzielen, Radikalisierungsprozesse umfassend zu modellieren (Borum 2003, Wiktorowicz 2004; Moghaddam 2005; Sageman 2008). In jedem dieser Modelle wird rationale Kognition explizit oder implizit als gegeben angenommen, während individuellen und kollektiven Emotionen allenfalls eine instrumentelle Funktion zugeschrieben wird (vgl. hierzu beispielsweise Frindte et al. 2016, 21; Srowig et al. 2018, 9). Letzteres ist der Fall, wenn Emotionen entweder auf die Wahrnehmung von Missständen (*grievances*), unter denen die jeweilige Referenzgruppe leidet, oder als Reaktion auf Krisen in der individuellen Identitätsentwicklung reduziert werden. Solche Modelle erkennen emotionale Dynamiken zwar eine (nachgeordnete) Rolle zu, versäumen jedoch ihren intersubjektiven Charakter – zwischen Individuen und auch zwischen Gruppen – in Betracht zu ziehen. Dabei reproduzieren sie einen individualistischen Blick auf Radikalisierung, wenn auch mit einem milden „emotionalen" Filter.

---

2 Für eine Kritik der Konzeptualisierung von „einsamen Wölfen", siehe Gable/Jackson 2011; Berntzen/Sandberg 2014.

Es wirft die Frage auf: Können bestehende theoretische Ansätze in einer Weise reformiert werden, die erlaubt, Emotionsdynamiken analytisch zu integrieren? Diesen Versuch haben beispielsweise McCauley und Moskalenko (2008) unternommen und emotionale Dynamiken in ihre Mehrebenen-Analysen von Radikalisierung eingebaut. Der Versuch, Emotionen in bestehende Theorien einzubringen, birgt jedoch die Gefahr, sie aus einer instrumentellen Perspektive als bloße „Ressource" zu behandeln und damit die Bedeutung affektiver Wahrnehmungs-, Empfindungs- und Wissensweisen auszuhöhlen. Wenn wir Emotionen als die motivierende Kraft hinter kollektivem Handeln anerkennen, wenden wir uns den Fragen zu, wie Individuen kollektive Emotionen erleben, wie sie zum Beispiel dazu kommen, sich in Reaktion auf politische Ereignisse so zu fühlen wie es andere Mitglieder eines radikalen Milieus oder einer militanten Gruppe tun. Kurz gesagt, wir würden Organisationen und Milieus als spezifische „Emotionsgemeinschaften" oder „affektive Gemeinschaften" untersuchen (Rosenwein 2006; Hutchison 2016; Koschut 2019).

Diese Bedeutungsverschiebung erlaubt es, kollektives Handeln im Kontext politischer Gewalt in einer dynamischeren Weise zu konzeptualisieren, welche die Komplexität und Mehrdeutigkeit von Radikalisierungsprozessen widerspiegelt. Erstens ermöglicht es, die emergente Gruppenpräferenz für Gewalt nicht zwangsläufig als *strategisch rational* zu begreifen. Letzteres bedeutet, die Ausübung von Gewalt in einem asymmetrischen Konflikt unter bestimmten Umständen als die günstigste Vorgehensweise für militante Gruppen zu verstehen, um ihre langfristigen politischen Ziele zu erreichen. Gegen diese restriktive Auffassung von Rationalität wird bereits argumentiert, dass Organisationen sich auch politischer Gewalt zuwenden, um kurzfristige Wünsche, wie beispielsweise Rache oder die (Wieder-)Herstellung von Ansehen, zu befriedigen (Richardson 2006; Fattah/Fierke 2009). Dennoch operiert der Großteil der Forschung weiterhin aus einer engen rationalistischen Perspektive. Wenn aber Forscher*innen Rationalität stärker von „logisch" und „strategisch" abkoppeln, erkennen sie die Existenz anderer, zum Beispiel emotionaler, Denkweisen an und identifizieren andere „Gründe", die Menschen oder Gruppen dazu bewegen, Ansichten zu entwickeln und Handlungen zu verüben. Dies würde auch dazu beitragen, sich von der Wahrnehmung zu emanzipieren, Emotionen seien die Praxis „rückständiger" Kollektive, die einen Gegensatz zur rationalen Praxis liberaler Subjekte darstellen würden. Es böte sich demnach die Chance, Terrorismusforschung aus der Engführung einer westlich-rationalistischen Perspektive zu befreien.

Zweitens werden auf diese Weise nicht nur Individuen, sondern auch Gruppen und Milieus berücksichtigt *und* dabei gleichzeitig ausdifferenziert. Dies ist notwendig, da zu häufig von den Motiven von Gruppen für gewalttätiges kollektives Handeln auf die Motive von Individuen (und *vice versa*) geschlossen wird. Jüngere Ansätze nehmen die Differenzierung vor, dass Gruppen gewalttätige Aktionen zur Förderung ihrer politischen Agenda (sei es strategischer, symbolischer oder affektiver Natur) durchführen, während Einzelakteure in erster Linie aus affektiven Motiven handeln würden (Sluka 2009; Rice 2009; Cottee/Hayward 2020). Um individuelle und kollektive Motivationen jedoch weiter zu entflechten, erscheint es vielversprechend, „dichte" Beschreibungen individueller Motivationen mit den Narrativen, die von militanten Gruppen (re)produziert werden, zu kontrastieren. Eine Möglichkeit dies zu tun, bietet die Untersuchung von Berichten von Gruppenmitgliedern über ihre individuellen (mitunter affektiven) Beweggründe (Copeland 2019) und der emotionsbezogenen Diskurse militanter Gruppen (Clément 2019).

In dieser Hinsicht wäre es vielversprechend, die Bedeutung *positiver* Emotionen näher zu betrachten. Emotionen, die als sozial wünschenswert angesehen werden, wie Mitgefühl oder Hingabe, scheinen eine wichtige Rolle bei den individuellen Beweggründen zur Teilnahme an Gewalt zu spielen. Während politische, mediale und wissenschaftliche Repräsentationen terroristischer Subjektivitäten die Rolle von „Hass" stark betonen, stellen dem anthropologische Forschungsarbeiten Beobachtungen zur Rolle positiver Emotionen gegenüber:

> "We do not typically envision guerrilla fighters – yet alone 'terrorists' – as being motivated by love or any other positive values (…) it is objectively clear, though perhaps disturbing to some, that those who have actually done research with militants described as 'terrorists' at first hand or face to face, have invariably found that they show no signs of being evil, crazy, or particularly motivated by hatred or envy" (Sluka 2009, 148-149).

Die Analyse positiver und negativer Emotionen ermöglicht überdies geschlechterspezifische Motive vertiefend zu erforschen. Während diese in der Radikalisierungsforschung lange Zeit unterbelichtet blieben, befassen sich Forscher*innen mittlerweile zunehmend damit, welche Rolle geschlechterspezifische Dynamiken in den Äußerungen derjenigen spielen, die sich einer extremistischen Gruppe angeschlossen haben (Peresin/ Cervone 2015; Köttig/Bitzan/Petö 2017; Pearson/Winterbotham 2017; Windsor 2020). Bisher sind jedoch nur wenige die emotionale Unterfütterung geschlechtsspezifischer Aspekte von Radikalisierungsprozessen angegangen (Bloom 2013; Pearson 2018; Bermingham et al. 2009). Es bedarf weiterer Forschung, um zu verstehen, wie politische Gewalt in intersubjektiven Interaktionen (offline wie online) repräsentiert und emotional vermittelt wird.

Vignette 2: Interaktionen innerhalb von und zwischen Gruppen

In der sozialwissenschaftlichen Forschung zu politischer Gewalt wurde die Rolle kollektiver Emotionen in Intra- und Intergruppenprozessen vor allem aus soziologischer und sozial-psychologischer Perspektive untersucht.

Interaktionen innerhalb von Gruppen

In der sozialen Bewegungsforschung haben sich seit den 1970er Jahren einige wenige Forscher*innen dafür interessiert, inwiefern risikoreicher Aktivismus („high-risk activism") auch *emotional* attraktiv sein kann. Gaxie (1977, 129-130) identifizierte emotionsbasierte „Befriedigungen" wie ein hohes Selbstwertgefühl, Ansehen oder die Bewunderung anderer Mitglieder, als „symbolische Belohnungen" (im Französischen, *rétributions symboliques*) des kollektiven Handelns der Aktivist*innen. Della Porta (1995) und Sommier (1998) betonten die Bedeutung emotionaler Bindungen, die bereits vor der Aufnahme von gewaltsamem Aktivismus bestanden hatten und indem sie innerhalb der Gruppe fortbestanden den Kitt darstellte, der die Gruppe zusammenhielt. Diese Arbeiten ermöglichten einen Perspektivwechsel, kollektiven Aktivismus als *Befriedigung* betrachten zu können und die Zirkulation positiver Affekte innerhalb militanter Gruppen in den Blick zu nehmen. Dennoch untersucht ein Großteil dieses Forschungsstrangs, wie soziale Interaktionen Konfliktdynamiken prägen, ohne sich direkt mit deren emotionaler Untermauerung auseinanderzusetzen (Goodwin/Jasper/Polletta 2000; Goodwin/Jasper 2004; Seferiades/Johnston 2012).

Einige Bewegungsforscher*innen, die sich mit Phänomenen politischer Gewalt befasst haben, haben sich die Ausprägung von Emotionen in kollektiven Prozessen der Identitätsbildung gewidmet. Meluccis (1995) Arbeit zeigt zum Beispiel, dass die Langlebigkeit von risikoreichem Aktivismus auf der Herausbildung einer kollektiven Identität innerhalb einer Gruppe beruht, die wiederum auf einer starken, über einen längeren Zeitraum aufrechterhaltenen „emotionale Investition" gründet. Diese Erkenntnis fand in der Literatur zu Bürgerkriegen weitgehend Bestätigung (Petersen 2002; Sémelin 2005). Militante Gruppen, denen es gelingt, sich zu halten, entwickeln Mechanismen, die Loyalität, Kooperation und Solidarität als Schlüsselwerte mit affektivem Inhalt verankern und so koordinierte Reaktionen ermöglichen. Neuere Forschungsarbeiten veranschaulichen, wie Liebe, Bewunderung, Vertrauen oder Empathie in Schriften, Ikonographie, Ritualen, Musik und Alltagspraktiken eingeschrieben sind. Castelli Gattinara und Froio (2014, 166 und 168) argumentieren, dass virile, gewalttätige Praktiken innerhalb der faschistischen Organisation *CasaPound Italia* „benutzt werden, um Gefühle der Kameradschaft und des Respekts aufzubauen" und um letztlich „die Mitglieder der Gruppe aneinander zu binden". Clément argumentiert überdies, dass salafistische Gruppen in Großbritannien und Deutschland, die sich in den 2000er bzw. den 2010er Jahren der politischen Gewalt zuwandten, von ihren Mitgliedern bedingungslose Liebe und Mitgefühl für die Referenzgruppe der weltweiten Gemeinschaft der Gläubigen („ummah") erwarteten (Clément 2019). Diese Beispiele weisen darauf hin, dass die Herausbildung und Aufrechterhaltung einer (exklusiven) Gruppenidentität – und damit die Voraussetzung für kollektiven Aktivismus – ohne einen Blick für kollektive Emotionen, nicht verstanden werden kann.

In ähnlicher Weise verdeutlichen anthropologische Arbeiten zu Gruppenpraktiken im Kontext politischer Gewalt den vielfältigen emotionalen Einsatz, der mit einem Leben in der Militanz verbunden ist (Sluka 2009; Hegghammer 2015). Schließlich ist der Alltag militanter Gruppen meist von Praktiken geprägt, die wenig mit Kampf, Strategieplanung oder bewaffnetem Training zu tun haben. So zeigen beispielsweise Hegghammer und Kolleg*innen (2017), dass die kollektiven Aktivitäten von Dschihadist*innen ein breites Spektrum an ästhetischen Praktiken umfassen, die vom Singen von *anashid*, über die Rezitation von Gedichten, bis hin zur kollektiven Traumdeutung reichen. Auch Meiering und Kolleg*innen (2018, 26) stellen fest, dass islamistische und rechtsextremistische Gruppen in Westeuropa in ihrer Außendarstellung popkulturelle Elemente einbinden, um auf die gesellschaftlichen Diskurse und ihre jeweiligen Referenzgruppen einzuwirken. So dreht sich die Freizeit deutscher Rechtsextremist*innen zum Beispiel um die gemeinsame Erfahrung eines „alltäglichen Lifestyle(s)", der sich im Konsum rechtsextremer Rockmusik, der Pflege spezifischer Kleidungsstile und dem Besuch von szenebekannten Bars niederschlägt (Schedler 2017, 305-306). Dazu gehören ebenfalls rechtsextreme Comics, die für im Milieu aufwachsende Kinder konzipiert sind (Palandt 2012; Stopfner 2017). Derlei Forschungsarbeiten heben die Bedeutung (sub)kulturspezifischer Praktiken des „bonding" hervor und zeigen Wege auf, wie untersucht werden kann, welche Rollen ästhetische und affektive Ausdrucksformen für die Militanz spielen und wie sich Militanz in ebensolchen Ausdrucksformen niederschlägt.

Auch der politischen Gewalt den Rücken zukehren ist eine emotionale Angelegenheit. Unter Bezug auf nicht-militante Proteste argumentieren Van Troost und Kollegen (2013), dass der Eintritt in Protestbewegungen auf moralischer Entrüstung, der Verbleib auf Hoffnung und Solidaritätsgefühlen und der Austritt auf Bedauern und Gefühlen der Enttäuschung beruhe. Im Kontext politischer Gewalt ist davon auszugehen, dass ein noch breiteres Spektrum affektiver Dynamiken zu beobachten ist. So bringt Sommier (1998) den emotionalen Prozess des Ausstiegs von Individuen und Gruppen aus der „radikalen Linken" in Frankreich und Italien nach 1968 als „Trauern um politische Gewalt" auf den Begriff. Dabei betont sie unter anderem die zunehmenden Ressentiments gegenüber dem Kollektiv und den Verlust der politischen Überzeugung, die dazu geführt hätten, dass ein fortlaufender Aktivismus mit immer höheren (bzw. letztlich zu hohen) emotionalen Kosten verbunden gewesen wäre. Umgekehrt habe der Druck, der auf potentielle Überläufer*innen ausgeübt wurde, die negativen Emotionen, die mit dem Risiko des Verlusts affektiver Bindungen verbunden waren, und die Scham beziehungsweise das Schuldgefühl, Mitaktivist*innen im Stich zu lassen, viele Aktivist*innen von einem Ausstieg abgeschreckt (Sommier 2010). Zu ähnlichen Schlussfolgerungen kommt Koehler (2015) hinsichtlich des sozialen Drucks, der auf Überläufer in rechtsextremen Gruppen in Deutschland und den Vereinigten Staaten ausgeübt wird. Trotz dieser spannenden, ersten Einblicke sind noch viele Fragen offen. Zukünftige Forschungsarbeiten könnten beispielsweise phänomenübergreifende Einblicke in die affektiven Anreize und Hürden für den Ausstieg aus der Militanz liefern oder die Angebote zivilgesellschaftlicher Akteure in der Präventions- und Ausstiegsarbeit mit einem emotionssensiblen Ansatz empirisch untersuchen.

Jenseits der Beziehungen zwischen den Mitgliedern erscheint die Analyse der Prozesse, durch die Emotionen *kollektiv* werden, vielversprechend. So untersuchen vor allem Sozialpsycholog*innen im Kontext gewaltsamer Konflikte die fortwährende (Re-)Produktion kollektiver Emotionen gegenüber der *eigenen* Gruppe sowie gegenüber *anderen* Gruppen. Erstere sind wichtig, um die Mobilisierungsdynamiken einer Gruppe zu verstehen und letztere um die Interaktionen mit anderen Gruppen nachzuzeichnen (Mackie/Smith/Ray 2008; Ismer/Beyer/Von Scheve 2015). Ausgehend von den etablierten Theorien zur sozialen Identität und Selbstkategorisierung (Tajfel/Turner 1979) zeigen zahlreiche Forschungsarbeiten zur Intergruppen-Emotionstheorie, dass die Interpretation von äußeren Ereignissen und der Umwelt einer Gruppe, einerseits, und die Konstitution von Emotionen, andererseits, voneinander abhängige Prozesse auf kollektiver Ebene darstellen. Kurz gesagt, kollektive Interpretationen wirken sich auf kollektive

Emotionen aus und umgekehrt. Wenn sich Mitglieder einer Gruppe stark mit ebendieser identifizieren, kann ihr individuelles Ich zu unterschiedlichen Graden in der Gruppenidentität aufgehen. Betrifft nun ein Ereignis die Gruppe oder einige ihrer Mitglieder, sehen sich die einzelnen Mitglieder nicht nur als Teil der Gruppe, sondern sie drücken sich emotional *wie die Gruppe* aus, auch wenn sie nicht persönlich betroffen sind (Smith/ Seger/Mackie 2007). Es ist anzunehmen, dass die Korrespondenz zwischen individuellen und kollektiven Emotionen am stärksten innerhalb von Gruppen ist, die um eine selektive Mitgliedschaft herum organisiert sind und in denen potenzielle Mitglieder auf ihre Eignung für die Werte und Ziele der Gruppe hin überprüft werden.

Ein Weg derlei Dynamiken zu verstehen besteht darin, das Potential von Gruppen zu untersuchen, Emotionen aktiv zu kollektivieren. Soziologische Ansätze, die sich mit „Gefühlsregeln" und dem „Management von Emotionen" befasst haben, bieten einen interessanten Weg, der Herausbildung gruppenadäquater Emotionen zu nachzugehen (Hochschild 1979, 1983; Goodwin/Pfaff 2001). Alle sozialen Gruppen weisen explizite und implizite Regeln bezüglich legitimer und illegitimer Gefühlsäußerungen auf, nach denen die Mitglieder sozialisiert werden. Von ihnen wird erwartet, emotionale Reaktionen zu zeigen, die innerhalb der Gruppe als angemessen erachtet werden. Andere Emotionen werden unterdrückt. Hochschild erklärt, dass Gruppen von ihren Mitgliedern verlangen, „Emotionsarbeit" (*emotion work* bzw. *emotional labor*) zu leisten, um diesen Regeln zu entsprechen und schließlich prototypische Gruppenmitglieder zu werden. Andere haben dieses Konzept erweitert und alle Praktiken einer Gruppe, die dazu dienen kollektive Emotionen zu wecken oder zu verändern als kollektive Emotionsarbeit bezeichnet (Traïni 2009; Gould 2009). Um dies zu erreichen leisten Gruppen beispielsweise rhetorische Arbeit, stellen die Verhältnisse, in denen sich die Gruppe bewegt, auf emotionale Weise dar und inszenieren Emotionen in Gruppenaktivitäten und alltäglichen Praktiken. Es ist dabei anzunehmen, dass militante Organisationen genauso viel, wenn nicht noch mehr Emotionsarbeit erfordern, als nicht-militante Organisationen. Der Blick auf Gefühlsregeln und Emotionsarbeit würde die obigen Ausführungen zur Rolle affektiv-ästhetischer Gruppenpraktiken aus organisatorischer Sicht gut ergänzen. Terrorismusforscher*innen könnten darüber hinaus untersuchen, wie konkrete Praktiken des Emotionsmanagements veränderte Zielsetzungen, Strategien und Taktiken von militanten Gruppen begleiten bzw. bedingen.

Interaktionen zwischen Gruppen

Emotionsdynamiken zwischen Gruppen waren bisher viel weniger Gegenstand in der Terrorismusforschung. Dies überrascht angesichts der häufig emotionalen Grundlage der Beziehungen zwischen militanten Gruppen. Diese zeigt sich beispielsweise, wenn Kooperationen durch Solidarität, Konkurrenz durch den Vorwurf des Verrats oder Feindschaft durch gruppenbezogene Abwertung begründet wird.

Der bislang recht übersichtliche Forschungsstrang, der konkurrierende Dynamiken zwischen militanten Gruppen untersucht, konzeptualisiert die entsprechenden Interaktionen als „kumulative Radikalisierung" (Bartlett/ Birdwell 2013; Busher/Macklin 2015;) oder „Ko-Radikalisierung" (Pisoiu/ Hummel 2014; Pratt 2015) und bezeichnet so sich gegenseitig verstärkende Dynamiken, die den Übergang von gewaltfreiem Aktivismus zu politischer Gewalt markieren können. Doch befasst sich auch diese Literatur bislang nicht mit kollektiven Emotionen. Eine Analyse der affektiven Interaktionen zwischen Gruppen desselben ideologischen Spektrums, die also in Konkurrenz um die Aufmerksamkeit desselben Milieus stehen, würde jedoch beispielsweise ermöglichen, ihren unterschiedlichen Auswirkungen auf die Militanz der Gruppen komparativ nachzuspüren. Da sie in demselben Milieu miteinander konkurrieren, könnten sie sich beispielsweise in Formen der emotionalen Überbietung begeben, um die jeweils andere Gruppe zu verdrängen. Eine solche Perspektive könnte damit Einblicke in den relativen Erfolg, die kollektive Anpassungsfähigkeit oder den Verlust von Mitgliedern und Status liefern.

In einer ähnlichen Weise vermag auch die Untersuchung der Interaktionen von Gruppen unterschiedlicher ideologischer Spektren aus einer Affektperspektive interessante Wege zur Erforschung von (De-)Eskalationsdynamiken bieten. Interaktionsmuster zwischen rechten und islamistischen Aktivisten dienen zum Beispiel dazu, (emotionale) Überzeugungen über den Anderen zu bestätigen bzw. zu verhärten (Busher/Macklin 2015). Fielitz und Kolleg*innen (2018, 33) argumentieren, dass die Online-Interaktionen von Islamisten und Rechtsextremen zwar (meist) virtuelle Gefechte inszenieren, manchmal aber auch in „Eskalationsspiralen" resultieren können: Politische Ereignisse mit starker Medienresonanz führen dann zu „mächtigen, zum Teil internationalen Reaktionen auf gegenseitige Mobilisierungsversuche". In vergleichenden Fallstudien befasst sich Allchorn (2020, 54-55) wiederum mit den „realweltlichen Auswirkungen" der Online-Interaktionen von islamistischen und rechten Aktivist*innen und zeigt, dass politisch bedeutsame Ereignisse nicht immer die erwarteten „Radikalisierungsspiralen" hervorbringen. Die Berücksichtigung der affektiven Auswirkungen von Eskalationsspiralen (oder ihres Ausbleibens) könnte ein neues Licht darauf werfen, wie gewalttätiger Aktivismus (de)eskalieren kann.

Schließlich werden die Interaktionen zwischen militanten Gruppen und dem Staat uneinheitlich untersucht. Während die Auswirkungen von Repression auf militante Gruppen – wenn auch meist aus organisatorischer Perspektive – umfangreich erforscht wurde, bleibt die Wahrnehmung staatlicher Akteure hinsichtlich ihrer Interaktionen mit solchen Gruppen unterbeleuchtet. Gerade im deutschen Kontext, mit dem Erfolg rechtsextremer Parteien und der Aufdeckung rechtsextremer Netzwerke innerhalb der Polizei, wäre eine solche Untersuchung angebracht. Forscher*innen debattieren zunehmend die Auswirkungen terroristischer Aktivitäten auf die politischen Einstellungen der Gesamtgesellschaft, also ob eine gesellschaftliche Radikalisierung über die politischen Spektren hinweg zu verzeichnen wäre (McCauley/Moskalenko 2008; Herschinger et al. 2018, 5-6). Eine Möglichkeit, sich diesem Thema zu nähern, bestünde darin, empirisch zu untersuchen, wie die emotionalen Reaktionen unterschiedlicher Teile der Gesellschaft die gesetzlichen Maßnahmen der europäischen Staaten zur Terrorismusbekämpfung beeinflussen (Burchill 2017). Vielversprechend wäre es auch zu untersuchen, inwieweit Behörden sich im Rahmen der Terrorismusbekämpfung mit der Steuerung von Emotionen befassen und ob sich dies langfristig in den Konfliktdynamiken niederschlägt.

Vignette 3: Narrative politischer Gewalt

Narrative haben in der Terrorismusforschung (wie auch in der komplementären Radikalisierungs- und Präventionsforschung) im letzten Jahrzehnt massiv an Beachtung gewonnen (Günther et al. 2016; Pemberton/ Aarten 2017; Copeland 2019). Der wissenschaftliche Fokus lag dabei vor allem auf zwei Aspekten: einerseits, der Nutzung moderner Medien durch militante Gruppen und andererseits, der Prägung der öffentlichen Darstellung von Terrorismus durch traditionelle Medien. In beiden Forschungssträngen wird die Anziehungskraft von Narrativen jedoch zu oft schlichtweg angenommen (Frischlich et al. 2018; Cottee/Cunliffe 2020). Beispielsweise wird in Bezug auf rechtsextremistische Mobilisierung häufig insinuiert, dass die Verwendung nationalsozialistischer Symbole *automatisch* affektive Macht über das rechte Publikum hätte. Dies ist irreführend, denn die Zielgruppen militanter Akteure regieren auf Narrative unterschiedlich (Leuprecht et al. 2010; Shortland et al. 2017). Interessanter ist es dann, die unterschiedliche Rezeption zu verstehen. Wie auch Aly (2016, 120) im Hinblick auf „extremistische Botschaften" argumentiert, besteht noch viel Forschungsbedarf hinsichtlich des „interaktiven und dynamischen Prozesses zwischen Nachrichtenproduzenten, der Nachricht und den Empfängern der Nachricht". Ähnliches gilt für Narrative: das Publikum übt *agency* aktiv aus und sollte nicht als lediglich passiver Empfänger betrachtet werden.

Die Text- und Bildproduktion extremistischer Organisationen und militanter Gruppen ist im Kontext des massiven Zugangs zu Online-Materialien zu einem immer wichtigeren Forschungsobjekt geworden. Manche argumentieren, sie verdiene mehr Aufmerksamkeit, aufgrund ihrer instrumentellen Funktion grundlegende Elemente von Ideologie weiterzugeben (Holbrook/Ramsay/Taylor 2013; O'Halloran et al. 2016; Meiering et al. 2018). Andere argumentieren, dass ihre Attraktivität weit über Propagandazwecke hinausgeht und es ihr *narrativer* Charakter sei, also die Qualität und der intertextuelle Charakter der Erzählung, die die Text- und Bildproduktion bei Zielgruppen ankommen lässt (Glazzard 2017). Wo aber liegt die Kraft des Erzählens? In dem Inhalt, in der Vereinfachung von komplexen Ereignissen oder in den Emotionen, die in die Erzählung eingewoben sind und durch sie vermittelt werden? Politikwissenschaftliche Ansätze legen nahe, dass Narrative die Konstruktion einer intersubjektiven Realität unterstützen sowie Machtverhältnisse (re)produzieren bzw. bestreiten. Sie vermitteln spezifische Emotionen, die „entfaltet werden, um Gruppenmitglieder für kollektives Handeln zu mobilisieren" (Hammack/Pilecki 2012, 94). Narrative lediglich als Vehikel für Ideologien zu untersuchen, wäre zu eng gefasst – vielmehr liefern sie emotionsbasierte Rechtfertigungen und Anreize für (gewaltsames) kollektives Handeln (Spencer 2016; Clément/Lindemann/Sangar 2017). Die Erforschung von Terrorismus und Terrorismusbekämpfung täte gut daran, Narrative als transkulturelle Praxis ernst zu nehmen.

Glazzard (2017, 9) argumentiert überzeugend, dass terroristische Gruppen ihre Anhänger*innen nicht überreden, sondern sie *inspirieren*. Der Großteil der Literatur habe „die affektiven und ästhetischen Dimensionen der Erzählung, die für ihre Anziehungskraft grundlegend sind (übersehen)". Er plädiert dafür, die Narrative militanter Gruppen im literarischen Sinne zu untersuchen. Einige haben sich darum bemüht, wie Halverson und Kollegen (2011), die zwölf wiederkehrende „Erzählsysteme" im Diskurs islamistischer Organisationen identifizieren, von denen viele auf Koran und Sunna zurückgreifen. Sie nehmen Narrative als literarische Form ernst und zeigen, wie militante islamistische Gruppen aus einer reichen kulturellen Tradition der Erzählkunst schöpfen. Dabei sind Erzählungen nicht bloß als rhetorische Übungen misszuverstehen. Aufgrund der unterschiedlichen Charaktere, Kontexte und Zeitlichkeiten, die in Narrativen miteinander verwoben sind, sind Narrative mehrdeutig und daher unterschiedlich interpretierbar. In Bezug auf Bin Ladens "Message to the American people" (NYT 2004) analysiert Glazzard (2017, 15): „(T)his is a story and not just a message: the moral of the statement may be reducible to a short statement, but it is formed affectively as well as rationally; it is designed to affect our emotions, even if that is not immediately apparent" (Übersetzung der Autorin). Kurz gesagt, literarische Ansätze erlauben es Forscher*innen, über den Fokus auf ideologische Inhalte hinauszugehen.

In dieser Hinsicht ist die Forschung zu Terrorismusbekämpfung schon weiter. Die affektiven Grundlagen des „Kriegs gegen den Terror" sind narrativ gut dokumentiert (Ringmar 2006; Hutchison/Bleiker 2008; Hodges 2011), während es noch vergleichsweise wenig Forschungsarbeiten zu den affektiven Grundlagen der narrativen Praktiken extremistischer und militanter Gruppen gibt (Shoshan 2016; Graef/da Silva/Lemay-Hebert 2018; Pfeifer/Spencer 2019). Viel Arbeit ist notwendig, beispielsweise im Hinblick auf die Intensität und Ausdauer verschiedener und miteinander konkurrierender Erzählungen. Ebenso bedarf es eingehender Untersuchungen, inwiefern sich die Reproduktion von Narrativen durch den weitgehenden Wechsel von traditionellen Medien (Blog-Artikel, Flyers, Zeitschriften usw.) zu sozialen Medien (Twitter, Telegram, 4Chan usw.) verändert hat (Rieger/Frischlich/Bente 2019). Unterscheidet sich die emotionale Kraft von Narrativen je nach Medientyp? Während soziale Medien die Beteiligung des Publikums sowie die Interaktion zwischen Nutzern ermöglichen, beschneiden sie die Möglichkeiten der narrativen Aktivität einer Organisation und mindern möglicherweise deren Komplexität und Kohärenz. Künftige narrative Untersuchungen der Aktivitäten militanter Organisationen in sozialen Medien sollten sich diesen Zusammenhängen annehmen.

Schlusswort: Theoretische und methodologische Innovation

Der Beitrag hat anhand von Erkenntnissen und empirischen Beispielen aus verschiedenen sozialwissenschaftlichen Disziplinen veranschaulicht, wie ein Forschungsprogramm an der Schnittstelle von Terrorismus- und Emotionsforschung in den Internationalen Beziehungen aussehen kann. Die drei Bereichen legen dabei keineswegs die Grenzen eines solchen Forschungsprogramms fest. Es gibt zahlreiche weitere Themen, die an dieser Stelle nicht entwickelt werden konnten, wie zum Beispiel: Dialog bzw.

Verhandlungen mit militanten Gruppen; die längerfristigen sozialpolitischen Folgen terroristischer Gewalt; sowie räumliche und zeitliche Vergleiche von Emotionspraktiken in der Terrorismusbekämpfung.

Emotionsforschung impliziert ein Interesse an disziplinübergreifenden Erkenntnissen. Forscher*innen, die sich an einem solchen Forschungsprogramm beteiligen, tragen zur innovativen Theoriebildung und vertieften empirischen Arbeit bei. Das hier konturierte Forschungsprogramm hinterfragt nicht nur bestehende theoretische Annahmen, sondern eröffnet auch neue Wege für die vergleichende Terrorismusforschung im Besonderen und für die Forschung zu politischer Gewalt im Allgemeinen. Darüber hinaus erfordert es verstärkte Theoriearbeit, entweder durch die Entwicklung von Ansätzen, die Erkenntnisse aus der (interdisziplinären) Emotionsforschung in bestehende sozialwissenschaftlichen Theorien integrieren, oder durch die Entwicklung innovativer Theorien, die emotionsbasierten Wissensformen und emotionaler Handlungsfähigkeit Raum geben.

Darüber richtet das skizzierte Forschungsprogramm den Blick auf Materialien, die in der Terrorismusforschung bisher wenig erforscht wurden. Sicherlich bleiben die von staatlichen wie nichtstaatlichen Akteuren produzierten Texte (Stellungnahmen, Manifeste, Web-Artikel, Blog-Einträge, interne Kommunikation, usw.) und Interviews zentrale empirische Materialien. Die hier skizzierten Wege für zukünftige Forschung bringen aber zusätzliche Daten ans Licht. Soziale Akteure offenbaren ein breites Spektrum an Praktiken und Symbolen wie zum Beispiel Initiationsriten, Verhaltenskodizes, Kleidercodes, Gedenkfeiern und Bestattungspraktiken oder auch populäre Kunst, Comics, Fiktionen, Gedichte, Lieder, Fotografien, Filme, Performances, Plakate, textile Artefakte, Memes und vieles mehr. Diese Praktiken, Symbole und Artefakte werden zu relevanten Materialien und gewinnen an empirischer Bedeutung.

Schließlich ermöglicht dieses Forschungsprogramm der Tendenz zu widerstehen, Terrorismusforschung als Forschungsfeld *sui generis* zu verstehen. Ähnlich wie die Forschung zu politischer Gewalt kann Terrorismusforschung auf methodologische Ansätze zurückgreifen, die in den Sozial- und Geisteswissenschaften bereits verwendet werden, um die Repräsentation von Emotionen zu untersuchen. Freilich werden bereits Methoden, die in der Emotionsforschung gang und gäbe sind – wie Inhaltsanalyse, Diskursanalyse, narrative Analyse, und Ethnographie – in der Terrorismusforschung angewendet (Clément/Sangar 2018b). In jüngerer Zeit stoßen überdies Methoden wie Soziale Netzwerkanalyse, visuelle und multimodale Analysen und Foucaultsche genealogische Ansätze auf wachsende Begeisterung. Ein Forschungsprogramm an der Schnittstelle von Terrorismus und kollektiven Emotionen kann außerdem an der wachsenden methodologischen Diskussion in der Emotionsforschung ansetzen: sei es über die Notwendigkeit der Historisierung von Emotionen (Reddy 2001; Frevert 2011, Clément/Sangar 2018b; Van Rythoven/Sucharov 2020), das Zusammenspiel individueller und kollektiver Emotionen (Von Scheve/Salmella 2014; Flam/Kleres 2015; Slaby/Von Scheve 2019) oder die Untersuchung der Dynamiken zwischen konkurrierenden Emotionsgemeinschaften (Demertzis 2013; Clément/Sangar 2018b). Dieser Beitrag ist als Beginn eines Gesprächs zu verstehen, das sich hoffentlich fortsetzt und intensiviert.

Literatur

Ahmed, Sara 2004: The Cultural Politics of Emotion. New York: Routledge.

Allchorn, William 2020: Cumulative Extremism and the Online Space: Reciprocal Radicalisation Effects Between the Extreme Right and Radical Islamists in the UK. In: Littler, Mark/Lee, Benjamin (Hrsg.). Digital Extremisms. Cham: Springer, 37-62.

Aly, Anne 2016: Brothers, Believers, Brave Mujahideen: Focusing Attention on the Audience of Violent Jihadist Preachers. In: Aly, Anne/ MacDonald, Stuart/Jarvis, Lee/Chen, Thomas (Hrsg.). Violent Extremism Online: New Perspectives on Terrorism and the Internet. London/New York: Routledge, 106-122.

Bartlett, Jamie/Birdwell, Jonathan 2013: Cumulative Radicalisation Between the Far-Right and Islamist Groups in the UK: A Review of Evidence. London: Demos.

Bermingham, Adam/Conway, Maura/McInerney, Lisa/O'Hare, Neil/Smeaton, Alan F. 2009: Combining Social Network Analysis and Sentiment Analysis to Explore the Potential for Online Radicalisation. Paper Presented at the International Conference on Advances in Social Network Analysis and Mining. Athens, July 20-22.

Berntzen, Lars Erik/Sandberg, Sveinung 2014: The Collective Nature of Lone Wolf Terrorism: Anders Behring Breivik and the Anti-Islamic Social Movement, in: Terrorism and Political Violence, 26:5, 759-779.

Bleiker, Roland/Hutchison, Emma 2008: Fear No More: Emotions and World Politics, in: Review of International Studies, 34:1, 115-135.

Bloom, Mia 2013: In Defense of Honor: Women and Terrorist Recruitment on the Internet, in: Journal of Postcolonial Studies, 4:1, 150-195.

Borum, Randy 2003: Understanding the Terrorist Mindset, in: FBI Law Enforcement Bulletin, 72:7, 7-10.

Burchill, Richard 2017: Legal Constructions of Terrorism. In: Stohl, Michael/ Burchill, Richard/Englund, Scott (Hrsg.). Constructions of Terrorism. Oakland: University of California Press, 138-150.

Busher, Joel 2015: The Making of Anti-Muslim Protest: Grassroots Activism in the English Defence League. London: Routledge.

Busher, Joel/Macklin, Graham 2015: Interpreting "Cumulative Extremism": Six Proposals for Enhancing Conceptual Clarity, in: Terrorism and Political Violence, 27:5, 884-905.

Castelli Gattinara, Pietro/Froio, Caterina 2014: Discourse and Practice of Violence in the Italian Extreme Right: Frames, Symbols, and Identity-building in Casa Pound Italia, in: International Journal of Conflict and Violence, 8:1, 154-170.

Clément, Maéva 2019: Islamist Organizations in Western Europe. The Role of Collective Emotions in Group Radicalization Processes. PhD thesis, Goethe University Frankfurt.

Clément, Maéva/Lindemann, Thomas/Sangar, Eric 2017: The "Hero-Protector Narrative": Manufacturing Emotional Consent for the Use of Force, in: Political Psychology, 38: 6, 991-1008.

Clément, Maéva/Sangar, Eric 2018a: Introduction: Methodological Challenges and Opportunities for the Study of Emotions. In: Clément, Maéva/Sangar, Eric (Hrsg.). Researching Emotions in International Relations. London/New York: Palgrave Macmillan, 1-29.

Clément, Maéva/Sangar, Eric 2018b: Researching Emotions in International Relations. Methodological Perspectives on the Emotional Turn. London/New York: Palgrave Macmillan.

Copeland, Simon 2019: Telling Stories of Terrorism: A Framework for Applying Narrative Approaches to the Study of Militant's Self-accounts, in: Behavioral Sciences of Terrorism and Political Aggression, 11:3, 232-253.

Cottee, Simon/Cunliffe, Jack 2020: Watching ISIS: How Young Adults Engage with Official English-language ISIS Videos, in: Studies in Conflict & Terrorism, 43:3, 183-207.

Cottee, Simon/Hayward, Keith 2011: Terrorist (E)motives: The Existential Attractions of Terrorism, in: Studies in Conflict & Terrorism, 34:12, 963-986.

Della Porta, Donatella 1995: Social Movements, Political Violence, and the State: A Comparative Analysis of Italy and Germany. Cambridge: Cambridge University Press.

Demertzis, Nicolas (Hrsg.) 2013: Emotions in Politics: The Affect Dimension in Political Tension. Basingstoke: Palgrave Macmillan.

Ducol, Benjamin 2013: Les dimensions émotionnelles du terrorisme, in: Canadian Graduate Journal of Sociology and Criminology, 2:2, 89-102.

Fattah, Khaled/Fierke, Karin M. 2009: A Clash of Emotions: The Politics of Humiliation and Political Violence in the Middle East, in: European Journal of International Relations, 15:1, 67-93.

Fielitz, Maik/Ebner, Julia/Guhl, Jakob/Quent, Matthias 2018: Loving Hate. Anti-Muslim Extremism, Radical Islamism and the Spiral of Polarization. Jena/London: Institut für Demokratie und Zivilgesellschaft & Institute for Strategic Dialogue.

Fierke, Karin M. 2015: Human Dignity, Basal Emotion and a Global Emotionology. In: Åhäll, Linda/Gregory, Thomas (Hrsg.). Emotions, Politics and War, London/New York: Routledge, 45-57.

Flam, Helena/Kleres, Jochen 2015: Methods of Exploring Emotions. London/New York: Routledge.

Frevert, Ute 2011: Emotions in History – Lost and Found. Budapest: Central European University Press.

Frindte, Wolfgang/Ben Slama, Brahim/Dietrich, Nico/Pisoiu, Daniela/Uhlmann, Milena/Kausch, Melanie 2016: Wege in die Gewalt. Motivationen und Karrieren salafistischer Jihadisten. HSFK Report 3. Frankfurt/Main: Leibniz-Institut Hessische Stiftung Friedens-und Konfliktforschung.

Frischlich, Lena/Rieger, Diana/Morten, Anna/Bente, Gary 2018: The Power of a Good Story: Narrative Persuasion in Extremist Propaganda and Videos Against Violent Extremism, in: International Journal of Conflict and Violence, 12, 1-16.

Gable, Gerry/Jackson, Paul 2011: Lone Wolves: Myth or Reality? Ilford: Searchlight Magazine.

Gaxie, Daniel 1977: Économie des partis et rétributions du militantisme, in: Revue française de science politique, 27:1, 123-154.

Glazzard, Andrew 2017: Losing the Plot: Narrative, Counter-Narrative and Violent Extremism, in: The International Centre for Counter-Terrorism – The Hague, 8:8, 1-20.

Goodwin, Jeff/Jasper, James M. 2004: Rethinking Social Movements: Structure, Culture, and Emotion. Lanham: Rowman & Littlefield.

Goodwin, Jeff/Jasper, James M./Polletta, Francesca 2000: The Return of the Repressed: The Fall and Rise of Emotions in Social Movement Theory, in: Mobilization: An International Quarterly, 5:1, 65-83.

Goodwin, Jeff/Pfaff, Steven (Hrsg.) 2001: Emotion Work in High-risk Social Movements: Managing Fear in the US and East German Civil Rights Movements. In: Goodwin, Jeff/Jasper, James M./Polletta, Francesca (Hrsg.). Passionate Politics: Emotions and Social Movements. Chicago: University of Chicago Press, 282-302.

Gould, Deborah B. 2009: Moving Politics: Emotion and ACT UP's Fight Against AIDS. Chicago: University of Chicago Press.

Graef, Josefin/Da Silva Raquel/Lemay-Hebert, Nicolas 2018: Narrative, Political Violence, and Social Change, in: Studies in Conflict & Terrorism, 43:6, 1-13.

Günther, Christoph/Ourghi, Mariella/Schröter, Susanne/Wiedl, Nina 2016: Dschihadistische Rechtfertigungsnarrative und mögliche Gegennarrative. HSFK Report. Frankfurt/Main: Leibniz-Institut Hessische Stiftung Friedens-und Konfliktforschung.

Halverson, Jeffry R./Corman, Steven/Goodall, Lloyd H. 2011: Master Narratives of Islamist Extremism. New York: Palgrave.

Hammack, Phillip L./ Pilecki, Andrew 2012: Narrative as a Root Metaphor for Political Psychology, in: Political Psychology, 33:1, 75-103.

Hegghammer, Thomas 2015: Why Terrorists Weep: The Socio-Cultural Practices of Jihadi Militants. Paul Wilkinson Memorial Lecture. University of St. Andrews.

Hegghammer, Thomas (Hrsg.) 2017: Jihadi Culture: The Art and Social Practices of Militant Islamists. Cambridge: Cambridge University Press.

Heidenreich, Felix/Schaal, Gary S. 2012: Politische Theorie und Emotionen. Baden-Baden: Nomos.

Herschinger, Eva/Bozay, Kemal/Decker, Oliver/Von Drachenfels, Magdalena/Joppke, Christian/Sinha, Klara 2018: Radikalisierung der Gesellschaft? Forschungsperspektiven und Handlungsoptionen. HSFK Report. Frankfurt/Main: Leibniz-Institut Hessische Stiftung Friedens-und Konfliktforschung.

Hochschild, Arlie Russell 1979: Emotion Work, Feeling Rules, and Social Structure, in: American Journal of Sociology, 85:3, 551-575.

Hochschild, Arlie Russell 1983. The Managed Heart: Commercialization of Human Feeling. Berkeley: University of California Press.

Hodges, Adam 2011: The "War on Terror" Narrative: Discourse and Intertextuality in the Construction and Contestation of Sociopolitical Reality. New York: Oxford University Press.

Holbrook, Donald/Ramsay, Gilbert/Taylor, Max 2013: "Terroristic Content": Towards a Grading Scale, in: Terrorism and Political Violence, 25:2, 202-223.

Hutchison, Emma 2016: Affective Communities in World Politics. Collective Emotions after Trauma. Cambridge: Cambridge University Press.

Hutchison, Emma/Bleiker, Roland 2008: Emotions in the War on Terror. In: Bellamy, Alex J./Bleiker, Roland/Davies Sara E./Devetak, Richard (Hrsg.). Security and the War on Terror. London: Routledge, 57-70.

Ismer, Sven/Beyer, Manuela/Von Scheve, Christian 2015: Soziale Konsequenzen kollektiver Emotionen: Identifikation und Solidarität nach innen sowie Abgrenzung nach außen? In: Kleres, Jochen/Albrecht, Yvonne (Hrsg.). Die Ambivalenz der Gefühle. Wiesbaden: Springer, 83-100.

Johnston, Hank 2016: The Mechanisms of Emotion in Violent Protest. In: Demetriou, Chares (Hrsg.) Dynamics of Political Violence. London: Routledge, 27-50.

Klein, Ansgar/Nullmeier, Frank (Hrsg.) 1999: Masse—Macht—Emotionen. Zu einer politischen Soziologie der Emotionen. Wiesbaden: Springer.

Koehler, Daniel 2015: Radical Groups' Social Pressure Towards Defectors: The Case of Right-Wing Extremist Groups, in: Perspectives on Terrorism, 9:6, 36-50.

Koschut, Simon 2019: Communitarian Emotions in IR: Constructing Emotional Worlds. In: Van Rythoven, Eric/Sucharov, Mira (Hrsg.) Methodology and Emotion in International Relations. London: Routledge, 79-96.

Köttig, Michaela/Bitzan, Renate/Petö, Andrea (Hrsg.) 2017: Gender and Far Right Politics in Europe. Cham: Springer.

Leuprecht, Christian/Hataley, Todd/Moskalenko, Sophia/McCauley, Clark 2010: Narratives and Counter-narratives for Global Jihad: Opinion Versus Action. In: Kessels, Eelco J.A.M. (Hrsg.). Countering Violent Extremist Narratives. Breda: National Coordinator for Counterterrorism, 58-71.

Mackie, Diane M./Smith, Eliot R./Ray, Devin G. 2008: Intergroup Emotions and Intergroup Relations, in: Social and Personality Psychology Compass, 2:5, 1866-1880.

Malthaner, Stefan 2017: Radicalization: The Evolution of an Analytical Paradigm, in: European Journal of Sociology, 58:3, 369-401.

Marcus, George E. 2000: Emotions in Politics, in: Annual Review of Political Science, 3:1, 221-250.

McCauley, Clark/Moskalenko, Sophia. 2008: Mechanisms of Political Radicalization: Pathways Toward Terrorism, in: Terrorism and Political Violence, 20:3, 415-433.

Meiering, David/Dziri, Aziz/Foroutan, Naika/Teune, Simon/Lehnert, Esther/Abou Taam, Marwan. 2018: Brückennarrative – Verbindende Elemente für die Radikalisierung von Gruppen. HSFK Report. Frankfurt/Main: Leibniz-Institut Hessische Stiftung Friedens-und Konfliktforschung.

Melucci, Alberto 1995: The Process of Collective Identity. In: Johnston, Hank/ Klandermans, Bert (Hrsg.). Social Movements and Culture. Minneapolis: University of Minnesota Press, 41-63.

Moghaddam, Fathali M. 2005: Psychological Processes and "the Staircase to Terrorism", in: American Psychologist, 60:9, 1039-1041.

New York Times 2004: In Video Message, Bin Laden Issues Warning to U.S. 30. Oktober, https://www.nytimes.com/2004/10/30/world/middleeast/in-video-message-bin-laden-issues-warning-to-us.html

O'Halloran, Kay L./Tan, Sabine/Wignell, Peter/Bateman, John A./Pham, Duc-Son/ Grossman, Michele 2016: Interpreting Text and Image Relations in Violent Extremist Discourse: A Mixed Methods Approach for Big Data Analytics, in: Terrorism and Political Violence, 31:3, 454-474.

Palandt, Ralf (Hrsg.) 2012: Rechtsextremismus, Rassismus und Antisemitismus in Comics. Berlin: Bugrim.

Pearson, Elizabeth 2018: Online as the New Frontline: Affect, Gender and ISIS-take-down on Social Media, in: Studies in Conflict & Terrorism, 41:11, 850-874.

Pearson, Elizabeth/Winterbotham, Emily 2017: Women, Gender and Daesh Radicalisation, in: The RUSI Journal, 162:3, 60-72.

Pemberton, Antony/Aarten, Pauline G.M. 2017: Narrative in the Study of Victimological Processes in Terrorism and Political Violence: An Initial Exploration, in: Studies in Conflict & Terrorism, 41:7, 1-16.

Peresin, Anita/Cervone, Alberto 2015: The Western Muhajirat of ISIS, in: Studies in Conflict & Terrorism, 38:7, 495-509.

Petersen, Roger D. 2002: Understanding Ethnic Violence: Fear, Hatred, and Resentment in Twentieth-century Eastern Europe. Cambridge: Cambridge University Press.

Pfeifer, Hanna/Spencer, Alexander 2019: Once Upon a Time: Western Genres and Narrative Constructions of a Romantic Jihad, in: Journal of Language and Politics, 18:1, 21-39.

Pisoiu, Daniela/Hummel, Klaus 2014: Das Konzept der "Co-Radikalisierung" am Beispiel des Salafismus in Deutschland. In: Hummel, Klaus/Logvinov, Michail (Hrsg.). Gefährliche Nähe. Salafismus und Dschihadismus in Deutschland. Stuttgart: Ibidem, 183-197.

Pratt, Douglas 2015: Reactive Co-Radicalization: Religious Extremism as Mutual Discontent, in: Journal for the Academic Study of Religion, 28:1, 3-23.

Reddy, William M. 2001: The Navigation of Feeling: A Framework for the History of Emotions. Cambridge: Cambridge University Press.

Rice, Stephen K. 2009: Emotions and Terrorism Research: A Case for a Social-Psychological Agenda, in: Journal of Criminal Justice, 37:3, 248-255.

Richardson, Louise 2006: What Terrorists Want: Understanding the Enemy, Containing the Threat. New York: Random House.

Rieger, Diana/Frischlich, Lena/Bente, Gary 2019: Dealing with the Dark Side: The Effects of Right-wing Extremist and Islamist Extremist Propaganda from a Social Identity Perspective, in: Media, War & Conflict, Online First: DOI 1750635219829165.

Ringmar, Erik 2006: Inter-Texual Relations: The Quarrel Over the Iraq War as a Conflict Between Narrative Types, in: Cooperation and Conflict, 41:4, 403-421.

Rosenwein, Barbara H. 2006: Emotional Communities in the Early Middle Ages. Ithaca: Cornell University Press.

Sageman, Marc 2008: Leaderless Jihad: Terror Networks in the Twenty-first Century. Philadelphia: University of Pennsylvania Press.

Schedler, Jan 2017: Die extreme Rechte als soziale Bewegung. In: Virchow, Fabian/ Langebach, Martin/Häusler, Alexander (Hrsg.). Handbuch Rechtsextremismus. Wiesbaden: Springer, 285-323.

Seferiades, Seraphim/Johnston, Hank 2012: The Dynamics of Violent Protest: Emotions, Repression and Disruptive Deficit. In: Seferiades, Seraphim/Johnston, Hank (Hrsg.). Violent Protest, Contentious Politics, and the Neoliberal State. Farnham: Ashgate, 3-18.

Sémelin, Jacques 2005: Purifier et détruire. Paris: Editions du Seuil.

Shortland, Neil/Nader, Elias/Imperillo, Nicholas/Ross, Kyrielle/Dmello, Jared 2017: The Interaction of Extremist Propaganda and Anger as Predictors of Violent Responses, in: Journal of Interpersonal Violence, Online first: doi: 10.1177/0886260517747599.

Shoshan, Nitzan 2016: The Management of Hate: Nation, Affect, and the Governance of Right-wing Extremism in Germany. Princeton: Princeton University Press.

Slaby, Jan/Von Scheve Christian (Hrsg.) 2019: Affective Societies. Abingdon: Routledge.

Sluka, Jeffrey A. 2009: The Contribution of Anthropology to Critical Terrorism Studies. In: Jackson, Richard/Breen-Smyth, Marie/Gunning, Jeroen (Hrsg.). Critical Terrorism Studies. A New Research Agenda. London/New York: Routledge, 138-155.

Smith, Eliot R./Seger, Charles R./Mackie, Diane M. 2007: Can Emotions Be Truly Group Level? Evidence Regarding Four Conceptual Criteria, in: Journal of Personality and Social Psychology, 93:3, 431-446.

Sommier, Isabelle 1998: La violence politique et son deuil: l'après 68 en France et en Italie. Rennes: Presses Universitaires de Rennes.

Sommier, Isabelle 2010: Les états affectifs ou la dimension affectuelle des mouvements sociaux. In: Agrikolanski, Eric/Filleule, Olivier/Sommier, Isabelle (Hrsg.). Penser les mouvements sociaux. Paris: La Découverte, 185-202.

Spencer, Alexander 2016: Romantic Narratives in International Politics: Pirates, Rebels and Mercenaries. Manchester: Manchester University Press.

Srowig, Fabian/Roth, Viktoria/Pisoiu, Daniela/Seewald, Katharina/Zick, Andreas 2018: Radikalisierung von Individuen: ein Überblick über mögliche Erklärungsansätze. HSFK Report. Frankfurt/Main: Leibniz-Institut Hessische Stiftung Friedens-und Konfliktforschung.

Stopfner, Maria 2017: Seit heut früh wird zurückgeschrieben: Intertextuality and Interdiscursivity in Political Comics of the Far and Extreme Right. In: Epstein, Mark/Orsitto, Fulvio/Righi, Andrea (Hrsg.). TOTalitarian ARTs. Newcastle Upon Tyne: Cambridge Scholars Publishing, 320-349.

Tajfel, Henri/Turner, John C. 1979: An Integrative Theory of Intergroup Conflict. In: Austin, William G./Worchel, Stephen (Hrsg.). The Social Psychology of Intergroup Relations. Monterey, CA: Brooks/Cole, 33-47.

Toros, Harmonie. 2017: "9/11 Is Alive and Well" Or How Critical Terrorism Studies Has Sustained the 9/11 Narrative, in: Critical Studies on Terrorism, 10:2, 203-219.

Traïni, Christophe 2009: Émotions... Mobilisation! Paris: Les Presses de Sciences Po.

Van Rythoven, Eric/Sucharov, Mira 2020: Methodology and Emotion in International Relations: Parsing the Passions. Abingdon: Routledge.

Van Stekelenburg, Jacquelien 2017: Radicalization and Violent Emotions, in: PS: Political Science & Politics, 50:4, 936-939.

Van Troost, Dunya/Van Stekelenburg, Jacquelien/Klandermans, Bert 2013: Emotions of Protest. In: Demertzis, Nicolas (Hrsg.). Emotions in Politics. Wiesbaden: Springer, 186-203.

Von Scheve, Christian/Salmella, Mikko (Hrsg.) 2014: Collective Emotions. Oxford: Oxford University Press.

Wiktorowicz, Quintan 2004: Islamic Activism: A Social Movement Theory Approach. Bloomington: Indiana University Press.

Windsor, Leah 2020: The Language of Radicalization: Female Internet Recruitment to Participation in ISIS Activities, in: Terrorism and Political Violence, 32:3, 506-538.

Wright-Neville, David/Smith, Debra 2009: Political Rage: Terrorism and the Politics of Emotion, in: Global Change, Peace & Security, 21:1, 85-98.

Radikalisierung, Online-Diskurse und Emotionen

Sybille Reinke de Buitrago

Emotionen spielen eine wichtige Rolle in Online-Diskursen von extremistischen Akteuren. So haben die letzten Jahre gezeigt, dass Radikalisierungsprozesse auch im Online-Raum und über Online-Diskurse stattfinden bzw. verstärkt werden. Die sozialen Medien werden aktiv und gezielt von extremistischen Akteuren genutzt, um ihre Sichtweisen, Botschaften und Forderungen zu verbreiten. Mit dem Ziel, andere zu überzeugen und Unterstützung und Gefolgschaft zu mobilisieren, spielen sie dabei auch mit Emotionen. Sie geben Themen emotionale Frames, emotionalisieren die eigenen Aussagen oder die von anderen und sprechen Emotionen strategisch an bzw. evozieren Emotionen. Emotionen transportieren Inhalte auf eine besonders prägnante Art, das heißt, sie verdeutlichen Inhalte, lassen sie spürbar werden. Mittels Emotionen können Inhalte eine Prägung bzw. Richtung und mehr Gewicht bekommen können, weshalb es mehr Bewusstsein zu emotionalen Frames wie auch einen kritischen Umgang damit bedarf. Das vorliegende Kapitel[1] zeigt und diskutiert die emotionalen Frames in Videos und Online-Text von islamistischen und rechtsextremistischen/-populistischen Gruppen in Deutschland; der Schwerpunkt liegt auf dem Anfang eines möglichen Radikalisierungsprozesses.

Theoretisch-methodischer Ansatz

Extremistische Akteure nutzen bestehende Spannungen und Konflikte in einer Gesellschaft, um andere von ihren Botschaften und Forderungen zu überzeugen und für sich zu mobilisieren. Gerade im Bereich des Extremismus haben diese Spannungen und Konflikte oft einen Bezug zu internationalen Konflikten und Entwicklungen. Zu nennen sind hier die Krise der liberalen Weltordnung, autoritäre Staaten, inner- und zwischenstaatliche Gewaltkonflikte, transnationale Akteure/Bewegungen, sowie Flucht und

---

1 Das Kapitel baut auf dem Projekt *VIDEOSTAR – Videobasierte Strategien gegen Radikalisierung* auf, welches vom Inneren Sicherheitsfond der Europäischen Union finanziert wird.

(gezwungene) Migration. Extremistische Akteure greifen gezielt Konfliktlinien auf, verbinden oder betonen sie in der jeweiligen Gesellschaft und stärken damit auch diese Spannungen weiter – ihr Ziel ist es, sich selbst letztendlich als die Gruppe mit den „richtigen" Antworten auf die bestehenden Herausforderungen darzustellen. Um Interesse für ihre Botschaften zu wecken und dies dann weiter zu stärken, setzen sie gezielt auf die emotionale Ebene. Oft geht es um die Repräsentation von (behaupteten) Bedrohungen und Gegnern, die auch diskursive Abgrenzung zu diesen Gegnern und letztendlich um deren geforderten Bekämpfung in der einen oder anderen Art. Sie bieten sich selbst als, manchmal einzige, Alternative mit angeblichen Lösungen an. Der Online-Raum bietet hierfür unendlich viele und leicht umsetzbare Möglichkeiten. Extremistische Inhalte lassen sich leicht sowohl online stellen als auch dort finden; Rekrutierung findet auch online statt. Des Weiteren spielen Algorithmen bei *YouTube* eine Rolle, indem die Nutzer durch diese schnell von harmlosen zu problematischen Inhalten gelangen können.

Radikalisierung wird hier als Prozess verstanden, der unterschiedlich schnell ablaufen kann, aber nicht unbedingt zu tatsächlicher Gewalt führen muss. Die Forschung weist darauf hin, dass sich in einem Radikalisierungsprozess sowohl Denken als auch Verhalten verengen und sich im Vergleich zur Gesellschaft als zunehmend extrem darstellen. Letztendlich kann es auch zu Gewalt kommen (Neumann 2013c, 874; Neumann 2013b, 3). Verschiedene Faktoren können bei der Radikalisierung eine Rolle spielen. Angeführt werden emotionale Bedürfnisse und wie diese angesprochen werden, das Gemeinschaftsgefühl, das soziale Umfeld, Gruppenzwang, instabile Identitäten und Persönlichkeitsfaktoren (Hussain 2018, 88-95; Neumann 2016, 64; Cottee/Hayward 2011, 963 und 973). Religion kann bei Islamisten als Rahmen dienen, wird aber eher als Versuch der Legitimierung einer Ideologie angesehen (Schahbasi 2009, 30). Ideologien helfen dabei, komplexe Herausforderungen zu vereinfachen und angebliche Lösungen zu präsentieren, welche dann auch Gewalt miteinschließen können. Die Mobilisierung beruht auf einer Ideologie passend zu bestehenden gesellschaftlichen Herausforderungen und den damit verbundenen Spannungen (Neumann 2016, 84-85). Extremistische Gruppen kommunizieren zudem oft strategisch und professionell, zum Beispiel auch in mehreren Sprachen und in Berücksichtigung regionaler Besonderheiten (Milton 2016; Wiktorowicz 2005, 98).

Extremistische Akteure nutzen Spannungen in Politik und Gesellschaft, und rahmen diese aus ihrer Perspektive in einer Art strategischem Narrativ, das auf Einflussnahme zielt (Maan 2015). Probleme und behauptete Lösungen werden vereinfacht dargestellt. Oft wird ein schnelles oder sofortiges Handeln gefordert bzw. ausgedrückt. Teil eines solches Diskurses sind auch die Abwertung und Ablehnung eines als gefährlich dargestellten Anderen, sowie die Aufwertung der eigenen Gruppe und das Angebot der Zugehörigkeit dazu. Dies spricht emotionale Bedürfnisse und auch Identitätsaspekte an. In ihrer Kommunikation bieten extremistische Akteure Erklärungen, Visionen, Rechtfertigungen und Forderungen in einem mehr oder weniger kohärenten Weltbild, einschließlich emotionaler Frames (Neumann 2016). Die Bedeutung von Emotionen in der internationalen Politik/den internationalen Beziehungen ist anerkannt. Auf internationaler Ebene, durch nationale Entscheidungsträger, wie auch auf nationaler und individueller Ebene prägen Emotionen soziales Verhalten. Sie tun dies in direkter als auch indirekter Weise, sind untrennbar mit Denken und Handeln verbunden und tragen zum Verständnis vom Selbst und Anderen bei (Bially Mattern 2014, 590-591; Mercer 2014). Emotionen sind mit Normen verbunden, werden auch sprachlich kommuniziert und drücken Bindungen und Positionierungen aus (Koschut 2014, 544 und 589). Themen und Akteure können nicht nur emotional gerahmt, sondern auch auf eine emotionalisierte Art dargestellt werden, zum Beispiel in Form eines überhöht positiven Selbst versus des überhöht negativen Anderen, wobei die jeweilige Emotionalisierung diese Dichotomie und Differenz noch verschärft (Reinke de Buitrago 2018).

Emotionale Frames können in Anlehnung an Entman's (1993) Framing-Theorie als mit emotionalen Inhalten verbundene Bedeutungsrahmen gesehen werden. Frames beziehen sich darauf, wie ein Thema oder eine Entwicklung definiert und mit Bedeutung versehen und somit auch mit bestimmten Werten verbunden wird, was letztendlich bestimmte Interpretationen begünstigt (Goffman 1974, 10 und 21; Entman 2010, 1993). Frames evozieren Emotionen und definieren so Inhalte (Kühne 2013, 18). Prozesse des (emotionalen) Framings sind effektiv, da menschliche Informationsverarbeitungsprozesse mit minimal möglichem Aufwand ablaufen, zum Beispiel mittels bestehender kognitiver Filter (Fiske/Taylor 1991). Die Wirkung von Frames wurde in der Forschung, auch beim Thema Extremismus, hinreichend gezeigt (zum Beispiel: Entman 2010; Glaab 2007; Nacos/Boch-Elkon/Shapiro 2011). Auch die Wirkung emotionaler Frames in Narrativen extremistischer Akteure wurde aufgezeigt (Rieger/Frischling/Bente 2013). Bei international und transnational wie auch national verhandelten Themen wirken Narrative auch mittels ihrer emotionalen Frames. So spielen (geteilte) Emotionen eine entscheidende Rolle dabei, wie Konflikte, auf welcher Ebene auch immer, ausgehandelt werden, wie sich Menschen mit ihnen identifizieren und wie sie sie repräsentieren (Hutchison 2016; Åhäll/Gregory 2015, 2; Stein Gross 2006, 294).

Der Online-Raum erscheint besonders geeignet für die Darstellung emotionaler Frames, gerade auch aufgrund der visuellen und auditiven Möglichkeiten der Ansprache. So prägen auch die Darstellungen vom Selbst/Anderen und von deren Machtbeziehungen sowie Freundschaft oder Feindschaft das Verständnis (Holland 2014, 201-203; MacDonald/ Hughes/Dodds 2010, 2). Die sozialen Medien bieten sowohl ein größeres Potenzial für Prozesse der Radikalisierung im Allgemeinen wie auch für eine Beschleunigung von Radikalisierung (von Behr/Reding/Edwards/ Gribbon 2013). Extremistische Akteure nutzen in ihrer Online-Kommunikation die visuellen und auditiven Möglichkeiten, zum Beispiel starke Kontraste in Farbe, Volumen und Ton/Musik für ihre jeweiligen Framings. Ein längerer Kontakt mit extremistischen Inhalten, ob in der virtuellen oder physischen Welt, kann auch die Radikalisierung online erleichtern, auch mittels der Effekte von Videos und Bildern und einer gewissen emotionalen Desensibilisierung (Neumann 2013a, 435). Daneben werden Techniken zur Annäherung und Anfreundung angewandt, sogenannte „grooming techniques": psychologische und soziale Aspekte werden evoziert, um Gefolgschaft zu rekrutieren, zum Beispiel mit Angeboten von Sammlungen von Videos, Liedern und Vorträgen, und mit dem Angebot eines Forums zum Austausch und zum Kennenlernen (Gendron 2017). Die Kommunikation in Echtzeit und im globalen Raum, sowie die Möglichkeit der auf den Nutzer zugeschnittenen Inhalte, erlaubt es, die Aufmerksam auf bestimmte Botschaften zu lenken (Baaken/Schlegel 2017, 187-188).

Gefordert werden zudem mehr empirische Analysen, aber auch einen stärkeren Austausch zwischen den wissenschaftlichen Erkenntnissen und der Arbeit im Präventionsbereich (Pisoiu/Ahmed 2016). Ebenfalls von Bedeutung für die Bemühungen zur Deradikalisierung sei ein vertieftes Verständnis der möglichen Parallelen bei Radikalisierungsprozessen in verschiedenen Strömungen. Zudem wird darauf hingewiesen, dass wir besser verstehen müssen, wie genau die Ansprache auf der emotionalen Ebene wirkt, besonders wie Angst benutzt wird (Pisoiu/Ahmed 2016, 2-8). Zum Potenzial von sogenannten Gegennarrativen oder Gegendiskursen bei Versuchen der Deradikalisierung verweist die Forschung auch auf etliche Herausforderungen. Einerseits ist der Anteil an extremistischen Inhalten ungemein höher als Inhalte, die sich dagegen richten (vgl. zum Beispiel Rieger/Morton/Frischlich 2017). Andererseits wird argumentiert, dass die Wirksamkeit von Gegennarrativen eher gemischt oder noch nicht einmal bewiesen ist (vgl. zum Beispiel Braddock/Dillard 2016), sowie dass Gegennarrative auch negative Wirkungen haben können, zum Beispiel die Verstärkung extremistische Ideen durch deren Wiederholung oder das Auslösen von Gegenreaktionen (Rutkowski/Schötz/Morton 2017).

Das vorliegende Kapitel beruht auf einem methodischen Ansatz mit Kategorien, die auf Basis der aktuellen Forschung, der Sichtung von Videomaterial sowie Experteninterviews entwickelt wurden. Die Kategorien dienten dazu, die Argumente, Behauptungen, Ideologien, Botschaften und Forderungen aus beiden Spektren herauszufiltern. Von besonderem Interesse waren Aspekte von Ungerechtigkeit und Gerechtigkeit, Viktimisierung, Auf- und Abwertung, Zugehörigkeit und Identität, Differenzierung, sowie welche emotionalen Frames dabei auftraten. Mittels der Analyse extremistischer Diskurse können die Verlinkungen, zum Beispiel zwischen einer Problemdarstellung und der Lösungsdarstellung, dissoziiert werden. Die Rolle von Bildern und emotionalen Appellen in der Bedeutungsschaffung können aufgedeckt werden. Mittels der Anwendung von Bildern und Farben, Ton und Musik werden Textinhalte kontextualisiert und deren Inhalte transportiert, um das Publikum gezielt anzusprechen. In den nächsten zwei Abschnitten werden die empirischen Ergebnisse diskutiert, jeweils für die islamistischen und die rechtsextremistischen/-populistischen Online-Diskurse. Dabei bedingt der verfügbare Platz die Diskussion eines nur kleinen Ausschnitts aus der Analyse. Der letzte Abschnitt präsentiert Überlegungen zu möglichen Wegen des Umgangs mit extremistischen Online-Diskursen und deren emotionalisierten Frames.

Emotionale Frames in islamistischen Online-Diskursen

In den islamistischen Online-Diskursen findet sich ein starker Fokus auf der behaupteten Bedrohung für die Muslime im Westen und westlichen Ländern. So wird „der Westen" im Allgemeinen, und Deutschland im Besonderen, als schlechte und ungeeignete Orte für „wahre" Muslime dargestellt. Es wird behauptet, dass ein wirklich muslimisches Leben nicht möglich ist. Was als wirkliches oder „wahres" muslimisches Leben gemeint ist, bezieht sich dabei immer auf die spezifische Lesart der jeweiligen extremistischen Gruppe. Des Weiteren wird behauptet, dass neben dem/der einzelnen Muslim/in die gesamte muslimische Gemeinschaft in Gefahr sei. Zudem werden die Medien stark kritisiert, sowie die staatlichen Institutionen allgemein, da sie Muslime nicht schützen und sogar noch das muslimische Leben oder seine Entfaltung schwächen würden. Zumeist folgt diesen Behauptungen der Aufruf an alle Muslime, sich und ihre Rechte und Gemeinschaft sowie den Islam (wiederum der Frame der jeweiligen Gruppe nach) zu verteidigen. Meistens findet sich in dem Zusammenhang auch die Erinnerung an Allah und das Leben nach dem Tod, sowie den Islam als „einzig wahre" Religion und Lebensweise für Muslime. Einer Person aus dem Kreis der Sicherheitsbehörden zufolge verweisen viele Videos darauf, dass Muslime sich um ihr Leben nach dem Tod kümmern müssen (Interview 1). Auch hier wird mit Angst gearbeitet: Verdammnis sei nur durch die Rückkehr zum „wahren" Islam zu vermeiden, eine Aussage mit potentiell starker Wirkung.

Videos islamistischer Gruppen arbeiten oft mit einer starken Dramaturgie und emotionalen Frames. Auch wenn es sehr viele Videos gibt, in denen eine Person (zumeist männlich) einfach nur spricht, so zeigen viele andere Videos Szenen von Kampf oder Gewalt, Männern in Uniform oder als Kämpfer, diverse Waffen, sowie Demonstrationen. Oft findet sich eine gewisse Faszination von Gewalt oder Kampf und dem Heldentum, zumindest aus einer westlichen Perspektive. So heben viele Videos die Bedeutung des Heldentodes hervor. Ein weiterer wichtiger Bestandteil von Videos ist der Sinn von Gemeinschaft, sei es wiederum zwischen Kämpfern, oder in der muslimischen Gemeinschaft. Dieser Gemeinschaftssinn wird aber zumeist in Abgrenzung zum Rest der Gesellschaft und als Gegenstück dazu ausgedrückt. Hiermit verbunden arbeiten viele Videos mit der Darstellung von Kontrast, sei es durch abrupte Wechsel bei Ton und bei Lautstärke und Art von Musik oder bei der Art von gezeigten Bildern. Hiermit wird Aufmerksamkeit erzeugt, aber auch ein Gegensatz bzw. sogar Konflikt zwischen den „wahren" Muslimen und der westlichen/deutschen Gesellschaft hergestellt. Im Folgenden werden einige Videos genauer vorgestellt, um die Schlüsselaussagen zu illustrieren.

Die Herstellung von Kontrast und somit Differenz zwischen „dem Westen" und „dem Islam/islamischen Raum" wird besonders deutlich in einem Video. Dieses Video rahmt einige Bilder aus einer rechten/rechtsextremistischen Demonstrationen mit einer gefühlt aggressiven Musik und stellt ihnen ruhige Bilder, unter anderem mit einem Sprecher, der aus dem Koran zitiert, und einer gefühlt beruhigenden Musik gegenüber (Transkript 13). Die ersten Bilder werden mit Kommentaren versehen, die den angeblichen Hass im Westen gegenüber Muslimen zeigen sollen, sowie mit den Ermahnungen, zu Allah zurückzukehren. Die Zuschauer werden aufgefordert, das Leben in Sünde hinter sich zu lassen und, indem sie zu Allah zurückkehren, seine Vergebung zu erlangen. Zudem fokussiert das Video auf die Diskriminierung von Muslimen im Westen und in Europa. Die Menschen im Westen würden den Islam verunglimpfen und werden zu den „wahren" Muslimen in Opposition gestellt. Mit den Aussagen, den Bildern, dem Framing und der visuellen und Tonelemente ist dieses Video beispielhaft für viele Videos, die intentional eine starke Dichotomie und

Differenz zwischen Muslimen und den als Ungläubige bezeichneten Nicht-Muslimen herstellen. Muslime sollten sich von den Ungläubigen im Westen distanzieren, da letztere die „Wahrheit" nicht erkennen wollen würden. Die Erhöhung des Selbst/der Muslime durch die Schaffung und Verstärkung von Differenz kann attraktiv sein für Menschen, die sich im Westen/in Deutschland fremd und nicht akzeptiert fühlen, oder die eine Orientierung suchen. Wie viele Videos bietet auch dieses sowohl Orientierung als auch die Zugehörigkeit zu einer großen Gemeinschaft; in einer Gemeinschaft können sich Menschen wieder stark fühlen, selbst wenn diese Gemeinschaft getrennt von oder parallel zur Mehrheitsgesellschaft ist.

Das Thema der Diskriminierung von Muslimen im Westen allgemein, wie auch in Deutschland, wird von vielen islamistischen Akteuren aufgegriffen und strategisch für eigene Ziele benutzt. Einem Experten im Präventionsbereich zufolge werden Diskriminierungserfahrungen aktiv dazu benutzt, um bei Muslimen in Deutschland ein Gefühl der Bedrohung zu schaffen und dieses Bedrohungsgefühl im nächsten Schritt mit dem Angebot des muslimischen Lebens und der muslimischen Identität innerhalb einer starken Gemeinschaft zu verbinden (Interview 2). So missbrauchen denn auch viele Videos die Klagen und Missstände von Muslimen in Deutschland: sie zeigen eine für Muslime schwierige Situation (am Arbeitsplatz, im öffentlichen Raum, etc.), weisen dann die deutsche Gesellschaft und ihre Normen als falsch zurück und bieten schließlich die Zugehörigkeit der muslimischen Gemeinschaft als einzig mögliche Alternative an. So versuchen viele Videos, auch gezielt Jugendliche anzusprechen: Probleme in der Schule oder mit den Eltern werden typischerweise mit der angeblichen Lösung, nach der Lesart der jeweiligen extremistischen Gruppe, verbunden (Interview 3). Etliche der auch in Deutschland aufgewachsenen Sprecher in Videos verzerren zudem Begriffe wie „Heimat", um eine islamische Heimat anzubieten. Somit werden emotionale Bedürfnisse angesprochen und erfüllt (Interview 2), wie zum Beispiel nach Zugehörigkeit und Identität. Jemand, der in der deutschen Gesellschaft und Kultur sozialisiert wurde, kann diesen Kontext wohl auch effektiver für eine Verzerrung hin zu anderen Zwecken (aus-)nutzen, wie auch die emotionalen Bedürfnisse effektiv ansprechen. Auch die Nutzung regionaler Dialekte scheint effektiv in der Ansprache zu sein.

Die in vielen Videos vorgebrachte Forderung an Muslime, sich gegen den Westen zu verteidigen, bezieht auch den Dschihad als Mittel ein. So sollen Muslime sich selbst, ihren Glauben und ihre Gemeinschaft auch durch Dschihad schützen und verteidigen (Transkript 2). Bei dieser Thematik werden zudem alltägliche Sorgen mit dem Leben nach dem Tod verbunden. Die Pflicht zur Verteidigung der Muslime und des Islam sei notwendig für ein Leben nach dem Tod und dem Entgehen ewiger Verdammnis. Aussagen in Videos fordern zum Dschihad gegen alle Ungläubigen auf, gegen falsches Handeln wie Prostitution oder Drogen – dargestellt als etwas Westliches (Transkript 3) – oder aber zum Dschihad als Bestandteil des notwendigen Verhaltens (Transkript 11) sowie zum Sterben zu Ehren von Allah (Transkript 1). Auch die Vorbereitung auf den Dschihad wird gefordert, physisch wie auch mental, sowie die entsprechende elterliche Erziehung dazu (Transkript 2). Während die Aufforderung zur Gewalt in der Intensität variiert, nehmen die Aussagen Bezug zu meist stark polarisierenden Themen, zu denen Islamisten sich dann als die Alternative und als „wahren" Weg positionieren (Interview 2). Auch werden in Videos harmlose Inhalte benutzt, um den Zugang zu radikaleren Inhalten zu ebnen und vereinfachen; zudem hat sich in den letzten Jahren bei der Ansprache eine stärkere Differenzierung gezeigt (Interview 1). Eine gezielte, auf bestimmte Personen und Bedürfnisse ausgerichtete Ansprache ist sicherlich effektiver, aber wohl auch auf ein Lernen auf islamistischer Seite zurückzuführen. Die Verbindung der Forderung, sich gegen den Westen zu wehren, mit der Anerkennung und Erhöhung des muslimischen Selbst kann zudem Sympathien schaffen und dadurch ein Maß an Akzeptanz der entsprechenden Aussagen.

Emotionale Frames in rechtsextremistischen/-populistischen Online-Diskursen

Rechtsextremistische/-populistische Diskurse online haben sich in den letzten Jahren insbesondere auf die Darstellung einer Bedrohung durch Migrant*innen und Geflüchtete sowie einer vermeintlichen „Islamisierung" Europas und Deutschlands konzentriert. Auch hier werden die Medien kritisiert, jedoch eher für einen als gleichgeschaltet behaupteten Mainstream-Journalismus der mit dem Staat konspiriere. Der Staat wird für das „Chaos" während der sogenannten Flüchtlingskrise und allgemein für die Schaffung einer solchen Situation verantwortlich gemacht, sowie dafür, dass er Deutschland und die Deutschen nicht schütze. Aussagen in Videos sprechen von der Gewalt islamistischer Gruppen, von Terroristen und deren Gefahr für Deutschland und Europa. Ein weiterer Fokus ist die grobe Übertreibung von Instanzen von Gewalt muslimischer Männer gegen deutsche Frauen sowie die Instrumentalisierung solcher Ereignisse für die eigene Agenda. Zudem zeigt sich die Strategie, Videos vermehrt auf die Mitte der Gesellschaft zuzuschneiden, indem die Ansprache weniger martialisch ist dafür aber alltägliche und medial stark rezipierte Sorgen anspricht. Insbesondere Gruppen wie die Identitäre Bewegung wenden eine solche Strategie an.

Etliche Videos aus dem rechtsextremistischen/-populistischen Spektrum nutzen eine starke Dramaturgie mit hoher Kontrastierung und legen einen Fokus auf die emotionale Ansprache. Durch die Schaffung und Erhöhung von Gegensätzen und Kontrast wird (eine gefühlte) Differenz erzeugt. So werden idyllisch und friedlich anmutende deutsche Landschaften als Heimat dargestellt, die dann im Ton kontrastiert von den bildlich dargestellten vielen Migranten und Flüchtlingen während der Höhe der Flüchtlingsbewegungen um 2015/2016 bedroht werde. Auch werden generell zwischen Deutschen und Nichtdeutschen Gegensätze aufgebaut und damit Differenz geschaffen. Die Schaffung von dargestellten (und gefühlten) Gegensätzen erfolgt auf verschiedene Art: über die Wechsel in der Art der Musik, über Geräusche oder Lautstärke sowie über Bilder, sowie entsprechenden Aussagen, ganz ähnlich wie in islamistischen Videos.

Im Folgenden werden einige Videos detailliert diskutiert, um die besonders präsenten Themen zu verdeutlichen. Ein Schlüsselthema ist die Behauptung einer wachsenden Bedrohung für Deutschland und Deutsche sowie für die deutsche Kultur durch Flüchtlinge und Migranten. So werden in einem Video ganz alltägliche junge Menschen gezeigt, mit denen sich Betrachter leicht identifizieren können (Transkript 10), das heißt sympathisch aussehende Jugendliche ohne jegliche äußeren Kennzeichen, die auf eine Ideologie hindeuten. Abwechselnd sprechen drei junge Frauen über die Ereignisse der Silvesternacht 2015/2016 in Köln, ein Thema was auch allgemein oft aufgegriffen und als „Beweis" für die Gefährlichkeit muslimischer Männer für deutsche Frauen benutzt wird. Die drei Sprecherinnen verbinden diese Ereignisse mit der angeblichen Unfähigkeit und dem fehlenden Willen auf Seiten der deutschen Polizei und Regierung, diese Entwicklungen zu stoppen. Deutsche Frauen würden nicht geschützt. Beachtenswert ist hierbei die Strategie, die behauptete Gefahr rhetorisch zu vergrößern, und somit Angst zu schüren. So werden bestimmte Wörter wie „unzählige" benutzt, um die Gefahr als gefühlt größer darzustellen. Zudem werden die „tägliche" Gewalt von Flüchtlingen und Migranten gegen deutsche Frauen behauptet, jedoch nur einige Beispiele genannt, die als Beweis für die vielen gelten sollen. Die Verlinkung solcher Behauptungen im Kontext einer behaupteten Gefahr schafft eine gefühlt größere Masse, was wiederum Ängste wecken oder bestehende Ängste verstärken kann. Die Strategie dahinter ist, die Betrachter – und hier eventuell auch Frauen speziell – emotional anzusprechen und sie über das Mittel der Angst zu mobilisieren. Auch die Behauptung, Polizei und Regierung täten nichts zum Schutz der Frauen, dient dem Ziel der Mobilisierung, da sich die Frauen nun selbst verteidigen müssten und dazu auch aufgerufen werden.

Beim Thema von Gewalt gegen Frauen seitens Migranten und Geflüchteten, insbesondere muslimischer, werden Frauen daher auch direkt dazu aufgerufen, aktiv zu werden, sich zu verteidigen und zu kämpfen (Transkript 7). Die im Video angesprochenen Frauen sollen sich nicht nur mit den Sprecherinnen identifizieren, sondern auch deren Aufforderungen folgen. Indem die jungen Sprecherinnen ihre Namen aussprechen – und dass sie jede Frau sein könnten, und dass jede Frau sie sein könnten, wird die Identifikation mit ihnen erleichtert. Das Aufzählen der Namen schafft eine Familiarität sowie Nähe zu den Personen dahinter. Die aufgebaute und veranschaulichte Verbindung mit allen Frauen schafft eine gefühlt größere Gruppe von Betroffenen. Das Video spricht von einer alarmierenden Gefahr der aktuellen Migrationspolitik für Frauen; Frauen müssten sich außerhalb staatlicher Formen organisieren und verteidigen. Zudem werden alle Frauen dazu aufgerufen, ihre negativen Erfahrungen mit „Ausländern" in Deutschland zu teilen und öffentlich zu machen. Das Mobilisierungspotenzial solcher Aussagen liegt denn auch darin, dass existierende, diffuse Ängste vor sexueller Gewalt bei vielen Frauen instrumentalisiert werden, sowie in der erleichterten Erzeugung von Empathie. Zudem lassen sich entsprechende Aussagen oder eben auch Behauptungen dazu in den sozialen Medien extrem leicht und schnell verbreiten. Allerdings können so auch Gefühle der Ablehnung gegenüber Fremden verstärkt werden.

Teil der diskursiven Frames zu den Entwicklungen von Migration und Flucht ist die behauptete „Islamisierung" von Europa und auch Deutschland. Die Idee der ‚Islamisierung' wird mit der behaupteten Bedrohung Europas, des Westens allgemein sowie Deutschlands durch Muslime und den Islam verlinkt (Transkript 9). Sie findet sich auch bei den Videos, die die Gefahr für die Frauen thematisieren. So wird über die Änderungen im Straßenbild gesprochen, dass sich die europäischen Gesellschaften bald selbst nicht mehr wiedererkennen und sich als Fremde im eigenen Land fühlen würden. Auch viele populistische und nationalistische Parteien und Gruppen haben diese Gefahr in den letzten Jahren heraufbeschworen. So würden muslimische oder aber gar islamistische Werte und Lebensweisen die liberalen Gesellschaften Europas drastisch verändern. Der deutsche Staat würde mehr die Bedürfnisse von Muslimen berücksichtigen als die der Deutschen – was bereits jetzt schon in Teilen geschehe. Viele Videos stellen den Islam als monolithisch und als aggressiv und expansiv dar, sowie als nicht vereinbar mit westlichen Demokratien und liberalen Werten.

Schließlich sprechen viele Videos auch das Thema "Multikulti" an, rahmen es jedoch als etwas grundsätzlich Negatives und Schädliches für

Deutschland und für die deutsche Kultur. So spricht ein Video vom sogenannten „Multikulti-Experiment", welches die deutsche Regierung angeblich implementiere (Transkript 8), wobei hier verschwörungstheoretische
Sichtweisen mitschwingen. Der Staat strebe die Umwandlung einer demokratischen sowie monoethnischen und monokulturellen Gesellschaft in
eine multiethnische Gesellschaft an, eine Umwandlung mit der der Staat
auch die damit einhergehenden Konflikte, zum Beispiel auch die sexuelle
Gewalt und andere Straftaten, in Kauf nehmen würde. Das Video spricht
sich klar gegen dieses „Experiment" aus, da jegliche solche „Multikulti-Be-
mühungen" alle Kulturen gleichmachen würden. Dem Video zufolge sei
aber keiner gefragt worden, ob er oder sie eine solche Veränderung überhaupt wolle, weshalb die deutschen Bürger die Opfer wären (Transkript 8).
Andere Aussagen stellen die Behauptung auf, dass Multikulti an sich nicht
funktionieren könne und bereits gescheitert sei (Transkript 9). Hier wird
zum Beispiel die AfD dazu aufgerufen, ihre Meinungen und Sichtweisen
weiter zu verfolgen und dies auch gegen die „Regierung von Merkel" zu
tun, sowie sich durchzusetzen, um Deutschland noch zu retten (Transkript
9). Die öffentliche Debatte der letzten Jahre zum Multikulturalismus und
zu multikulturellen Gesellschaften an sich, aber auch die existierenden Herausforderungen bezüglich der Integration von Flüchtlingen und Migranten werden hier aufgegriffen. Im Kontext der Entwicklungen einer starken
Migration sollen diese Aussagen in Videos an diffuse Ängste anknüpfen
und sie verstärken. Damit sollen die Ängste auch für eine Mobilisierung
gegen Migranten/Flüchtlinge aber auch gegen die Regierung nutzbar gemacht werden.

*Lehren für den Umgang mit extremistischen Online-Diskursen und ihren
emotionalisierten Frames*

Die Ausführungen zu den Online-Diskursen und ihren emotionalen
Frames verweisen auf die hohe Bedeutung von Emotionen auch für die Bemühungen und Maßnahmen im Bereich der Deradikalisierung. Im Umgang mit Radikalisierungsprozessen und mit den sich in verschiedenen
Stadien der Radikalisierung befindlichen Personen müssen wir die emotionale Dimension beachten, wenn wir radikalisierte oder gefährdete Personen tatsächlich erreichen wollen. Weitere wichtige Aspekte sind der Umgang mit den groben Vereinfachungen auf Seiten extremistischer Akteure.
Hier ist es zwingend notwendig, die gegebene Komplexität der Themen
und Entwicklungen zu zeigen und zu diskutieren, sowie die Vereinfachung zu dekonstruieren und die Ziele dahinter aufzuzeigen. Dies bedeu-

tet im Weiteren auch, dass wir uns mit den bestehenden Widersprüchen und Spannungen in unseren Gesellschaften kritisch auseinandersetzen – denn es sind auch diese Widersprüche, die extremistische Akteure für ihre Agenda ausnutzen und die ihnen Unterstützung verschaffen.

Dabei ist auch die internationale Ebene zu beachten, einschließlich wie sich internationale Spannungen und Konflikte auf transnationale und innergesellschaftliche Entwicklungen auswirken können. Islamistische Videos bauen ihre Behauptungen und Forderungen nicht ohne Grund auf die Thematik westlicher Militärinterventionen in muslimischen Ländern oder auf Diskriminierungserfahrungen von Muslimen in westlichen/europäischen Ländern auf. Islamisten argumentieren zum Beispiel, dass der Westen mit seinen Interventionen erst Gewalt erschaffe, was entsprechend zu beantworten sei. Antworten hierauf bedürfen daher auch der Berücksichtigung internationaler Aspekte. Rechtsextremistische Videos nutzen wiederum die Schwierigkeiten bei Flucht/Migration und Integration für ihre eigenen Ziele, organisieren sich aber auch transnational, um mehr Einfluss zu bekommen. Auch hier müssen Antworten die internationale Ebene und die Verstrickung nationaler Themen und internationaler Entwicklungen berücksichtigen. Sowohl der Einfluss internationaler Ereignisse als auch deren Missbrauch seitens extremistischer Akteure für die eigenen Ziele ist deutlich zu machen und einzubeziehen. Die Probleme in unseren Gesellschaften, und wie sie auch international beeinflusst werden, dürfen nicht den ‚Erklärungen' extremistischer Akteure überlassen werden.

Der Umgang mit extremistischen Online-Diskursen ist auch deshalb enorm herausfordernd, weil Radikalisierungsprozesse selbst so komplex und vielfältig sein können und mit diversen politischen, gesellschaftlichen und sozialen Themen und Herausforderungen verbunden sind. Es braucht daher auch verschiedene Formate, Ansätze und Stile der Thematisierung und der Ansprache, um dem entgegenzuwirken. Hierbei zeigen sich aber zugleich etliche Schwierigkeiten, gerade in den schnelllebigen Zeiten der Online-Medien und Online-Kommunikation. So haben jeder gewählte Ansatz, jedes geschaffene Format und jede Art der Ansprache an den Zuschauer wiederum auch das Potenzial gegenteiliger Effekte: während manche von bestimmten Aussagen oder Darstellungen angesprochen werden, könnten andere davon gekränkt oder vor den Kopf gestoßen werden. Gleichwohl hat die Analyse hier aufgezeigt, dass eine Vielfalt in Ansätzen, Formaten und visueller Ansprache wichtig ist. So ist es nötig, die von extremistischen Akteuren angeführten Themen jeweils in ihrer Situation und möglichen Auswirkung aufzugreifen und mittels einer demokratischen, rechtstaatlichen Lesart zu deuten und zu erklären. Dies muss auf vielfältige Art erfolgen, um Menschen in unterschiedlichen Situationen und mit unterschiedlichen Bedürfnissen zu erreichen. Den Spaltungsversuchen extremistischer Akteure müssen breite und sachliche Debatten über bestehende Probleme und umsetzbare Lösungen entgegengestellt werden.

Es ist wichtig, radikalisierende Frames aufzuzeigen und die Wahrheitsbehauptungen zu korrigieren bzw. dekonstruieren. Dies beinhaltet auch, die konstruierten Verbindungen zwischen der Art der Darstellung eines Problems und der als nötig dargestellten oder geforderten Reaktionen und Handlungen aufzuzeigen und zu trennen. Faktisch falsche Behauptungen wie auch die eigentlichen Ziele dahinter müssen aufgezeigt werden. Möglicherweise kann hierbei auch Humor ein geeignetes Mittel sein, insbesondere, wenn wir Widersprüche zwischen dem Reden und dem Handeln auf extremistischer Seite aufzeigen können und wollen. Mittels Humor können Emotionen auf eine positive Weise und für ein konstruktives Ziel angewandt werden. Des Weiteren erscheinen beim Umgang mit extremistischen Online-Diskursen auch die Wahl der Gegensprecher*innen von Bedeutung zu sein: so lassen sich junge Muslim*innen sicherlich eher von jemandem ansprechen, der/die mittels Authentizität überzeugt, das heißt mit Expertise zum Thema – dies könnte zum Beispiel ein islamischer Gelehrter sein. Um den Aussagen in rechtsextremistischen Videos zu einer angeblich homogenen deutschen Identität und dem drohenden Verlust dieser entgegenzuwirken, würde es ebenfalls Personen mit einer Art Legitimität brauchen.

Auch die emotionale Dimension ist ein wichtiger Aspekt beim Umgang mit extremistischen Diskursen. Wie können wir die Instrumentalisierung von Emotionen und emotionalen Bedürfnissen seitens extremistischer Akteure verdeutlichen? Wie können Versuche der Aufklärung auch auf der emotionalen Ebene ansprechen? Einerseits braucht es ein solides Verständnis der Instrumentalisierung von Emotionen in extremistischen Diskursen, sowie das explizite Aufzeigen des Versuches, damit zu spalten und Unterstützung für extremistische Ideen und Ideologien zu schaffen. Es ist von Bedeutung, herausarbeiten, wie extremistische Akteure versuchen, durch die emotionale Ansprache ein Zugehörigkeitsgefühl und eine Gemeinschaft zu schaffen – und wie sie die emotionale Ansprache als Strategie für ihre eigenen Ziele missbrauchen. Andererseits ist es wichtig, dass Versuche der Aufklärung und Dekonstruktion ebenfalls die emotionale Ebene berücksichtigen und Menschen emotional erreichen. Hier kann positiv mit Emotionen gearbeitet werden. So können die existierenden Herausforderungen in den jeweiligen Gesellschaften aus dem Blickwinkel der Partizipation, Teilhabe und Empowerment betrachtet werden, das heißt die Herausforderungen in einer befähigenden und lösungsorientierten und die Handlungsfähigkeit aller stärkenden Art offen und breit zu debattieren.

Dies würde Menschen das Gefühl der Teilhabe und der Selbstwirksamkeit wie auch Mittel dazu geben – und damit die gesellschaftliche Resilienz gegen Radikalisierungsversuche stärken. Die Anwendung positiver Emotionen kann auch die Leidenschaft für ein bestimmtes Thema einschließen; es erlaubt Engagement und Mitgestaltung. Hier könnte zudem auf eine gemeinsame demokratische Identität hingearbeitet werden, eine Identität über das eigene Land oder die eigene Gruppe hinaus, zusammengehalten von geteilten Werten. Eine solche Identität lässt auch Differenz und Unterschiedlichkeit zu. Für viele junge Menschen ist eine europäische, eine größere Identität bereits Teil ihres Selbst. Hierauf lässt sich aufbauen, wenn die positiven Aspekte und Möglichkeiten einer größer als gruppenbezogenen Identität glaubwürdig aufgezeigt werden. So könnten wiederum gesellschaftliche Resilienz und Teilhabe sowie Kohäsion insgesamt gestärkt werden. Zu einer offeneren Identität würde auch die Idee einer demokratischen Gemeinschaft gut passen. Somit muss beim Umgang mit Radikalisierung – online und offline – auch der wichtige Aspekt des Gemeinschaftsgefühls und der Zugehörigkeit angesprochen werden – als etwas, wo sich jede/r einbringen kann und an dem alle gemeinsam arbeiten.

Ein allgemeinerer Ansatzpunkt im Umgang mit Radikalisierung, und eine Antwort auf die Entwicklungen in den sozialen Medien, ist die Stärkung der Medienkompetenz. In Anbetracht der Möglichkeiten, die sozialen Medien zur Verbreitung falscher Tatsachen oder spaltender Ideologien zu missbrauchen, sowie der Herausforderungen der sozialen Medien als Kommunikations- und Handlungsraum insgesamt, erscheint Medienkompetenz dringend erforderlich, um die Gesellschaft resilient(er) gegen Manipulationsversuche zu machen. Dabei geht es letztendlich nicht nur um extremistische Inhalte auf *YouTube*, *Facebook* und anderen auch weniger öffentlichen Plattformen. insgesamt braucht es Wege, um konstruktiv mit den Änderungen in der öffentlichen und politischen Kommunikation umzugehen. So geht es zum Beispiel um das Verständnis der Funktionsweise von Algorithmen und wie Algorithmen sowie das eigene Verhalten die Auswahl der angebotenen Inhalte prägen. Es muss deutlich gemacht werden, wie Nutzer online von alltäglichen und harmlosen Inhalten oft mit wenigen Klicks oder dadurch, dass sie sich von *YouTube* Algorithmen (und Vorschlägen) leiten lassen, zu problematischen und auch extremistischen Inhalten gelangen – es braucht nicht die eigene Suche nach extremistischen Inhalten, um solche Angebote zu bekommen. Über ein Verständnis dieser Mechanismen hinaus braucht es die Stärkung des kritischen Denkens und der Reflexion, um extremistischen Inhalten individuell und gesellschaftlich/politisch stärker entgegentreten zu können. Zwar sind Fachleute im Präventionsbereich ebenfalls in den sozialen Medien aktiv, es braucht jedoch die kritische Auseinandersetzung in der Gesellschaft selbst. Ein wichtiges Thema der Diskussion in verschiedenen öffentlichen Räumen sollten daher die Möglichkeiten sein, auf welchen neuen Wegen kollektiv kritisches Denken und Reflexion gefördert werden kann. Ein geeigneter und wichtiger Ort, das Phänomen der Radikalisierung und die Ansprachen durch extremistische Akteure zu thematisieren, sind zum Beispiel auch Schulen oder der Arbeitsplatz. Schulen bieten zudem Möglichkeiten für Schüler und Schülerinnen, selbst aktiv Formate gegen Radikalisierungstendenzen zu gestalten und dabei ihre Eltern mit einzubeziehen. Die kritische und breite Auseinandersetzung mit extremistischen Inhalten wie auch den Vorgehensweisen, einschließlich der emotionalen Instrumentalisierung, bietet das größte Potenzial für den gesellschaftlichen Zusammenhalt im Kontext heutiger Herausforderungen.

Literatur

Åhäll, Linda/Gregory, Thomas 2015: Introduction. In: Åhäll, Linda/Gregory, Thomas (Hrsg.). Emotions, Politics and War. New York: Routledge, 1-14.

Baaken, Till/Schlegel, Linda 2017: Fishermen or Swarm Dynamics? Should We Understand Jihadist Online-Radicalization As a Top-Down or Bottom-Up Process?, in: Journal for Deradicalization, 13, 178-212.

Bially Mattern, Janice 2014: On Being Convinced: An Emotional Epistemology of International Relations, in: International Theory, 6:3, 589-594.

Braddock, Kurt/Dillard, James P. 2016: Meta-analytic Evidence for the Persuasive Effect of Narratives on Beliefs, Attitudes, Intentions, and Behaviors, in: Communication Monographs, 83, 446-467.

Cottee, Simon/Hayward, Keith J. 2011: Terrorist (E)motives: The Existential Attractions of Terrorism. Studies in Conflict and Terrorism, 34:12, 963-986.

Entman, Robert 2010: Media Framing Biases and Political Power: Explaining Slant in News of Campaign 2008, in: Journalism, 11:4, 389-408.

Entman, Robert 1993: Framing: Toward Clarification of a Fractured Paradigm, in: Journal of Communication, 43:4, 51-58.

Fiske, Susan T./Taylor, Shelley E. 1991: Social Cognition. New York: McGraw-Hill.

Gendron, Angela 2017: The Call to Jihad: Charismatic Preachers and the Internet, in: Studies in Conflict & Terrorism, 40:1, 44-61.

Glaab, Sonja (Hrsg.) 2007: Medien und Terrorismus – Auf den Spuren einer symbiotischen Beziehung. Berlin: Berliner Wissenschafts-Verlag.

Goffman, Erving 1974: Frame Analysis: An Essay on the Organization of Experience. Cambridge: Harvard University Press.

Holland, Jack 2014: The Elusive Essence of Evil: Constructing Otherness in the Coalition of the Willing. In: Pisoiu, Daniela (Hrsg.). Arguing Counter-Terrorism. New Perspectives. Abingdon/New York: Routledge, 201-220.

Hussain, Sabrina 2018: Exploring People's Perceptions of Precursors to the Development of Radicalisation and Extremism, in: Journal for Deradicalization, 14, 79-110.

Hutchison Emma 2016: Affective Communities in World Politics: Collective Emotions After Trauma. Cambridge: Cambridge University Press.

Koschut, Simon: Emotional (Security) Communities: The Significance of Emotion Norms in Inter-allied Conflict Management, in: Review of International Studies, 40:3, 533-558.

Kühne, Rinaldo 2013: Emotionale Framing-Effekte auf Einstellungen. Ein integratives Modell, in: Medien & Kommunikationswissenschaft, 61:1, 5-20.

Maan, Ajit 2015: Narratives Are About "Meaning", Not "Truth", in: Foreign Policy "Best Defense," Thomas E. Ricks, https://foreignpolicy.com/2015/12/03/narratives-are-about-meaning-not-truth/ (Zugriff am 5 Januar 2019).

MacDonald, Fraser/Hughes, Rachel/Dodds, Klaus 2010: Introduction. Envisioning Geopolitics. In: MacDonald, Fraser/Hughes, Rachel/Dodds, Klaus (Hrsg.). Observant States. Geopolitics and Visual Culture. London/New York: I.B. Tauris, 1-19.

Mercer, Jonathan 2014: Feeling Like a State: Social Emotion and Identity, in: International Theory, 6:3: 515-535.

Milton, Daniel 2016: Communication Breakdown: Unraveling the Islamic State's Media Efforts. Combating Terrorism Center at West Point, https://www.stratcomcoe.org/milton-d-communication-breakdown-unraveling-islamic-states-media-efforts (Zugriff am 14. Januar 2018).

Nacos, Brigette/Boch-Elkon, Yaeli/Shapiro, Robert 2011: Selling Fear: Counterterrorism, the Media, and Public Opinion. Chicago: University of Chicago Press.

Neumann, Peter 2016: Der Terror ist unter uns. Dschihadismus und Radikalisierung in Europa. Berlin: Ullstein.

Neumann, Peter 2013a: Options and Strategies for Countering Online Radicalization in the United States, in: Studies in Conflict & Terrorism, 36:6, 431-459.

Neumann, Peter 2013b: Radikalisierung, Deradikalisierung und Extremismus, in: Aus Politik und Zeitgeschichte, 29:31, 3-10.

Neumann, Peter 2013c: The Trouble with Radicalization, in: International Affairs, 89:4, 873-893.

Pisoiu, Daniela/Ahmed, Reem 2016: Radicalisation Research – Gap Analysis. RAN Research Paper, OIIP, https://ec.europa.eu/home-affairs/sites/homeaffairs/files/docs/pages/201612_radicalisation_research_gap_analysis_en.pdf (Zugriff am 12. Januar 2018).

Reinke de Buitrago, Sybille 2018: Grasping the Role of Emotions in IR Via Qualitative Content Analysis and Visual Analysis. In: Clément, Maéva/Sangar, Eric (Hrsg.). Researching Emotions in International Relations: Methodological Perspectives on the Emotional Turn. New York: Palgrave Macmillan, 303-324.

Rieger, Diana/Frischlich, Lena/Bente, Gary 2013: Propaganda 2.0. Psychological Effects of Right-Wing and Islamic Extremist Internet Videos. Köln: Luchterhand Verlag.

Rieger, Diana/Morten, Anna/Frischlich, Lena 2017: Verbreitung und Inszenierung. In: Frischlich, Lena/Rieger, Diana/Morten, Anna/Bente, Gary (Hrsg.). Videos gegen Extremismus? Counter-Narrative auf dem Prüfstand. Wiesbaden: Bundeskriminalamt, 47-80.

Rutkowski, Olivia/Schötz, Ronja/Morten, Anna 2017: Subjektives Erleben. In: Frischlich, Lena/Rieger, Diana/Morten, Anna/Bente, Gary (Hrsg.). Videos gegen Extremismus? Counter-Narrative auf dem Prüfstand. Wiesbaden: Bundeskriminalamt,141-160.

Schahbasi, Alexander 2009: Muslime in Europa. Radikalisierung und Rekrutierung, in: Zeitschrift für Polizeiwissenschaft und polizeiliche Praxis, 1, 20-34.

Stein, Janice Gross 2006: Psychological Explanations of International Conflicts. In: Carlsnaes, Walter/Risse, Thomas/Simmons, Beth A. (Hrsg.). Handbook of International Relations. London: Sage, 292-308.

Von Behr, Ines/Reding, Anaïs/Edwards, Charlie/Gribbon, Luke 2013: Radicalisation in the Digital Era: The Use of the Internet in 15 Cases of Terrorism and Extremism. Brüssel: RAND Europe.

Wiktorowicz, Quintan 2005: Radial Islam Rising: Muslim Extremism in the West. Lanham: Rowman & Littlefield.

Im Kapitel angeführte Transkripte der Videos

Transkript 1. Come to jihad, https://www.youtube.com/watch?v=lI-s3gKfz-s, transkribiert am 6. April 2018.

Transkript 2. Jihad explained in one video – Abu Usamah Animated, https://www.youtube.com/watch?v=AvBUhc7IjP0, transkribiert am 4. April 2018.

Transkript 3. Why jihad?, https://www.youtube.com/watch?v=raB-5Cl_oFE, transkribiert am 7. April 2018.

Transkript 7. German women rise up! #120, https://www.youtube.com/watch?v=RJxU8iiyOS0, transkribiert am 21. April 2018.

Transkript 8. 'Wir tauschen euch aus' Bevölkerungsaustausch in den Tagesthemen, https://www.youtube.com/watch?v=aP2F6brrJXQ, transkribiert am 21. April 2018.

Transkript 9. Es geht los – Morrissey, Lagerfeld, Lindner & 3Sat, https://www.youtube.com/watch?v=FMEWK5bVA0A, transkribiert am 23. April 2018.

Transkript 10. Identitäre Bewegung: Eine Botschaft an die Frauen, https://www.youtube.com/watch?v=sTMoGod5d6o, transkribiert am 22. April 2018.

Transkript 11. Hizb ut Tahrir, ,die einzige Hoffnung der Umma', https://www.youtube.com/watch?v=g_PpG7Fp5YE, transkribiert am 12. April 2018.

Transkript 13. Sie verachten dich – Laufe zurück zu Allah – BotschaftDesIslam, https://www.youtube.com/watch?v=CN3BZKdVXtg, transkribiert am 4. April 2018.

Im Kapitel angeführte Interviews

Interview 1. Angehöriger der Sicherheitsbehörden. Anfang März 2018.

Interview 2. Experte im Präventionsbereich. März 2018.

Interview 3. Angehöriger der Sicherheitsbehörden. Ende März 2018.

AutorInnenverzeichnis

Prof. Dr. Bilgin Ayata ist Professorin für Südosteuropastudien am Zentrum für Südosteuropastudien an der Universität Graz.

Dr. Maéva Clément ist Akademische Rätin an der Universität Osnabrück.

Dr. Jelena Cupać ist Wissenschaftliche Mitarbeiterin in der Abteilung Global Governance am Wissenschaftszentrum Berlin.

Prof. Dr. Cilja Harders ist Leiterin der Arbeitsstelle Politik des Vorderen Orients am Otto-Suhr-Institut für Politikwissenschaft an der Freien Universität Berlin

Dr. Regina Heller ist Wissenschaftliche Referentin am Institut für Friedensforschung und Sicherheitspolitik an der Universität Hamburg (IFSH).

PD Dr. Simon Koschut ist Heisenbergstipendiat am Otto-Suhr-Institut für Politikwissenschaft an der Freien Universität Berlin

Dr. Bastian Loges ist Wissenschaftlicher Mitarbeiter am Institut für Internationale Beziehungen der Technischen Universität Braunschweig.

Dr. Robin Markwica ist Postdoktorand am Robert Schuman Centre for Advanced Studies des European University Institute und Research Associate am Centre for International Studies der Oxford University.

Prof. em. Dr. Harald Müller ist assoziierter Forscher und ehemaliger Leiter des Leibniz-Instituts Hessische Stiftung Friedens- und Konfliktforschung (HSFK)

Dr. Sybille Reinke de Buitrago ist Projektmanagerin des drittelmittelfinanzierten Projekts „Video-basierte Strategien gegen Radikalisierung" an der Polizeiakademie Niedersachsen sowie Non-Resident Fellow am Institut für Friedensforschung und Sicherheitspolitik an der Universität Hamburg (IFSH).

Dr. Gabi Schlag ist Akademische Rätin an der Eberhard Karls Universität Tübingen.